江戸東京の庶民信仰

長沢利明

講談社学術文庫

学術文庫版のまえがき

本書は、江戸東京に伝えられてきたさまざまな民間信仰の実態を記録にとどめながら、その民俗学的な意味や歴史的な変遷などを探り、まとめてみたものである。その際に、江戸東京の庶民信仰の全般を総合的にとらえ、その一般論化をこころみることは、ここでめざした方向性ではない。いくつかの断面に注目しながら、対象に接近してみようとするのが、ここでのやり方である。そのために、できるだけ特徴的で象徴的な個別事例をいくつか取り上げ、極力深くそれを掘り下げてみるという方法を取った。

江戸東京の庶民信仰の特色を、少しでも明らかにすることができたか否かは、読者のみなさんに判断・評価していただくほかはない。筆者としては、とりあえず欠かすことのできないいくつかの重要なテーマについては、少なくとも一通りは取り上げてみることができたのではないか、と考えている。もちろん、本書で触れることのできなかった大切なテーマや課題は、ほかにもたくさんあり、それらは現在、筆者がいろいろ取り組んでいるところで、いつかは成果を明らかにできると思っており、今回は大目に見ていただければさいわいである。

なお、本書はもともと、一九九六年に三弥井書店から刊行された単行本で、今回それを講談社から学術文庫版で再刊したものである。文庫本化するに際しては、誤記や誤植を極力あらため、訂正をほどこしたものの、内容面での加筆はほとんどおこなわなかった。なぜならば、初版本の刊行から二十三年を経て、その内容はすでに「古典」に近くなっているようにも感じられ、これはこれで、そのままにしておいた方がよいであろうと思ったからである。つねに最新情報を加味し、更新され続けていくことが求められるような本ではないし、むしろ古いままの方が資料的価値は高いという場合もあろう。

その意味から、地名表記なども、あえて旧地名のままにしてあり、いわゆる「平成の大合併」の後に生み出された新市町村名に直すということをしなかった。これを訂正すると、かえって歴史的な地域性というものが失われてしまい、わかりにくくなってしまうことが多い。また、ここで取り上げた寺社の中には、その後の時代に消滅してしまったもの、他所に移転して現在は所在不明となっているものなどがあるが、これも訂正していない。寺社名・企業名・団体名なども、当時のままとなっている。要するに、原本刊行の時点での実態だと、思っていただければさいわいである。さらに、本文中には、近世の身分制や、身体障害等についての、現在では差別的な用語がいくつか含まれているが、それらは祭礼・行事などの民俗資料や、引用史料なので、あえてそのままにしておいた。もちろん、筆者には差別を助長するような意図や考えなどまったくないので、おことわりしておく。

二〇一九年四月

長沢利明

目次

江戸東京の庶民信仰

江戸東京の庶民信仰

庶民信仰と願かけ

一、民間信仰と庶民信仰

いつの世においても、人間が幸福な人生を求め、社会的・経済的な意味でも、そして心身の健全のうえでも、望むべき理想の実現を希求し続けることには変わりがない。しかし、その願望がいつも果たされるとはかぎらないことも、また世のつねである。人力によっては動かしえない運命の流れを変え、それを自らの望むべき方向へとみちびき、そこに活路を切り拓いていくためには、人智を超えた超自然的な力が必要とされる。神仏の加護・守護とは、そうした霊力をさすものであったにちがいないが、それを引きだすための技術の体系こそが民俗宗教としての民間信仰であった。民間信仰の呪術のいきづく世界は、なにも山深い農山村やそこでの前近代的・牧歌的世界にのみ見いだされるとはかぎらず、この現代都市の中心部においてさえ、その土俗的世界の展開するさまを私たちは見ることができる。

都市こそは人々の願望が、きわめて濃い密度で渦巻く世界であり、そこに集約された願望成就へのエネルギーは、農村的世界におけるそれよりもはるかに多様・多彩な民間信仰のありかたを生みだしてきた。特に近世の江戸においては、神仏への祈願風俗が爆発的に発達し、豊かな町人文化と経済力とに支えられて、独特な信仰風土がそこに形成されていた。一〇〇万人の市民が暮らすならば一〇〇万個の願望がそこに生みだされ、そのニーズにこたえるにはおびただしい数の神仏がまた必要とされる。このようにして生みだされた無数の神々や仏の中には、今もあつい信仰の寄せられるものが数多く見られるし、新たに祀られたものなどもあって、神仏の再生産は、今なお進行中なのである。民間信仰の世界から、現代に生かすべき何ものかを引き出していくためには、大都市江戸・東京における願望成就の民俗を特に見つめ直してみるべきであろう。そこには問題のひとつの核心が、より端的な形でひそんでいるかもしれない。

二、願かけと結縁

近世以来の江戸そして東京で、おおいに隆盛をきわめた民間信仰の方法は、願かけという形をとる神仏まいりであり、きわめて庶民的な信仰の形態としてこれをとらえておくことができる。願かけとは、どのような手続きを踏んでなされるのであろうか。一例を示してみよう。

都内港区東麻布にあった善長寺境内には、「お珊《さん》の方」とか阿珊《おさん》地蔵尊とよばれる仏が祀られていた。虫歯・口中の病の治癒に霊験あらたかとされ、江戸時代以来、これに参詣する人々が多く見られた。お珊とは備後福山城主水野日向守勝成の夫人で、口中の病に悩んで没した人であったといい、明和年間に福山の定福寺にある墓から分霊を江戸に移して祀られたのが、善長寺のお珊仏であるという。大浄敬順が一八一〇〜一八二〇年代（文化・文政期）に著した『十方庵遊歴雑記』にもこのことが記されており、「後世口中に悩む人、わが墳前に来りて結縁せば、かならず口中一切の煩ひを除くべしと、呉々も誓ひ終りて死せり」という夫人の遺言にしたがって「口中の煩ひに悩めるものは、此墳前に結縁《けちえん》し、平癒の後は、絵馬幟《のぼり》などを上る事とはなりぬ」とある。

また、新宿区市谷八幡町には茶ノ木稲荷という、よく知られた眼病平癒の神が祀られているが、斎藤月岑《げっしん》が一八三四〜一八三六年（天保五〜七年）に著した『江戸名所図会』にもこれが記されており、「眼疾を患ふる者は一七日又三七日と日数を定めて茶を断ち、祈願する時は霊験いちじるしく、諸の願ひ成就せざるなしといへり」とある。これらの記述には当時おこなわれていた願かけの方法がよく示されているが、まず神仏に詣でて自らの立願を明らか

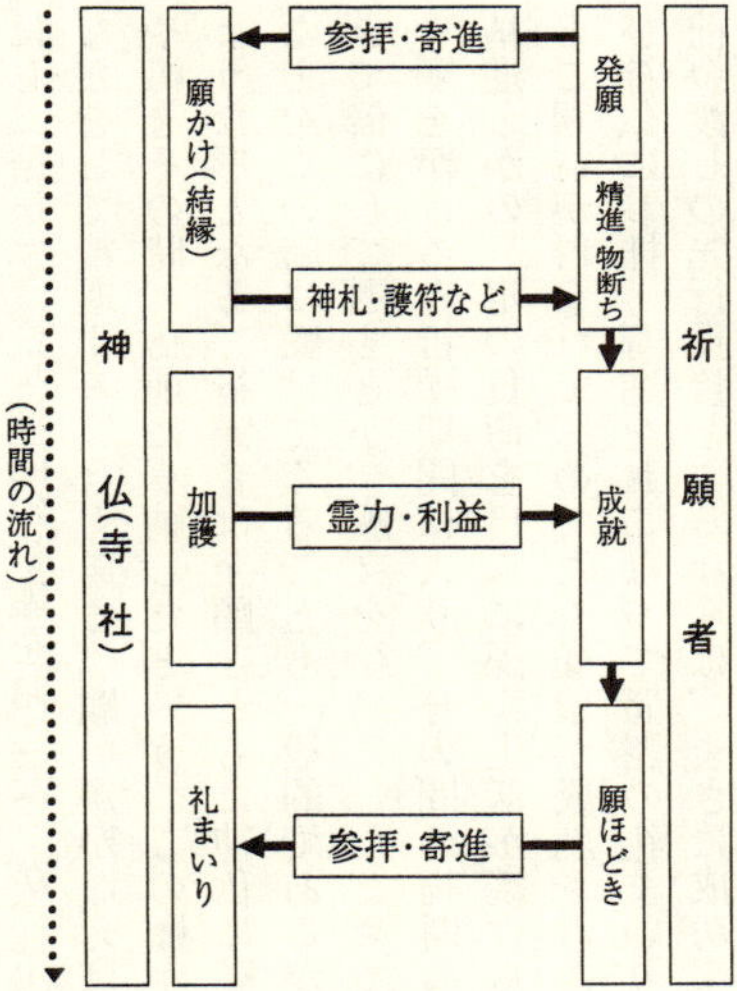

図1　願かけのプロセス

にし（結縁）、一定期間の祈願をおこなうが、茶ノ木稲荷の例のようにその期間中は茶断ちなどをして精進する場合もある。願いがかなえば礼まいりをするが、お珊仏の例では、絵馬や幟をその時、仏前に奉納したという。この願かけのプロセスを模式図にあらわせば図1のような形となる。祈願者は発願とともに神仏に願かけをして参拝・寄進をする。神札や護符などをこの時に受けてくることも一般的であるが、奉納物の草履とかシャモジとかを借りてきて倍にして返すとか、願文を絵馬にしたためて奉納するという形もよく見られる。

願をかけると祈願期間に入り、その間の物断ち（茶断ち・塩断ちなど）とか日参・参籠・精進とかの一定の負荷を自らに課す生活が続けられる。その努力がむくいられ、神仏の加護とご利益が得られて、めでたく願望が成就されたならば願ほどきとなり、精進を解除して再び神仏に参拝・寄進をおこなって感謝の礼まいりとなる。この時の寄進は、発願時のそれが前金渡しの先行投資とするならば、まさに成功報酬の大盤ぶるまいが求められ、気前よく金をはたいて鳥居・石灯籠・提灯・献額などを奉納し、江戸っ子の心意気を誇示した。「大願成就」と大書されたそれらの奉納物を、今でも私たちは各地の寺社で見ることができる。

三、神仏まいりの流行と特色

願望成就の方法としての願かけは、市中の一般庶民にとって決してむずかしい祈願のやりかたではなかった。そこでは難解で専門的な宗教知識・祈禱作法・教義体系は要求されず、誰でもそれを実行することができ、そこでの精進もせいぜい物断ちか百度まいり程度のものであって、修験者の荒行や禅僧の自力修行のようなことは基本的には必要とされない。また、特別な儀式によって神仏を招き降ろし、それを饗応して送り返すといった複雑な手順を踏む祈願でもない。誰にでもでき、随時におこなうことのできる手軽さと、難行に対しての易行であるということが、都市の大衆的信仰として広く受け入れられていくための、基本的条件をなしたにちがいない。

徳川家康による開府以降、江戸の町はめざましい発展をとげてきたが、そこに成立したマス的な大衆社会は、そのような新しい信仰を醸成する格好の受け皿となった。木版印刷による出版文化の発達は、とりわけマス社会・文化の成長に大きく貢献したはずで、市中の神仏の所在地とその利益を解説したガイドブックが数多く刊行され、神仏まいりの流行にさらに拍車をかけた。

一六九〇年（元禄三年）刊行の『増補江戸惣鹿子名所大全』もまさにそうしたものであったが、江戸市中の名所・神仏を詳しくとりあげた案内書であり、評判の高い市中の弁財天一二ヵ所・観音一五ヵ所・薬師一〇ヵ所・不動七ヵ所・閻魔三ヵ所・庚申五ヵ所・阿弥陀一四ヵ所・釈迦仏四ヵ所・稲荷二四ヵ所が収録されている。また六阿弥陀として豊島長福寺・沼田延命寺・西ケ原長福寺・田端与薬寺・下谷長福寺・亀戸浄光寺が紹介され、複数の神仏を巡拝するハシゴ祈願のおこなわれていたことがうかがえる。

『増補江戸惣鹿子名所大全』は、六〇年余を経た一七五一年（寛延四年）に改訂版が出されているが、神仏の解説は大幅に増補されており、それに先立つ一七三五年（享保二〇年）刊の『続江戸砂子』にも実に詳しい神仏や縁日・年中行事の解説があって、この頃の神仏まいりの爆発的なブームを反映している。このブームについて三田村鳶魚《えんぎょ》は、「江戸の民衆が御幣担ぎであったのも知れる。（享保以前の資料からは）これほど雑多な信仰を江戸の人間が持っていたことは知れない。ここで明白になった江戸人の信仰状態は俄《にわか》に混乱したのではなく、従来から雑駁《ざっぱく》だった証拠がある。仏教の大概に通ぜずにわが国民生活を知ろうとするのが無理なのは何人も合点しているだろう。それと押し並べて浮気らしいような流行《はやり》の神様、仏様の景況を眺めていくことが大切である」と述べている（『江戸年中行事』）。多分に御幣担ぎ的で浮気的、そして雑多・雑駁な祈願の盛況さは、大衆的信仰ゆえのルーズな特色でもあったが、そこにこそ庶民のヴァイタリティーを見ることができる。

　さらに時のくだった一八三八年（天保九年）刊行の『東都歳事記』には、複数の神仏巡拝の組み合わせが数多くとりあげられ、点から線へ、あるいは面への発展を見いだすことができ、一ヵ所の神仏まいりにあきたらず、ハシゴまいりをすることによってご利益を倍化しようとし、あるいは物見遊山の行楽的動機も加わってミニ巡礼の祈願が定着している。江戸・山の手・近世江戸・葛西・浅草辺西国写・深川・西方のそれぞれの三十三所観音まいり、江戸南方・江戸山の手・江戸東方の四十八所地蔵尊まいり、九品仏まいり、江戸六地蔵まいり、荒川辺八十八所弘法大師巡拝、江戸十ヵ所祖師まいり、聖天宮・弁財天の百社まいりなどがそれで、後に七福神まいりの巡拝コースが各地に設けられることも、このブームの延長といえよう。

江戸の神仏まいり・祈願に関するガイドブックの決定版ともいえるものは、一八一四年（文化一一年）に刊行された万寿亭正二作の『江戸神仏願懸重宝記』であろう。

そのタイトルにずばりと示されるように、この本は江戸市中の願かけ対象となる神仏の簡便な案内書であり、そこに収録されたおもなものには、日本橋高尾稲荷社（頭痛平癒）・両国錐大明神（疱瘡平癒）・亀戸頓宮神（諸願）・向島弘福寺石の婆々様（小児百日咳平癒）・駒形女夫石（夫婦円満）・太平千栄院痰仏（除痰）・清川本性寺痔の神（痔病平癒）・浅草寺条の平内（諸願）・同仁王尊（疱瘡・はしか平癒）・同熊谷稲荷（盗賊除け）などがある。

ここにとりあげられた計三一ヵ所の神仏のもたらすご利益・効験は、夫婦円満・盗賊除けといった一般的な分野から、身体各部位のさまざまな疾病項目に至るまで実に細かに網羅されており、この時代の一般庶民がどのような願望を、神仏に託していたかをよく知ることができる。それはまさに現世利益そのものを求める願望なのであった。

これらのさまざまな願望は、いうまでもなくすべて私的な願望であり、村落や講中の共同的な願望ではない。都市の祈願が個人の立場からなされる、きわめてプライベートで現世利益的なものであったことも重要な特色といえる。今日さかんになされる天神様への受験合格祈願もまた、自らの合格のみがそこでの重要課題であり、その達成のためには必ず他人の落第が不可欠である以上、無意識にそのことが期待されているのである。

私的願望の達成のためになされる神仏祈願は、言いようによっては自分さえよければよい

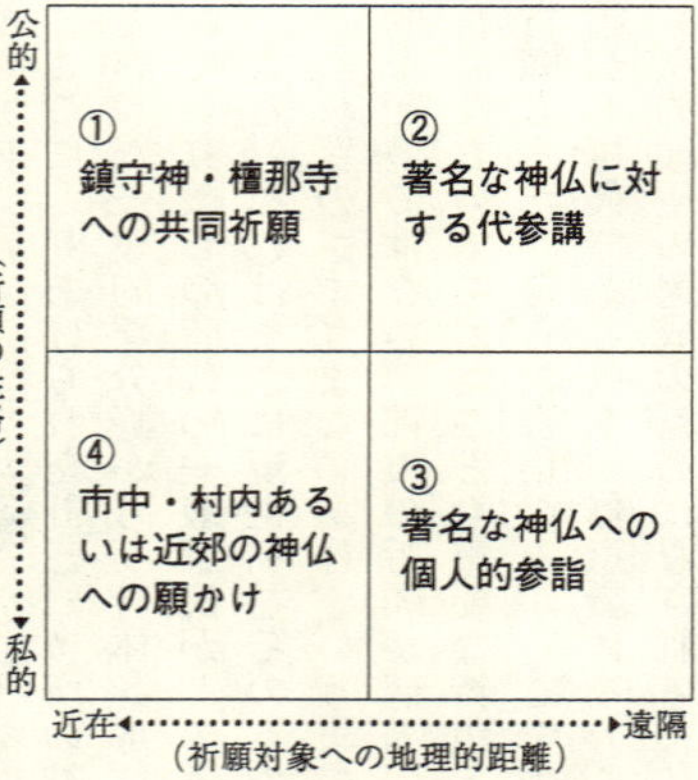

図2　庶民信仰と祈願の位置づけ

という考えに依拠しており、しかもそれはプラクティカルな現世利益を求めるものである以上、来世での安穏とか、公的な願望の達成ということはあくまでも副次的であり、天下泰平・世界平和・武運長久・国家安穏といったテーマはそこからは生みだされにくい。こういった点をもふまえて、庶民信仰と祈願の特色をさらに明確化してみると、図2のような位置づけが可能となろう。

　ここでの信仰のありかたは、まずは共同体による共同祈願ではなく、個人の現世利益的祈願に基礎が置かれ、遠隔地ではなく市中・近郊の神仏に願かけをおこなうという形が特徴的である。ここでいう市中・近郊とは、徒歩で半日程度で行ける距離範囲をさし、その近接性条件が代参講や伊勢まいりなどの遠隔地参詣とは対照的な、気軽で日常的な願かけ風俗を生みだした。図2中で①~④に四分類された各分野のうち、④のタイプの祈願形態（近在の神仏に対する私的な祈願）が、特に都市の庶民信仰の場でめざましい発達をみせ、近世以来の江戸・東京の特色ある民間信仰を形作ったといえよう。

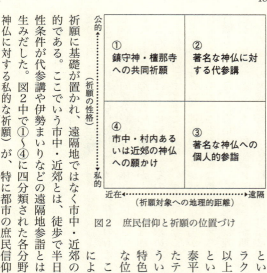

四、庶民信仰と現代

さて最後に、現代の東京を見てみよう。震災や戦災の惨禍をたびたびにわたって経験しつつも、この都市はそのたびにみごとに復興し、それどころか経済の高度な成長の中心拠点として、比類なき発展をとげた。重要なことは、その過程においても旧慣の世界がさほど失われなかったということであり、江戸以来の信仰対象はその多くが今なお生きながらえて、ビルや高速道路の陰でなおその生存を主張し続けている。人々の思考様式がいかに近代化したとはいえ、その願望がとだえることのないかぎり祈願は生き続け、また逆に、生活の近代化が進めば進むほどに、ある意味でそれと逆行する非合理の世界への回帰が生みだされもする。

試みに、現代版『願懸重宝記』とでも呼ぶべき、今日の祈願神仏を表1・図3に掲げてみよう。これは関東地方において一九七〇年代頃から、特にはやりだしたものを中心に、人々のあつい信仰の寄せられている諸神仏とそのご利益などをまとめてみたものである。プライベートな形での神仏祈願が今なおさかんで、しかも現代社会のニーズに即した、いかにも今風なご利益がもてはやされている状況を、私たちはここに見いだすことができる。

これらの神仏祈願がそもそも現世利益的で私的願望成就を目的とする伝統の産物である以上、一見不純で社会道徳に抵触しかねないご利益が期待されることも珍しいことではない。

ギャンブル必勝・離婚達成といった祈願項目などは、私的願望の追求の行きついた極端な例でもあろうが、クイズ番組入賞とかスポーツ勝利・不倫および浮気防止・禁酒達成・流行先取・非行防止・誘拐防止・精神疾患の平癒などといった祈願項目もまさに現代的願望の表現であり、深刻かつすさまじい社会の断面を見る思いすらする。各産業分野・職種別の繁盛祈願もまことに多種多様で興味深い。ハイテクの最先端をいく旅客機のコックピットにも羽田穴守稲荷の航空安全札が貼られているそうで、航空神社という神社も都内にはある。この調子でいくと、いずれはエイズ平癒・ファミコン必勝・地上げ屋退散といったご利益項目もそこに加えられることになりかねない。

いずれにしても、現代社会の新たな願望とニーズにしたがい、いかようにも可能な語呂あわせやこじつけをも駆使して、新たな神や仏がさらに生みだされていく。そして、そこでの祈願があくまでも現世利益的で、私的願望の成就へ向けた、あくなき情熱に支えられていることの伝統性はいささかも変わっていない。この変わらざる本質こそが、江戸・東京の民間信仰、大衆祈願の核心ともいえるであろう。

表1　現代版「願懸重宝記」（1970～80年頃、筆者調査による）

ご　利　益	神仏（寺社）名	所在地と図中番号	備　　考
ギャンブル必勝	養寿寺	群馬県佐波郡東村国定	国定忠治の墓があり、墓石を削ってお守りとする
	神田神社	東京都千代田区外神田①	家康の関ヶ原戦勝祈願にちなむ。「勝守」を出す
	回向院	〃　墨田区両国　②	鼠小僧次郎吉の墓石を削ってお守りとする
	鬼薊《おにあざみ》清吉の墓	〃　豊島区南池袋雑司ケ谷霊園　③	盗賊清吉の墓石を削ってお守りとする
	増上寺黒本尊	〃　港区芝公園　④	家康の念持仏で天下取りにちなむ。勝運に恵まれるという
	覚林寺清正公堂	〃　〃　白金台　⑤	「勝守」を受けて勝負にのぞむ
	博打稲荷	〃　江東区大島　⑥	博打・賭けごとなどに絶大のご利益があるという
	穴八幡宮	〃　新宿区西早稲田⑦	勝負ごとにご利益がある
	東源寺忠治地蔵	〃　荒川区荒川　⑧	国定忠治にちなむ地蔵尊像を削ってお守りとする
	真先稲荷神社	〃　〃　南千住石浜神社　⑨	千葉介守胤の戦場一番乗り祈願にちなむ
（特に競馬・宝くじ）	皆中稲荷神社	〃　新宿区百人町⑩	「みなあたる」の語呂あわせにちなむ。幕府鉄砲組の信仰を得る
（特に競輪）	王子稲荷神社	〃　北区岸町　⑪	ギャンブル一般にご利益あるが特に競輪
スポーツ勝利	勝利八幡神社	〃　世田谷区桜上水⑫	戦前、出征兵士が祈願したことにちなむ
	金王八幡宮	〃　渋谷区渋谷　⑬	勝利祈願の絵馬を奉納する
（特に陸上競技）	西光寺	〃　台東区谷中　⑭	寺にまつられている韋駄天の速足にあやかる
（特に野球）	箭弓《やきゅう》稲荷神社	埼玉県東松山市箭弓町	「箭弓」と「野球」の語呂あわせにちなむ
クイズ番組入賞	久伊豆《ひさいず》神社	〃　岩槻市	テレビのクイズ番組出場者が入賞を祈願する
受験合格	亀戸天神社	東京都江東区亀戸　⑮	菅原道真にちなむ。学業上達・入試合格を祈願
	湯島天満宮	〃　文京区湯島　⑯	〃
	平河天満宮	〃　千代田区平河町⑰	〃
	報徳二宮神社	神奈川県小田原市城内	二宮尊徳の勤勉さにあやかる
就職達成	亀ヶ池弁天	東京都北区赤羽西　⑱	新卒者が希望業種への就職を祈願

	被官稲荷神社	東京都台東区浅草浅草神社境内 ⑲	「被官」が「仕官」に通じ、就職の神に
出世必成	柳森稲荷神社	〃 千代田区神田須田町 ⑳	陶器のお狸さんを受ける。「他を抜く」の意
	出世稲荷神社	〃 中央区日本橋堀留町 ㉑	初代市川団十郎が出世祈願をしたとの伝承がある
	銀座出世地蔵尊	〃 〃 銀座三越屋上 ㉒	サラリーマンが出世祈願に参拝する
	宇田川出世弁財天	〃 渋谷区神南北谷稲荷神社 ㉓	〃
	出世稲荷神社	〃 練馬区旭町 ㉔	川越藩主の出世故事にちなむ
	出世大黒天	〃 杉並区荻窪タウンセブン ㉕	毎年10月3日が縁日。地元商店街がまつる
	出世襟掛地蔵	〃 豊島区西巣鴨㉖	サラリーマンの出世にご利益絶大という
	智清寺木下藤吉郎出世稲荷大明神	〃 板橋区大和町㉗	木下藤吉郎の出世にあやかる
	六郷神社	〃 大田区東六郷㉘	毎年1月7日の流鏑馬祭で出世祈願
	平井聖天（金堂不動）	〃 江戸川区平井㉙	金堂の不動尊に出世を祈願する
交通安全	貫船神社	群馬県山田郡大間々町	天狗のステッカーを自動車に貼って祈願
	成田山新勝寺	千葉県成田市	自動車の事故防止を祈願
	日枝神社	東京都千代田区永田町㉚	〃
	深川不動堂	〃 江東区富岡 ㉛	〃
	箱根神社	神奈川県足柄下郡箱根町	〃
航海安全	波除稲荷神社	東京都中央区築地 ㉜	海中出現の御神体が守護
	魚藍寺	〃 港区三田 ㉝	魚籠を持った観世音が海上安全を守護
	水神社	〃 大田区羽田 ㉞	5月11日の水神祭に御神酒上げ棒に供物
	八雲神社	〃 江戸川区江戸川㉟	船乗りが礼帆をかかげて祈願した
	真蔵院波切不動	〃 〃 東葛西㊱	海難事故防止のご利益絶大という
	三石山観音寺	千葉県君津市草川原	三石山頂の十一面観音が航海を見守る
航空安全	鳥居坂稲荷社	東京都港区六本木 ㊲	別名飛行機稲荷。航空安全札を受ける
	羽田穴守稲荷神社	〃 大田区羽田 ㊳	羽田空港そばの空の神様としてパイロットが信仰
	航空神社	〃 新宿区四谷三栄町 ㊴	民間人の航空戦没者をまつる

	飛不動尊	東京都台東区竜泉正宝院 ㊵	海外旅行者が守札を受けていく
地震安全	鹿島神宮	茨城県鹿島郡鹿島町	境内の要石に地震安全を祈願する
非行防止	道了尊	群馬県山田郡大間々町	卒業式前に教育関係者が参拝
誘拐防止	吉展《よしのぶ》地蔵尊	東京都荒川区南千住円通寺 ㊶	1963年の「吉展ちゃん事件」にちなむ
	吉展地蔵尊	〃 〃 〃 回向院 ㊷	〃
不倫・浮気防止	大洗磯前神社	茨城県東茨城郡大洗町	「正義の味方」に万事利益あり、不良化防止にも
離婚達成	四谷於岩稲荷田宮神社	東京都新宿区左門町㊸	四谷怪談のお岩にちなむ
	縁切榎	〃 板橋区本町 ㊹	悪縁を断つことにご利益絶大という
禁酒達成	酒呑地蔵尊	〃 渋谷区幡ヶ谷清岸寺 ㊺	酔って溺死した村人をまつる地蔵という
	虎ノ門金刀比羅宮	〃 港区虎ノ門 ㊻	酒徳利・酒樽を奉納して断酒祈願
	浄国寺	千葉県銚子市春日町	酒仏に断酒を祈願する
ギャンブル・浮気防止	南蔵院しばられ地蔵尊	東京都葛飾区東水元㊼	大岡越前の名裁きの伝説で有名
	虎ノ門金刀比羅宮	〃 港区虎ノ門 ㊻	「押手の誓い」の祈禱を受ける。禁煙にも
商売繁盛	笠間稲荷神社	茨城県笠間市笠間	商店経営・諸事業の発展にご利益
	宝田恵比寿神社	東京都中央区日本橋本町㊽	〃
	大鳥神社	〃 目黒区下目黒㊾	〃
	浅草寺銭塚地蔵堂	〃 台東区浅草 ⑲	〃
	鷲神社	〃 〃 千束 ㊿	〃
	南泉寺	〃 荒川区西日暮里51	境内の「おまねぎ堂」に祈願
	銭洗弁財天宇賀福神社	神奈川県鎌倉市佐助	銭洗弁天で有名。金銭が増えるという
（特に運送業）	江東馬頭観世音	東京都江東区南砂 52	東京トラック同盟協同組合を中心にまつる
（特に金融業）	穴八幡宮	〃 新宿区西早稲田⑦	冬至のユズ祭が「融通」に通じることにちなむ
	高輪銭洗不動	〃 港区高輪黄梅院53	銭洗浄水で金銭を洗って祈願
（特に建築・土木業）	覚林寺清正公堂	〃 〃 白金台 ⑤	加藤清正の築城・治水事業にあやかる
（特に市場・流通業）	江戸神社	〃 千代田区外神田神田神社 ①	神田青果市場の守護神をまつる
	魚河岸水神社	〃 中央区築地 54	魚市場の守護神をまつる
	河岸神社	〃 千代田区外神田神田神社 ①	魚河岸の守護神をまつる

(特に雑貨・籠製品)	籠祖神社	東京都千代田区 ①	竹工の祖神である塩土老翁神をまつる
(特に煙草産業)	加波山煙草神社	茨城県真壁郡真壁町長岡	日本たばこ産業職員・生産農家が参拝。8月20日はキセル祭
(特に金属製品)	川口神社	埼玉県川口市金山町	鋳物業の町、川口市の総鎮守
	金山神社	東京都千代田区岩本町㊺	金工・鉱山業の祖神で関係者がまつる
(特に鯨加工業)	青松寺	〃 港区愛宕 ㊻	捕鯨産業関係者が供養・感謝祭をおこなう
(特にアパレル業界)	鳩森八幡神社	〃 渋谷区千駄ヶ谷㊼	周辺企業による「ファッション祈願祭」が開かれる
(特に石油化学工業)	大宮神社	千葉県市原市五井	石油製品を神前に奉納して業界の発展を祈願
(特に医業・薬品)	大洗磯前神社	茨城県東茨城郡大洗町	薬品製造業関係者が祈願
	五條天神社	東京都台東区上野公園㊽	薬祖神がまつられており、医療関係者が訪れる
(特に酒造業)	酒列磯前神社	茨城県那珂湊市磯崎町	酒造神である少彦名命をまつる
	松尾神社	東京都府中市大國魂神社	醸造の守護神である大山咋命を関西から勧請
(特に時計商)	湯島天神社	〃 文京区湯島 ⑯	毎年6月10日の時の記念日に時計供養をおこなう
(特に製靴業)	玉姫稲荷神社	〃 台東区清川 ㊾	毎年11月23日は「靴のめぐみ市」
(特に畳職人)	真源寺	〃 〃 下谷 ㊿	職人組合奉納の畳針供養碑がある
(特に温泉・浴場)	那須温泉神社	栃木県那須郡那須町湯本	那須湯本温泉の守護神
(特に漆器工芸)	宋雲院	東京都台東区東上野㉑	漆器製造・卸・販売関係者が祈願
(特に染色業)	日曜寺愛染明王	〃 板橋区大和町㉒	「愛染」が「藍染」に通じることにちなむ
(特に呉服・和装)	正受院	〃 新宿区新宿 ㉓	毎年2月8日には針供養がおこなわれる
(特に理容・美容)	関神社毛塚	〃 北区王子本町王子神社 ㉔	「かもじ」創始者といわれる蝉丸をまつる
(特に豆腐屋)	東福院豆腐地蔵尊	〃 新宿区若葉 ㉕	憎まれ者の豆腐屋を地蔵が改心させた伝説にちなむ
	長龍寺豆腐地蔵尊	〃 杉並区高円寺南㉖	豆腐好きな地蔵尊の伝説にちなむ
(特にそば屋)	医王寺蕎麦地蔵尊	〃 葛飾区柴又 ㉗	そば屋組合奉納の地蔵尊をまつる
	澤蔵司稲荷	〃 文京区小石川㉘	そば好きな稲荷の伝説にちなむ
	九品院蕎麦喰地蔵	〃 練馬区練馬 ㉙	そば好きな地蔵尊の伝説にちなむ
	深大寺	〃 調布市深大寺元町	深大寺そばで有名な古刹
(特に料理店・板前)	高椅神社	栃木県小山市大字高椅	磐鹿六雁命をまつる。鯉の放流で有名
	高家神社	千葉県安房郡千倉町	料理関係者が参拝する

	坂東報恩寺	東京都台東区東上野(70)	正月の俎開きには四条流の包丁式を披露
(特に鮮魚商・寿司屋)	波除稲荷神社	〃　中央区築地　㉜	境内には寿司塚・鮟鱇塚・海老塚がある
(特に飲食店)	三宝荒神堂	〃　台東区浅草　⑲	台所の守護神、三宝荒神をまつる
	赤坂氷川神社	〃　港区赤坂　(87)	飲食業組合が包丁塚を境内にまつる
(特に水商売)	九尾稲荷尊	栃木県那須郡那須町	温泉神社境内と新那須の喰初寺にまつられている
	花園神社	東京都新宿区新宿　(71)	繁華街の接客業者が繁盛を祈願
芸事上達	不忍池辯天堂	〃　台東区上野公園(72)	タレント志願者が芸能守りを受ける
	小野照崎神社	〃　〃　下谷　(73)	小野篁《たかむら》にあやかって芸事上達を祈願
	本法寺	〃　〃　寿　(74)	境内のはなし塚に落語家が祈願
	木母寺	〃　墨田区堤通　(75)	境内の梅若塚に芸事上達を祈願
	西新井大師	〃　足立区西新井(76)	境内の弁天堂に芸事上達を祈願
	平井聖天	〃　江戸川区平井(77)	芸能関係者が上達を祈願
	芸能浅間神社	〃　新宿区新宿花園神社　(71)	〃
女芸上達	浅草寺淡島堂	〃　台東区浅草　⑲	裁縫などの女芸の上達を祈願
	森巖寺淡島堂	〃　世田谷区代沢(78)	〃
美容達成	お化粧地蔵	〃　港区三田玉鳳寺(79)	地蔵におしろいを塗って祈願する
	おしろい地蔵	〃　目黒区下目黒蟠龍寺　(80)	〃
	おしろい地蔵	〃　大田区西蒲田欣浄寺　(81)	〃
	小町神社	神奈川県厚木市小野	美容、特に白髪なおしに利益があるという
流行先取	龍光不動尊	東京都中央区松屋銀座屋上　(82)	「龍光」が「流行」に通じることにちなむ
	芝大神宮	〃　港区芝大門　(83)	縁起物の千木筥が「千着」に通じ衣裳持ちになれるとされる
	装束稲荷神社	〃　北区王子　(84)	「装束」にちなむ。衣裳に不自由しないご利益があるとされる
精神疾患平癒	妙本寺	神奈川県鎌倉市大町	蛇苦止大明神札を受けて祈願する
痔病平癒	本性寺	東京都台東区清川　(85)	毎年1月21日には「ぢの神大祭」がある
	青松寺槍持勘助の墓	〃　港区愛宕　(56)	松平越後守宣富の足軽・槍持勘助の墓に参拝する
性病平癒	客人大権現	〃　葛飾区東四つ木白髭神社　(86)	花柳界の女性たちの信心にちなむ

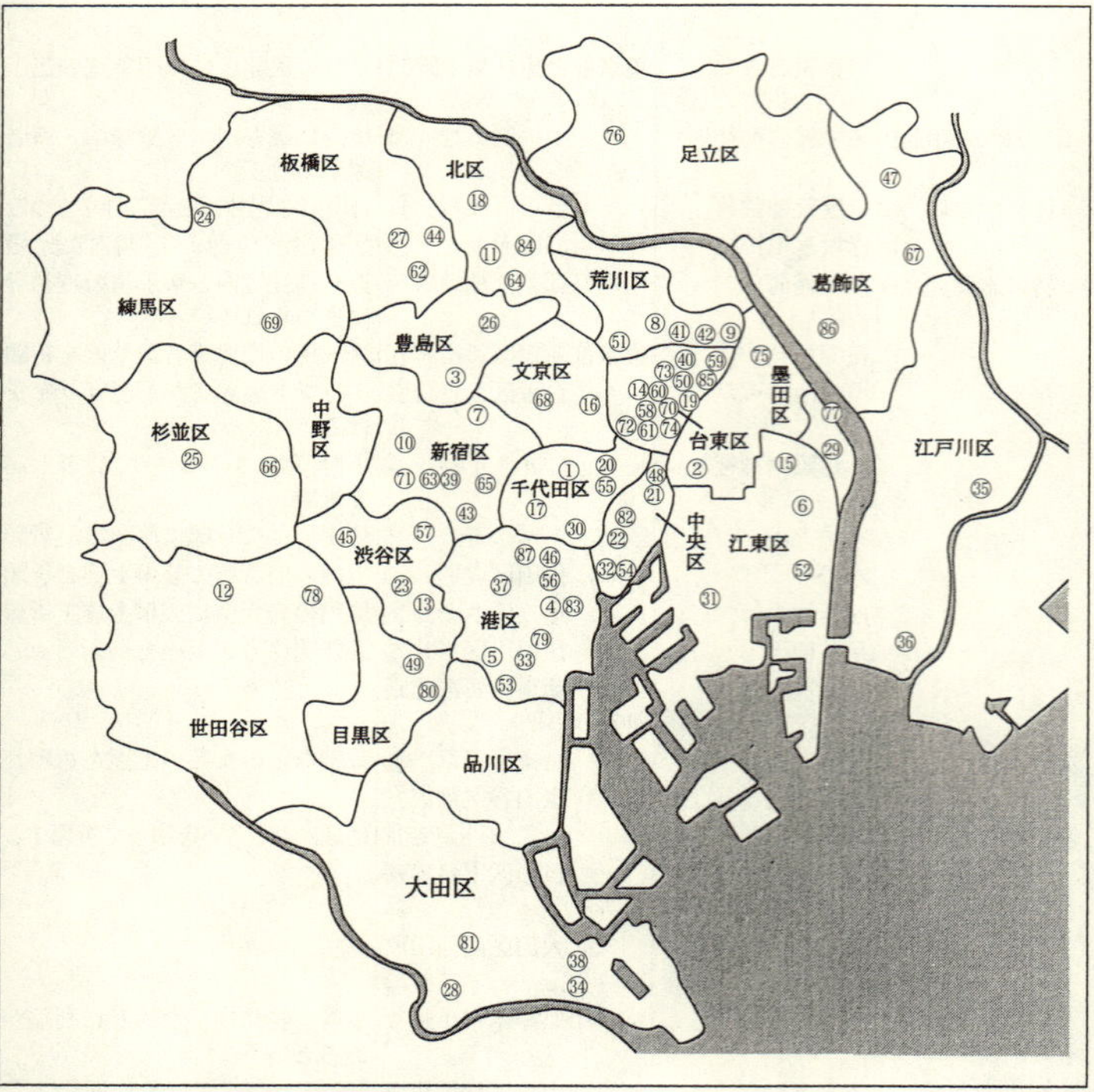

図3　東京23区内祈願神仏分布図

江戸の貧乏神

一、牛天神の貧乏神

八百万《やおよろず》の神々の中で、おそらくもっとも歓迎されない神は厄病神や貧乏神の類と思われるが、その貧乏神が江戸小石川の牛天神の境内にまつられていたことはよく知られている[1〜3]。牛天神とは、すなわち近世の金杉天神社、今日の北野神社（文京区春日一の五の二）のことであるが、後楽園を見おろす高台上にあるその社地を今たずねてみても、こぢんまりとした社殿の左手脇に、貧乏神の小祠を見つけることができる。とはいえ、由緒ある名社の境内摂社が貧乏神を名のるのは公式にはまずいことであろうし、ともすれば淫祠・邪祠の扱いを受けることにもなりかねない。そこで今日ではこの小祠を太田神社と称し、芸道上達の神であると神社側では説明しているのであるが、かつてこれが貧乏神として信仰されてきたことは動かしがたい事実なのである。根岸鎮衛《やすもり》の『耳袋』には、これについて次のように記されている。

近ごろ牛天神境内に社祠出で来ぬるを、何の神とたずぬれば、貧乏神の社の由。かの宮へ詣で貧乏をまぬがれる事を祈るに、その霊験ありしとかや。その起立をたずぬるに、同じ小石川に住む御旗本の、代々貧乏にて家内思う事もかなわねば、明暮となく難儀なしけるが、かの人或年の暮に貧乏神を画像にこしらえ神酒洗米など捧げて祈りけるは、「我ら数年貧窮なり。思う事かなわぬも是非なけれど、年月の内貧なれども又ほかのうれいもなし。ひとえに尊神の守り給うなるべし。数代我らを守り給う御神なれば、何とぞ一社を建立して尊神を崇敬なすべきの間、少しは貧窮をまぬがれ福分に移り候よう守り給え」と、小さき祠を屋敷の内に立て朝夕祈りしかば、右の利益にや、少し心の如き事も出来て幸いもありしかば、牛天神の別当なる者はかねて心安かりければその訳を語り、「境内の隅へなりとも右ほこらを移したく」と談じければ、別当もおもしろき事に思いて許諾なしけるにぞ、今は天神境内にありぬ。この事聞き及びて貧しき身は、右社《ほ》倉《くら》に詣で祈りけるとなり。敬して遠ざくの類、おもしろき事とここにしるしぬ。

ここに登場する貧乏旗本は、小石川三百坂付近に住んでいた人物といわれているが、貧乏神をまつることによって貧をのがれ、その祠を牛天神境内に移しまつったところ、これにあやかろうとする人々が詣でるようになったという。この話には後日談もあって、それは明治の頃に小石川のあたりでいわれていた次のような伝承をさしている。

其の後一工人幕府の工事を請負せむとて此神に祈り若し願望成就せば宮居を造りて奉らむ

といふ。果して工事の請負を得て財を得ること多かりしかば新に祠を造りて遷座せり。遠近の者之を聞て参詣し夫より貧乏神は全く福神となりたり。

これは『風俗画報』所収の当時の記事であるが、[4]その編者らによればこの貧乏神の祠は別名「人望神」とも呼ばれていたそうで、「今は講中などありて本社よりも参詣者多く神職にとりては最も福神なり」などと皮肉っている。「人望神」の別称は、それに祈れば人の望みが叶えられ、必ずや立身出世が果されるからだともいわれるが、[5]もちろんそれは「貧乏神」をいいかえたものであったろう。

滝沢馬琴の『兎園《とえん》小説』には、この牛天神の貧乏神の御神体が何者かによって盗まれたこともあると書かれているから、そこに寄せられた信仰のエネルギーは尋常ではなく、富貴を求める人々がそのための手段として、その正反対の神徳を逆説的に利用してまで切なる願いを叶えようとしたのである。それはまさに「敬して遠ざく」というユニークな手段にもとづくところの祈願なのであった。

二、黒暗天と貧乏神

ところで、江戸時代にあってもなおのこと、牛天神のかの境内祠が貧乏神や人望神を公式に名のれなかったのは当然で、それらはあくまで市中での俗称にすぎない。たとえば『御府内備考』などにはこれを「黒暗天石祠」などと記しており、そこでの正式な祭神は「黒暗天」とされていた。その黒暗天という神の名も、また聞きなれぬものであるにはちがいないが、これは仏教神のひとつで吉祥天の妹、さらには閻魔大王の三妃の一人という。仏像図典などの解説によれば、梵名は迦羅囉底嘿（Kālarātri）、漢名を黒暗天《こくあんてん》・黒闇天・黒闇天女・黒夜天・闇夜天などと呼び、「無明の闇黒《あんこく》を以て名となし、中夜を司り、鬼魅を防ぐ尊なり」(6)と記されているが、一説には容貌はみにくく、左手に人頭の杖を持ち、人の功徳を消し、災いを与える女神であるという。それはまさに『梵舜本沙石集』の「女人来る。容顔醜《しゅう》陋《ろう》にして衣裳けがらはし。何なる人ぞと問に我をば黒闇天と云。来る所には不祥災害のみありと云」、また『北本涅槃経』の「何故名為黒闇。女人答言、我所行処能令其家所有財宝一切哀耗」といった記述の通りである。

この黒暗天という神を貧乏神にあてはめたのは、牛天神の別当寺であった泉松山竜門寺（天台宗）の寺僧の知恵にほかならないが、『書言字考節用集』にある「黒暗天女、一名黒耳女、世云貧乏神是矣」といった知識もそこに介在したことであったろう。竜門寺からは黒暗天の神影なども出されており、その御影は「之れが果して貧乏神だらうかと疑ひたいほどに意外なる美女である。此の美女がお行儀よく岩の上に座ってゐて手に麦の穂と宝の包みものとを持って居り、上に『黒暗天』と記し、下に牛天神の別当寺であった泉松山竜門寺としてある」(7)というようなものであったと矢部善三氏は述べているし、山中共古氏などもほとんど同じことを述べている(8)。

余談ながら、黒暗天を貧乏神とすることの背後にある考え方は、富貴と貧困という相互に対立するエレメントを、表裏一体の関係に合一するデュアリズムであって、それは福徳を招来する吉祥天を正とすればその逆の黒暗天を負とし、両者の姉妹神という形での統合がバランス秩序をなすという考え方であろう。吉祥天は必ずその背後にひそかに黒暗天をひきつれて家々を訪れるとされており、相反する正負の要素は本来ひとつの神格の表裏の側面にほかならない。家の行状しだいではただちに福神は厄神に転換しうるものであり、またその逆もありうるのであればこそ、貧乏神をまつって福がさずかるのである。「敬して遠ざく」とは負の力を弱めて正の力を回復させようとつとめることでもある。先の馬琴の『兎園小説』に「世に福の神とて祭れるは富貴を禱《いの》る為めなれば貧乏神といふもあるべし。且つ福は禍ひの対《たい》、貧は富の偶《ぐう》なるを以て神史に幸の神あればまた枉津《まがつ》日《ひ》の神もあり」と述べられた通りでもある。

　牛天神の貧乏神のその後についてもふれておくと、明治維新にともなう神仏分離によって黒暗天祠は太田神社と改称され、祭神も天鈿女命《あまのうずめのみこと》に変更されて、さらに猿田彦もそこに合祀されることとなった。新たな祭神に鈿女があてられた理由は、第一にそれが黒暗天とひとしく女神であったからであるが、第二の理由はおそらく天照皇大神が天の岩戸に隠れて光がとだえた時に、その暗闇のさ中で鈿女が舞ったことが黒暗天を連想させたからではなかったろうか。だとすれば、吉祥天・黒暗天の二元対立関係は陽・陰、光・闇のデュアリズムを媒介項として、天照皇大神・天鈿女命の関係にも変換されたといえるであろう。そして、鈿女の舞いにちなみ、太田神社は遊芸神、芸能神としての信仰を集めるようになり(9)、毎年三月末日の大祭日、月の一〇日と三〇日の縁日がおおいににぎわうようになって、大戦前には歌舞伎俳優の六代目菊五郎・八代目松本幸四郎・中村吉右衛門、帝劇女優の森律子、女優の中村歌扇《かせん》らがよく参拝に来ていたとのことである。別当竜門寺の住職は還俗して牛天神の初代宮司となり、春日徳太郎氏はその三代目である。

三、長者のまつる貧乏神

貧乏神というものが江戸市中の神社に実際にまつられていたという例は以上の通りであったが、そこで思い起こされるのは話芸作品などの中でよく耳にする「貧乏神の開帳」の話である。三遊亭円生による古典落語のレパートリーの中から、一節を次に引いてみよう。

貧乏神の開帳をしたこともあります。これはもういろんなものをやり尽して何か変わったもので一儲けしようてんで、いろいろ有志の者が集まって考えた末に、「おいどうだい、今度は貧乏神の開帳てえのは……。いいよ、そんな事を言ったってお前、江戸ッ子てえものはね、変わったものを好むからね、『いや、今度は面白いぜ、貧乏神だ。こいつァ乙《おつ》なもんだ』なんてね、うん……思いのほか儲かるかも知れねえから……まァまァ一つやってみよう」これからすっかり仕度をして、さて開帳をしてみるとまるッきりお詣りのしていてがないんで……それァそうでしょう。いくら江戸ッ子が変わってるッたって貧乏神じゃあなた、お詣りのしてもない。そうなるッてえと仲間割れがしましてね、怒る者が出てくる……。「(ぷんぷん怒って) 冗談じゃねえぜ、だから俺ァそう言ったろ、初めッから駄目だってそう言ったんだ。お前が強情張って、何でもこれなら儲かる儲かるてんで……みねえな、まるッきり参詣なんぞありゃしねえじゃねえか……丸損だ」「そんなに怒ったってしょうがねえやな、まァ、人間見込み違いもあるよ、しかたがないよ、あたしに少し考えがあるから……まァそういったもんじゃない。とにかくお任せ」これから急いで刷り物をこしらえます。当時の一ばん早い印刷物というと瓦版と申しまして、これでチラシをこしらえて市中へ配る……。と、その翌日からはどんどんここへお詣りをする者があります。どういうチラシをまいたのかてえと、「来たる何月何日より、向う両国回向院において貧乏神出開帳を仕り候間、各位こぞってご参詣を願いたく、もしご参詣なき方へは、当方よりお伺い申し上げ候……」という……これァどうもいけません。貧乏神にこられた日にァこっちは困るから、「じゃまァ、しょうがねえからいっぺんだけ行こうよ」ッてんで、お詣りをした者が大勢あったといいますが(10)……。

これは「死神」という噺のマクラに用いられた小話の一部であるが、貧乏神に来られては困るので、しぶしぶ開帳に詣でたという、やはり「敬して遠ざく」の態度があらわされている。さらに、文学作品の中に語られた貧乏神のエピソードとしては、よく知られているように井原西鶴の『日本永代蔵』巻四所収の「祈る印の神の折敷」をあげることができるが、その一節を引用してみよう。

爰《ここ》に桔梗屋とてわずかなる染物屋の夫婦、渡世を大事に正直の頭《かうべ》をわらして暫時《ざんじ》も只居《ただゐ》せずかせげども毎年餅搗《もちつき》おそく肴掛《さかなかけ》に鰤《ぶり》もなくて春を待つ事を悔みぬ。（中略）貧より分別かはりて、世はみな富貴《ふつき》の神仏を祭る事、人のならはせなり。我は又人の嫌へる貧乏神を祭らんとをかしげなる藁人形を作りなして身に渋帷子《しぶかたびら》を着せ、頭《かしら》に紙子《かみこ》頭巾《ずきん》を被《かぶ》らせ手に破れ団扇《うちは》をもたせ、見ぐるしき有様を松餝《かざ》りの中になほして元日より七種《ななくさ》まで心に有る程のもてなし、此神うれしき余りに其夜枕元にゆるぎ出で、我《われ》年月貧家をめぐる役にて身を隠し様々かなしき宿の借銭の中に埋もれ、悪《わる》さする子供を詈《しか》るに貧乏神めとあて言をいはれながら分限《ぶんげん》なる家に不断丁銀かける音耳にひびき癪《しやく》の虫がおこれり。朝夕《てうせき》の鴨鱠《かもなます》、杉焼《すぎやき》のいたり料理が胸につかへて迷惑、（中略）かさね蒲団、釣夜着《つりよぎ》、ぱんやの括《くく》り枕に身がこそばく白無垢《しろむく》の寝巻に留めらるるかをりに鼻ふさぎ花見芝居行《ゆき》に天鵞絨窓《びろうどまど》の乗物にゆられて目舞心《めまひごころ》に成るもいやなり。（中略）貧なる内の　灯《ともしび》、十年も張りかへぬ行灯《あんどう》のうそぐらきこそよけれ。夜半《やはん》油をきらして女房の髪の油を事かきにさすなど、かかる不自由なる事を見るをすきにて（中略）此春その方《ほう》心にかけて貧乏神を祭られ折敷《おしき》に居《すわ》りて物喰う事前代是がはじめなり。此恩賞忘れがたし。此家につたはりし貧銭《ひんせん》を二代長者の奢り人にゆづり忽ちに繁昌さすべし。それ身過《みすぎ》は色々あり。柳は緑花は　紅《くれなゐ》と二三度四五度繰返し、あらたなる御霊夢、覚めても是を忘れず。

貧乏神をまつって富貴を得たのは江戸小石川の貧乏旗本某にかぎらず、ここに出てくる京都長者町の桔梗屋という染物商もまたその一人なのであった。この桔梗屋甚三郎のことは『近世世事談』にも出ていて、「承応のころ京の長者町の桔梗屋甚三郎といふもの、茜を以て紅梅《もみ》にひとしき色を染め出す。世俗の曰く此の甚三郎は貧乏神を祭りて富貴となれり」とあり、西鶴はこれに取材したものと思われるが、さらに貞享年間の『古今百物語評判』などにも五寸ばかりの人形の貧乏神をまつった人の話が出ていて、これも参照したにちがいない。そこには一休の「柳は緑、花は紅《もみ》の色々」の言葉も出ていて、『日本永代蔵』の場合、桔梗屋はこの呪文にヒントを得て甚三紅の技法を発明し、財をなすのであった。

四、貧乏神の姿

桔梗屋のまつった貧乏神に関するこれらの記述において、特に注目されるのは貧乏神の容貌についての、具体的イメージの描写である。『近世世事談』によれば甚三郎のまつった貧乏神の神像は「藁にて作り、紙を以て冠衣服とし、旦暮之れを祈りしといへり。按ずるに是れ即ち神像なり。金銀の箔にて作るを藁にてこしらへ、錦繍を装ひ飾る所を紙にす。謙《へりくだ》りて驕《おご》らぬいましめなり」というようなものであった。『日本永代蔵』の方もほぼ同様で、こ

図4　貧乏神の神像（『日本永代蔵』より）

れに渋帷子や破れ団扇をつけくわえ、その図まで載せているが（図4）、要するに粗末でみすぼらしい、貧乏神の姿にふさわしい装束がイメージされている。

さらに他の資料から貧乏神の容貌・姿形についての描写をひろい出してみると、たとえば『心学道話』にある「其のおすがたは痩せこけて青ざめ、手には破れた渋団扇をもってさも悲しげに立ってござる」という記述も桔梗屋のまつった神像に大変よく似ている。異色なところでは、松浦静山の『甲子《かっし》夜話《やわ》』や『古今百物語評判』にあるような、貧乏神は五寸ばかりの小さな身で人の身体にとりついているとの記述、『他が身の上』にあるような、貧乏神は五人の子供（僭上太郎・遊山の次郎・博奕の三郎・朝寝の四郎・慳貧五郎）を持つとの記述がみられるが、これらは派生的な形であろう。その意味では『曲亭雑記』に記された「面は青くまた黒く眼深くして世にいふ鉄壺《かなつぼ》めきたるが頤尖《あごとが》りていと痩せたり。身には溷鼠《どぶねずみ》染めとかいふ拷《たへ》の単衣《ひとえ》の古びたるを褄《つま》はさみして頭には白菅《しらすげ》の笠を戴き項《うなじ》には頭《づ》陀袋《たぶくろ》をかけたり」というみすぼらしい旅姿の方が、より「正統派」的な貧乏神のイメージに近いといえよう。

みすぼらしい風体の旅装束の異形神、それはまさに遠い地からやってきて家々を訪れる来訪神の姿であり、小正月や大師講の夜の訪問者の姿などにもよく似ている。いかにその神のなりが汚ならしいからといって、それを粗末に扱えば自ら貧をよびこむことにもなりかねない。逆に桔梗屋甚三郎のように積極的にそれを歓待すれば福分にあずかることもできるのである。なぜなら、貧乏神は福神の裏返し、あるいは仮の姿といってもよいからである。家を訪れた乞食のような老人を、それが福神であることを知らずに嫌悪して追い返してしまった家が傾き、歓待した家が栄えたという「大歳の客」の昔話は、このような神々に対する民俗信仰のあり方をよく物語っているのである。とはいえ、貧乏神は基本的にはあまりありがたくない神であり、それがとりついているがゆえに幸福に恵まれないというのが一般的な理解であるから、できることならそれに出ていってもらいたいと思うのは当然である。『曲亭雑記』には「われは余処《よそ》へ移るなり。今よりして和殿の主人はさきくさおふる家となりて世をかさねたる借財などもみな返すべきよすがは出で来ん」と貧乏神が宣告して家を出ていく話が載っているが、貧乏神なきあと、たちまちにして家は再興されたという。『譚海』などにも貧乏神の家移りの話がみられ、その際に貧乏神は「我等出行たる跡にて焼めしに焼みそを少しこしらへ、をしきにのせ、うらの戸口より持出て近き川へ流すべし」と告げたといい、その後その家は貧を脱したとのことである。

五、貧乏神と民俗

貧乏神に関するさまざまな伝承は今まで見てみた通りである。これらを最後に若干整理して体系づけてみるためには、今日知りうる各地の民俗事例などをも参照しつつ、あらためて全体を見直してみる作業が必要であろう。

まず最初にいえることは、この貧乏神という神は、民間信仰の枠組みからとらえてみるならば、まずもってそれは御霊系・厄（疫）神系の神であり、家々や共同体を守護すべき祖霊系の神ではないということである[1]。このような神は人に災いをもたらすことが多いので、一定の祭祀の手続きのもとに歓待・鎮送すべきものとされ、その意味では疱瘡神・厄病神・御霊などとも共通する扱い方が求められた。「敬して遠ざく」のルールが守られるかぎり、災いは回避され、時にはむしろその霊力を通じて大きな福徳を授かることもできたのである。先の『譚海』には、折敷に焼飯と焼味噌とを供えて川に流すようにと、貧乏神が自らの鎮送法を指図した話が載っていたが、こういった神送りの作法は主として厄神・疫神に対するそれであり、現行の民俗事例の中にも多くの類例を見出すことができる。

中でもとりわけ重要な習俗事例は、正月を迎えるにあたり、主に大晦日の夜になされる厄神・疫神の鎮送習俗であって、たとえば盆行事に先祖霊とともに無縁仏の供養もがあわせおこなわれたように、正月行事においても歳神とともにこれら御霊系の雑神も同時に祭祀されたのである。いくつか例をあげると、山形県東村山郡旧山寺村などで、年取りの夜に家の主人が目に見えぬ厄神を橋のたもとから迎え、奥座敷で接待したのちに送り出すという事例があるし、香川県小豆島などでも正月三が日の間、庭の片隅に餅や灯明をあげて厄病神祭をおこなうといい、岐阜県美濃市でも大晦日の夜に厄神棚を設けてまつり、元日の早朝にこれを外に送り出すという習俗がみられる。(11) ここでの貧乏神の伝承を見直してみると、『耳袋』に記された小石川の貧乏旗本某が「或年の暮れに貧乏神を画像にこしらえ神酒洗米など捧げて」祈ったこと、『日本永代蔵』に記された桔梗屋甚三郎が藁人形の神像をこしらえて「元日より七種まで心に有る程のもてなし」を貧乏神にほどこしたことがまさに想起されよう。昔話の「大歳の客」の例にもあるように、要するにこの種の神々は暮れから正月にかけて――本来は大歳の夜に――まつられるべき神々であったのであり、各地の民俗事例とも一致するのである。

年の暮れに貧乏神をまつり、送る風は中国でもみられた。中国ではこの神を「窮鬼」とよぶが、年末に家内の掃除をしてこれを送ることを「送窮」といい、日本の煤払いと同じであるが、『荊楚歳時記』や『五雑俎』にもそれが記されている。(7) 蘇東坡は送窮詩を残しているし、日本でも四方山人――すなわち大田南畝《なんぽ》の詠んだ窮鬼の画賛「おのれやれ富貴になさでおくべきか貧乏神の教そむかば」がよく知られている。ついでにあげておくと、建仁寺山主であった雄長老の貧乏神の讃「貧乏の神をいれじと戸をたててよくよく見れば我が身なりけり」(『耳袋』)というものもある。さらに、大歳の夜に貧乏神を送る例としては、たとえば

『沙石集』に「十二月晦日の夜、桃の枝を我れも持ち弟子にも小法師にも持たせて咒を誦して家の内より次第に物を追ふやうに打ち打ちして今は貧窮殿出でおはせ出でおはせといひて門の外に追ひ出して門を堅くとぢつ」という記述がある。邪をはらう桃の枝で貧乏神を追いはらったわけであるが、送るというよりは対抗的な手段である。これは僧侶のおこなった例であるが、神道の方にも『白家祭式秘巻』という資料に「貧神祭」の祭式が載っており、そこでの祝詞は「謹上再拝《きんじようさいはい》 敬《うやまつてまをす》 白須、当日《このひ》当夜《このよ》此家乃《このいへの》此所爾《このところに》斎祭里《いつきまつり》諄辞申須《ただごとまをす》貪欲神《どんよくしん》、飢渇《きかつ》神《しん》、障碍神《しようげしん》、三前口《みまへの》神々乃《かみがみの》宿里《やどり》鎮里坐須《しづまります》家《いへ》……」などというもので、祭儀の作法は次のようなものであった。(7)

貧神祭とは貧《ひん》ノ神送《かみおく》りなり。除夜《ぢよや》に祭るを式とす。臨時にもまた送るなり。樫《かはやなぎ》の木を以て船を作り、薄墨染《うすすみそめ》の帋《かみ》にて人形を三つ作り、同じ紙にて編笠《あみがさ》を切りて著《き》せ、人形の胸所に貪欲神《どんよくしん》、飢渇神《きかつしん》、障碍神《しやうげしん》と書き付けて船にのせ、紙にて帆をかけ、灯《ともしび》一つ灯心一すぢにて火を点じ酒を土器《かはらけ》に盛り、洗米、土器、赤土をこね、小さく餅の如くにして三つ、土器に並べて盛り、古き破れ団扇《うちは》にのせて竈《かまど》の上に祭るなり。随分と塵《けが》らはしくさびしくして祭るなり。祭り終りて川へ流し捨つるなり。其のとき往きと帰りと道をかへて戻るなり。(中略)内より戸をきびしく立て切り、灯を点じて随分と賑《にぎ》はしく祭りはやし歌ひ楽しむなり。(中略)川遠き所にては町はづれに捨てて帰るなり。必らず道の二つに別れたる所へ捨て道をかへて帰るなり。(中略)此の祭儀は随分麁相《そさう》にするが口伝《くでん》なり。

ここにある貧乏神三神のまつり方もまた、桔梗屋甚三郎のまつったそれと実によく似たものなのであった。

あらためて考えなおしてみると、その桔梗屋の貧乏神の神像がやはり藁で作られた人形であったことは、単なる偶然とは思われない。各地の民俗事例の中に、これについての類似習俗が数多く存在することはあらためていうまでもないことである。たとえば東北地方などで鹿島様・鍾馗《しょうき》様などと呼ばれる大きな藁人形を作り、村境の守り神としてこれをまつることが広くおこなわれていること、さらには中部地方などでいわゆる人形道祖神という藁人形が小正月の左義長の火に投じられて厄病送りのまじないとされてきたこと[12]、などが想起されよう。ここでの藁人形は厄神・疫神の象徴と考えられていることが多く、正月行事の中で正式に歳神がまつられるのと併行して、この種の神々がやはりまつられてきたことは重要な問題である。民間習俗の中での人形道祖神と桔梗屋の貧乏神像とは、それらがともに藁で作られたまじないの人形であったということのみにとどまらず、その背後にある共通の思考の存在をとらえておく必要があるであろう。先の大晦日の夜の厄神祭祀の問題をも含め、あらためて指摘されるのは、ここでのテーマと民俗事例との深い関連性である。江戸の貧乏神の伝承はあくまで市中の珍事・奇談として随筆集などにそれが記され、語られてきたものではあったが、その深層には民俗伝承・民間信仰にかかわる時間を超えた確かなエートスがいきづいていたと考えられる。

注

(1)大島建彦、一九八五「疫神と福神」『疫神とその周辺』、岩崎美術社、七〜八頁。
(2)宮田 登、一九八四「七福神考」『太陽』二六〇号、平凡社、六〜七頁。
(3)文京区教育委員会社会教育課(編)、一九八八『ぶんきょうの歴史物語——史話と伝説を訪ねて——』、同課、二三七〜二三八頁。
(4)東陽堂(編)、一九〇六「新撰東京名所図会」『風俗画報』三四八号、東陽堂、一二〜一三頁。
(5)出井高義、一九二六「東京小石川の或信仰」『武蔵野』八巻二号、雄山閣、四八〜四九頁。
(6)国訳秘密儀軌編纂局(編)、一九七三『新纂仏像図鑑』、国書刊行会、一三九頁。
(7)矢部善三、一九三四『神札考』、素人社書屋、九五〜一〇六頁。
(8)山中共古、一九八五「影守雑記」『山中共古全集』二巻、青裳堂書店、一六六頁。
(9)藻紋字彙、一九一三「小石川の貧乏神」『風俗画報』四五一号、東陽堂、八〜一〇頁。
(10)三遊亭円生、一九七九「死神」『円生古典落語・二』、集英社、一二八〜一二九頁。
(11)大島建彦、一九五九「信仰と年中行事」『日本民俗学大系』七巻、平凡社、九〇頁。
(12)神野善治、一九七九「わら人形を訪ねて——人形道祖神論への試み——」『あるくみるきく』一四四号、近畿日本ツーリスト日本観光文化研究所、四〜三三頁。

狸の守護神

一、狸の零落

伝承の世界の中で、狸や狐がなおその妖力を保持し続けている第一の段階においてそれらは人に憑りつき、ややそれもおとろえた第二の段階では人を化かし、すっかり零落した第三の段階にあってはもはや物陰から人を驚かすのみであると、かつて柳田国男氏は述べておられた[1]。特に狸あるいはムジナに注目してみた場合、佐渡や四国などにはその第一段階に属すべき霊力旺盛な狸どもがなお活発に活動しており、のみならずそれらを統率する団三郎とか金長とかの大盟主が君臨していたとのことである。これら地方では狸やムジナが人に憑りついた話がよく聞かれるばかりでなく、それらを神にまつってあがめた小祠なども多く存在する[2]。

これに比べれば大都市東京周辺の狸などは古くから人間にその棲家を追われ、細々と霊力の命脈をたもち続けてきた存在であったから、そのうさをはらすべく時おり人間に悪さをはたらこうにも、本所の七不思議[3]に数えられた「狸ばやし」や「無灯そば」にみる程度の手管で人を化かすのがせいぜいなのであった。それどころか、ついには人間に調伏されて改心

写真1　妙円寺の狸汁粉

し、今までの悪行を反省しつつ、魔性と神性との両義性をそなえた小神[4]としてのその霊力をもって人間に奉仕し、寺社の守護神におさまった例さえみかけるのである。また、そのような形をとらないにせよ、たとえば千葉県木更津市における証誠寺の狸ばやし、群馬県館林市茂林寺《もりんじ》ほか各地に伝わる文福茶釜の伝説、神奈川県鎌倉市建長寺などにおける狸和尚の故事[5]、東京都渋谷区妙円寺の御会式と「狸汁粉」の行事、などにみる通り特に寺院と狸との関わりには深いものがあって、小妖怪の調伏・感化というテーマが仏法の功徳を説くのに適していたのであろうか。

二、浅草寺の狸神

以上のような手続きのもとに寺社の境内にまつられることになった狸の守護神の事例をいくつかとりあげてみるなら、何といってもその筆頭は浅草寺の鎮護堂（台東区浅草二の三の一）ということになろう。浅草寺本坊である伝法院の境内にそれはあり、そこにまつられた神は鎮護大使者などという仰々しい名でよばれているが、その実体は狸神なのであり、一般には「お狸様」として親しまれている。

この鎮護堂は、淡島堂や銭塚地蔵堂・影向堂などとともにそれぞれ住みこみの堂守一家を置いて管理をまかせた祠堂のひとつで、堂そのものは伝法院庭園内の南端に鎮座し、そこに一般人が立ち入ることはできないものの、祠前の一角のみ柵で囲ってそこだけ出入りを許し、柵外の拝殿越しにではあるが誰でも堂を参拝できるようになっている。堂のまつられたのは一八七二年のことであるから決して古くはないが、そのいきさつは次の通りである。観音堂西裏のいわゆる奥山のあたりはかつて一面の雑木林で、そこには八三匹の狸が棲んでいたそうであるが、一八七一年に浅草寺の手でそこが切り拓かれることになった。棲家を失った狸どもはさまざまな悪戯を繰り返して人間に反抗するようになり、そのことは一八七二年四月一〇日版の『東京日日新聞』にまで報じられることとなった。そこには「浅草奥山に狸が出る」との見出しで以下の記事が載せられている。

此ほど浅草金竜山奥山にて白昼狸人を誑《たぶらか》し或は蝙蝠傘《こうもりがさ》を木上に釣し木履《げた》・雪踏《せった》を釜の中へ入置、其他種々の乱行をなせしかば之をとらへんと致せしが姿は見へずして石を投出す事雨の如し。是於て山内申合せ件の狸の穴倉を建るよし。

ここには狸の神祠をまつった理由が説明されているが、そのきっかけとなった狸の悪戯は尋常のことではなかったらしい。浅草寺大僧正であった故網野宥俊師の書かれた『浅草寺史談抄』によれば、それは次のような状況であった。(6)

奥山を追われた狸は伝法院表門の右手にあった浅草寺用人の大橋家の縁下に棲みつき、同家の天井から石を落としたり座敷中に砂や木の葉をまき散らしたりしたという。これを見た淡島椿岳《ちんがく》（寒月《かんげつ》の父）が「銭でもまいてくれればよいに」と冗談をいったところ本当に小銭が降り、さらに狸は大橋家の娘に憑りついて「私は浅草のお狸さんだよ」などといわしめ、先ほど降らせた「あの小銭は椿岳さんが頼んだから降らせましたが、あれは観音様のお賽銭だから粗末にしてはいけませんよ」などと口走ったので家人は驚いた。娘はさらに「私には位階がありませんが、田甫の袖摺《そですり》稲荷は位を持ってますからこれから相談にゆきます」といいだし、家人がついていくと娘は吉原土手のあたりで一人でブツブツと何やら相談めいたことをつぶやき、帰りぎわに夜鷹ソバを二〇杯もたいらげたという。

その後、奥山で興行中のフランスの曲馬団に頼み、大橋家の縁下に空砲を何発か撃ちこんでもらったが狸は去らず、かわりに観音様の境内の鳩が驚いて一羽もいなくなってしまったという。かくして大橋家の庭に狸の小祠が建てられることになり、これによって狸の悪戯も止んだが、のちの大橋家の移転にともなって祠の位置は二転三転し、一八八三年に現在地にそれが再建されることになった。その頃、浅草寺の唯我韶舜大僧上や上野寛永寺の多田孝泉僧上の夢枕に狸が立ち、「我に住家を与えれば火防《ぶ》せの神となろう」と告げ、その縁で韶舜・孝泉両師が発起し、伝法院の境内に祠が迎え入れられることとなって、以後その祭日が三月一七日と決められたともいわれている。[7] 祠の再建時の勧進帳には、そのあたりの事情も含め、次のように説明されている。

伝法院の境内なる鎮護大使者並に眷属の叢祠は、明治五季の三月より四月に至るまで、大橋氏の家に怪異の事どもありて、神霊つひに小女に託し（中略）「我れ西国より来りてすめり。（中略）八十三名の眷属も皆此境内に来集し、客人となりて住在せり。すでにしかれば我等が為に叢祠をものしてたびたまはば、永く当地を守護して繁昌ならしむ」とこひのむ（ママ）にまかせ、唯我教正新に社頭お（ママ）ものし、山家相承の神道を以て鎮護大使者の称号を授けしによりて、怪異の事のやみたることは諸人の皆よく知ることにて（中略）しかるに此地公園となれるに伴《もとづ》き、鎮護の社頭をとりはろふことのいできたるを、かの眷属のいたくなげきはべるにや、ある夜我夢に来りて、社を庭内へひきうつして、永く存在せんことを唯我教正にたのみくれよと切にこへり、よりてこのよしを教正につげて（中略）妄夢にやといひつれば、教正まゆひそめ、そは全く正夢なり。このごろ我ふし戸のもとにきたりて、ものを訴へこふことのあるが如く、なくこと毎夜なり。これ社頭のことなるべしとおもひ（中略）鎮護の社頭を伝法院の庭内へ再建すること治定せしゆゑ、それにつきては当地の繁栄を永く守護するとの神約にて（中略）正中を鎮護大使者の座とし、左を鎮護客人使者の座とし、右を鎮護眷属使者の座とし、三社相殿に造立して（中略）有志の諸君へ多少の浄財、喜捨を勧進することしかりといふ。

三、鎮護大使者の信仰

浅草寺における狸の守護神のいい伝えは以上のようなものであった。ここでの狸がさんざんな悪戯をはたらき、新聞にまで報道されていたこともおもしろいが、それが人間に憑いて託宣めいたことを述べていたというのも大変重要で、東京という狸の「後進地域」の中にありながら、浅草の狸はまさしく第一段階に属する一級の狸なのであった。この狸が伝法院の守護神となるに際し、浅草寺の唯我大僧正より「鎮護大使者」の称号が与えられたわけであったが、祠に安置された御神体は何と茶吉尼天《だきに》女像で、飛白狐に乗った一尺三寸の女神像がそこに納められている。(8) これではまるで稲荷であり、何とも苦しい解釈の跡がみられるが、この種の動物神に茶吉尼天があてられるのは、他にもよく見られたことである。

民間信仰の側面からみるならば、この鎮護大使者――俗称お狸様は福徳円満・火防盗難除・商売繁盛のご利益のもとにとらえられており、狸の憑いた大橋家の娘が二〇杯のソバをたいらげたことにちなみ、蕎麦切を祠前に奉納して祈願をおこなうならわしとなっている。また、天ぷらや魚の干物（スルメなど）もお狸様の好物といわれ、これらを供える人も多い。戦前は芸能関係者の信仰がさかんで、九代市川団十郎・初代左団次以下一四人連名で奉納された一八九〇年の手水鉢や、尾上菊五郎・坂東三津五郎らの奉納による明治末期の献額なども残されている。興味深いのは吉原の幇間連中が熱心に信心していたことで、その献額も何枚か残っているが、一九六三年にはその縁で幇間塚が祠前に建立され、碑文には東京中の幇間の名が記されている。このような信仰の生まれた理由は、狸の太鼓腹がたいこ持ちに通じたためといわれているものの、狐や狸が化けること、化かすことは広く芸道上達・接客業繁盛に通ずることであって、芸人・役者のみならず水商売関係者などのあつい信心の寄せられたこともそのことに発しており、柳橋芸妓連中の奉納額なども祠堂内には架かっている。

今日では主として地元商店主らを中心に鎮護大使者講（通称お狸講）が組織され、講員には天ぷらの葵丸進（雷門通り）・三定（同）・大黒家（伝法院通り）・中清（浅草公会堂前）、遊園地の花やしき（花やしき通り）、和菓子の舟和（仲見世）、すき焼店の今半（国際通り）、工芸品の助六（仲見世）・ツルヤべっ甲店（仲見世）、甘味処の梅園（梅園横丁）など浅草の一流老舗がずらりと名を連ねている。毎月一・一五日の縁日と三月一七〜一八日の春季大祭、一一月四日の秋季大祭には多くの参拝者が訪れてにぎやかであり、春秋の大祭時には伝法院通りと祠前にたくさんの地口行灯が飾られて壮観である。

四、多聞寺の狸塚

次にはやはり数々の悪行をはたらいた結果、ついには法力によって成敗されてしまい、その亡骸が塚にまつられることになった狸の例をとりあげてみよう。これは墨東の毘沙門天の名刹、多聞寺（墨田区墨田五の三一の一三）に関する狸のいい伝えであって、同寺境内の片隅には狸塚と称する穴ぐらがあり、香華がたむけられているが、ここには当地に棲んでいた夫婦の古狸二頭が葬られているという。寺伝によると当寺はかつて今よりも下流域の隅田川堤外にあり、天正年間の頃に現在地へ移転したとのことであるが、そこは毒蛇や妖狸の棲む化外の地で、ここを開いて寺堂を建てたという。『新撰東京名所図会』所載の多聞寺略縁起には、それについて次のように記している。

往昔此地は河原にて民家《みんか》稀に榛莽鬱然《くさむらうつぜん》と生茂り其中央に大なる池有り。今《いま》に多聞寺池と号す。水波滄々《さうさう》として毒蛇のすみければ一度《ひとたび》見るものは気を絶ひ或は百二百日余病ふもの少《すくな》からず。又妖狸《えうり》有り蠱惑《たぶらかさ》るるもの数を知らず。かかるがゆゑに里民痛く是を畏《おそ》ると云。誠に物凄所《ものすごき》なり。因て悪魔降伏のため御堂《みだう》を此処に建立《こんりう》せんと近郷相集榛莽を伐り払ふ中に数《すう》百年の星霜《せいさう》を歴る松あり。其木の根《もと》に大なる穴あり。俗に牛松と号して大なるを五囲《いつかへ》なり。蓋《けだ》し此処妖狸の伏所《ふくど》ならん。然るを俄《にわか》に伐り払はれけるゆゑ妖怪毎夜《よごと》に来り或は大地を震動《しんだう》し或は風なきに大木《たいぼく》の倒れし音をなし或は砂石《しやせき》の落る声抔して種々障礙をなすことしばしばなり。或夜《あるよ》妖物異形を顕《あらは》し申したるは我此処に棲宿《すむ》こと既に数百年なるに一朝《たちまち》汝が為に居処を失へり、住僧速に立さらずんば立所に害《がい》せんと云。鑁海《ばんかい》驚怖《おそれおどろき》の余り唯一心に南無毘沙門天と念じたるに不思議なるかな天童忽焉《てんだうこつえん》と顕れ宝棒を提げ妖狸を散々に打玉《うち》へは忽ち悪魔も退散《たいさん》せり。夜已に明れば大なる狸斃れ死す。隣里《りんり》集り見て或は驚または喜び遂《つひ》に寺の巽の方に埋む。今に到て狸塚と称《しよう》するもの是なり。これより妖狸の憂《うれひ》はうせにけり。

ここに出てくる鑁海上人とは多聞寺の四一世住持のことであり、上人の前にあらわれた妖狸は雲つくような大入道に化けて出たともいわれ、毘沙門天のつかわした禅尼師童子の宝棒によって打ちすえられたという。その翌日、大きな夫婦の古狸が死んでおり、これを葬ったのが今の狸塚とされているのである。

ある土地の開発が進んだ結果、古くからそこに棲んでいた狸がいき場を失い、もろもろの悪戯をなして人間に反抗したというところまでは、この話の場合、先の浅草の狸とまったく同じである。ところが浅草の例では人間の側が狸の納まるべき神祠を用意し、そのかわりに寺内を守護せよとの神約を結んで円満解決のとりひきがなされたのに、ここでの墨田の狸は一撃のもとに成敗されてしまったのであるから何ともあわれである。しかしながら、人を化かしてその報復に成敗されるという、このような例こそがどちらかといえば一般的な狸伝説のパターンであり、根岸鎮衛の『耳袋』や松浦静山の『甲子夜話』などには、この

図5　多聞寺の狸の御影

種の話が実に多く収録されているのである。

なお、狸塚とよばれるものは他所にもいくつかあり、近年でも台東区根岸四丁目の「御行の松」の脇に親子狸の狸塚がまつられたが、これは落語「お若伊之助」(三遊亭円朝作)にちなんで建てられたものである。

五、柳森神社の福寿神

さて次に、江戸城大奥において五代将軍綱吉の生母桂昌院の守護神として信心されていたという狸神をとりあげてみよう。この狸は、今では神田の柳原土手にある柳森神社(千代田区神田須田町二の二五)にまつられており、公式には福寿神(福寿狸大神)、一般には「お狸様」として親しまれている。御神体は桂昌院が守り本尊として拝んでいたという高さ一〇センチほどの狸の木像で、今は本殿内に安置されているが、これを形どったユーモラスな太鼓腹の狸の石像が境内にまつられている。また、その眷属祠も境内社のひとつとしてまつられている。柳森神社で出している、この福寿神の由緒・縁起は次のようなものとなっている。

江戸開府以来、年と共に諸制度も完備して、完く泰平の世を迎えた五代将軍綱吉公の御代、将軍御生母桂昌院により、江戸城内に創建されたのが福寿神の起りであります。六代将軍家宣公が厚く崇敬されたので、江戸城内の人達、殊に御女中衆から深く信仰されました。後世、元倉前甚内橋際向柳原の御旗元瓦林邸内に祠を移し祭祀される様になり、諸願成就の福寿神として江戸町内広く諸氏の厚い崇敬を集めました。徳川幕府瓦解し明治維新の際現在地、柳森神社内に合祀されたのであります。当社にて頒与する土製の小さな狸像（大小一組にて親子狸と愛称せらる。たぬき、とは他を抜くの意）は、階級の差別の甚しかった当時に於て、身分低い町家の出生でありながら能く将軍家の寵愛を受け、将軍御生母として俗に云う玉の輿の人と成られた桂昌院の福徳にあやかりたいとの偏への願いから城中の御女中衆が桂昌院愛玩の福寿神の姿を像り、御守として懐中に秘める様になった事に始り、次第に旗元御女中衆から町家の婦女、花柳界の婦人へと、その信仰大いに高まり、無尽・頼母子講・相場・富籤《とみくじ》等を行う人達亦学芸栄達を願う人々にも信心されて是等崇敬者の需めに応じて頒与されるように成ったものであります。願望の有る時は大小の像を並べて供物（甘い物を好む由）を捧げ祈願した後、大きい方は家に祀り、小さな像を懐中にして行くと福徳を授ると言い伝へられます。願望の達せられた時は、甘味菓子類等を供えて更に最初に受けた一対を還納して幸運を分つ御福分け眷属繁栄の趣にて新に何組かを友人知己に贈る風習も残って居ります。

これによると福寿狸の神像は江戸城大奥から、まず旗本瓦林邸にまつられ、維新後に柳森神社に合祀されたとのことである。『新撰東京名所図会』の柳森神社の項にも「福寿稲荷

（幕府旗下の士、河原林土佐守の邸〔浅草甚内橋の辺〕にありしを、ここに還しぬ）を合祀せり」とあり、同様なことを述べている。したがって柳森神社に狸神がまつられるようになったのは明治以降のことであり、この神社はもともと稲荷社であったから狸と狐の双方をまつる社になったともいえそうであるが、狸の方がすっかり有名になってしまったわけである。

そこでの狸神の信仰のされかたは、縁起にもあったように、まず出世・成功祈願におかれている。それは一介の八百屋の娘の身で大奥に入り、三代将軍家光の目にとまって徳松（のちの綱吉）を生み、五代将軍の母となって玉の輿に乗り、十五万石・従一位の地位を与えられたという、桂昌院の破格の出世にあやかろうとするものである。狸が「他を抜く」に通ずるということも、もちろんこれに関連する語呂あわせである。一方、福寿神ということからも当然商売繁盛の祈願もさかんであり、狸の太鼓腹が福満に通じるといって狸を福の神にあてる例は多いが、福狸のとりついた家は栄え、離れた家が落ちぶれるなどともよくいわれている。(9)

また、柳森神社が火除地の柳原土手上に鎮座し、火除稲荷としての信仰を集めていたこととも関連して、それが火防せの狸神という形で信心されるという拡大解釈も生まれた。事実、御神体の狸の木像は関東大震災と第二次大戦下での空襲という二度の社殿焼失時にも、つねに宮司の手でいちはやく持ち出されて火難をまぬがれ、火防せの御利益は絶大なものがあった。さらに、縁起にあった土製の小さな狸像の守は巷間にもよく知られていたが、(10)これは親狸と子狸の大小一組の像で、俗に「親子狸」とよばれていた。親狸の背中には「福寿」

の二文字が刻まれており、戦前は今戸焼の像であったが、今では日暮里あたりで作っている。狸神に座布団を作って奉納し、この像を受けてきて近親知己に贈るというのが、その正式な祀り方であるとのことであるが、出世祈願のみならず、無尽・頼母子《たのもし》講・相場・富くじなどをする人々が開運を祈願して受けていったのだそうで[11]、今日では縁結び（縁談成就）祈願を目的にこれを求める人々が多いという。ここでの狸神が、実にさまざまな祈願を引き受ける守護神となっていたことがよくわかる。

ところで、その土製の狸守について興味深いことが一方で指摘されている。たとえば山中共古氏は「江戸時代本郷大根畑及下谷御徒町辺に、お狸様とて小さき土焼の狸を出したる家ありしが今は絶えたり。之を受る者布団を敷き招福の迷信を以て崇拝せしなり[12]」と述べていて、この種のものを授与する所が他にもあったらしい。また、矢部善三氏によれば、柳森神社の狸守の授与は本来、神田お玉が池畔にあった於玉稲荷でおこなわれていたもので、のちに柳森神社に引き継がれたものだといい[13]、それを裏づけるように浅草寺の網野宥俊師も次のように述べておられた。

昔神田松枝町の辺にあった「お玉が池」のほとりにもタヌキが住んでいた由で、漸次周囲が開けたので、ある親子タヌキが柳原に移住し、其に託宣があって、自分を祭祀してくれるならば、親は寿を、子は福を授けるであろうとあったので、柳森神社に合祀したのが、現在の千代田区神田柳原和泉橋の西にある社で、「柳原の福寿狸」といって昔は知られ、

土製の大小親子の狸を神守として授与されていた例もある。(6)

お玉が池が埋めたてられて周辺の開発が進み、そのほとりに棲んでいた親子狸が柳原土手に移住することになり、新たな居所としての叢祠をまつってくれるならば福寿を授けようとの託宣が下ったということの説明は、まさしく人間に棲家を追われる狸たちの物語そのものであって浅草や墨田の例にも通じ、特に伝法院鎮護堂の開創談にきわめて酷似するものであることは言をまたない。

六、東照宮の夢見狸

さて最後にとりあげる狸もまた江戸城大奥の守護神としてまつられたという経歴を持ち、柳原の福寿狸との関連が注目される。その狸神は上野の東照宮（台東区上野公園内）の境内にまつられた栄誉権現のことで、「夢見狸」ともよばれている。宮司家に伝わるこの狸神の由緒は次の通りである。

この狸は四国阿波の某大名家（蜂須賀家と思われる）の手で江戸城大奥内にまつられたものといわれ、四国の八百八狸の分霊で高さ一尺ほどの素焼の狸像であった。像は払子を手に持つ僧形であるとのことである。おりしも大奥では悪病が流行し、不吉な出来事が続いたのでこの狸のせいだということになり、狸像の御神体は某大名家の屋敷内に下げられることになった。ところがその大名家は取りつぶしになり、今度は某旗本家に移されたものの、その家も同じような目にあっておちぶれてしまった。維新後は鳥越神社の東照宮内にひきとられることになったが、宮司家ではたび重なる不幸続きで大正時代に至ってとうとう上野東照宮に御神体を移すことになった。不幸ばかりを招来する流浪の狸神もようやく本当の納まるべき所を得たようで、以来不吉な出来事はぴたりと止んだ。

それどころか逆に良いことばかりあって、当初宮司の寝所に御神体を納めた厨子を仮安置し、その前で宮司が寝ていると何度も吉夢にあずかったという。そこで東照宮では十数年前に境内に一祠を設け、御神体をそこにまつることにしたところ、こちらにありがたい狸様がおられるとの夢を見てやってきたという参拝者が何人も訪れ、遠くは海外のニューヨーク在住の邦人までもが夢にみちびかれてやってきたという。その日が五のつく日であったので、東照宮では以後五の日を狸神の祭日とし、「夢見狸」の愛称と「栄誉権現」の祠号を定めることになった。栄誉の二字は徳川家康の法名から取ったものである。今日この狸の祠は、やはり「他を抜く」という語呂あわせから受験必勝・出世成就の神として広く信心されている。

写真２　東照宮の栄誉権現祠

以上が上野東照宮に狸神がまつられるまでのいきさつである。ここでの狸の出身地が明確に四国の阿波とされ、八百八狸の分霊として江戸に迎えられたとされているのはおもしろいことであるが、先の浅草鎮護堂の狸も「我れ西国より来りてすめり」と述べていたことが思い出される。また、この狸がいったんは江戸城大奥にまつられながらも、先の桂昌院の話とはまったく反対に福寿神どころか不吉をもたらす厄病神として忌み嫌われ、その流転の先々でもおおいに不幸をひきよせながらも、納まるべき所を得てからは福の神への転換を果たし、人々のさまざまな祈願を引き受けることになったということも、今までの諸事例に共通する要素である。

七、福神としての狸神

寺社の境内にまつられた狸の守護神の諸事例とは、とりあえず上記のようなものであった。今では祠にまつられて神となり、人々に福徳を授ける存在にまでなったこれらの狸たちは、かつて人間に反抗してまつろわぬ、動物霊としての特色をそなえていた。その中には四国や佐渡の狸に匹敵しうるほどの強い霊力を持つ者もおり、時には人に憑りつくこともみられたものの、たいていは化けたり化かしたり、悪戯をはたらいたり、といった程度の行動にとどまっていて、神仏の力でたやすく調伏されてきたもののようである。

これら狸は、本来おのれらの棲家としていたテリトリーを人間に侵害された結果、反抗におよんだのであるからして彼らはむしろ被害者であり、言い分があって当然である。狸とはその土地にいすわる地縛の精霊のシンボルであって、それゆえそれを追いたてるには適切な代替地を補償してやる必要がある。あてがわれた棲家が気に入らず、さらに反抗を続けて流浪を繰りかえす例なども時にはみられたが、所を得て落ちつくことができたならば、それはその土地の新たな守護神となって福神に転化しうる存在なのであった。同じような荒ぶる祟り神の中でも、たとえば土地にしばられずに浮遊する疫神の類などに対して鎮送の手段を介し、「敬して遠ざける」形での祭祀がなされてきたこととは、それは多少事情を異にしている。

注

(1) 柳田国男、一九六二「狸とデモノロジー」『定本柳田国男集』二二巻、筑摩書房、四六七頁。
(2) 大島建彦、一九七七「ムジナの神——新潟県佐渡郡相川町——」『西郊民俗』八〇号、西郊民俗談話会。
(3) 長沢利明、一九八八「北関東の七不思議」『西郊民俗』一二五号、西郊民俗談話会、二一頁。
(4) 岩田英彬、一九八一「狸——小神としての存在——」『日本民俗学』一三二号、日本民俗学会。
(5) 鈴木重光、一九三一「狸和尚のこと」『郷土研究』五巻三号、郷土研究社。
(6) 網野宥俊、一九六二『浅草寺史談抄』、金竜山浅草寺、六五七〜六七五頁。
(7) 川口謙二、一九七五『宿なし百神』、東京美術、一七三頁。
(8) 網野宥俊、一九六四「茶吉尼天像」『浅草寺』六九号、浅草寺、三頁。
(9) 草川　隆、一九六〇「狸の話」『西郊民俗』一五号、西郊民俗談話会。
(10) 田中緑紅、一九一八「関東へ旅して（上）」『郷土趣味』一一号、郷土趣味社、二七頁。
(11) 斎藤良輔（編）、一九七一「柳森神社の親子狸」『郷土玩具辞典』、東京堂出版、三四四〜三四五頁。

(12) 山中共古、一九八七「本邦に於ける動物崇拝」『山中共古全集』三巻、青裳堂書店、一四四頁。
(13) 矢部善三、一九三四『神札考』、素人社書屋、六三頁。

東京の宝船

現在、東京都内で出されている正月の宝船絵のうち、特に神社関係のものを、かつて筆者は三例ほど紹介してみたことがある。(1) その三例とは、台東区上野公園の五條天神社、文京区湯島の妻恋神社、港区麻布十番の麻布十番稲荷神社の出すそれぞれの宝船絵のことであったが、ここではそれら以外のものについて、最近の傾向などをも含めつつ再びふれてみることにしよう。

一、流行の第二期と京都の状況

宝船の流行期を三期に分けて考えてみるとしたならば、いうまでもなくその第一期は近世江戸時代、第二期は大戦前の明治～大正時代、そして第三期は戦後の今日ということになろう。第一期における流行の状況やそこでのさまざまな風俗については、すでに多くのところで述べられているので(2~3) ここでは繰りかえすことをせず、その次の第二期について注目してみることにしよう。まずこの第二期がいつからはじまったかについてであるが、京都の田中来蘇氏は「明治の晩年に至り復活し大正の御代に入りて漸次隆盛を極めたり(4)」と述べていて、少なくとも京都では明治時代末期から宝船の復活、再流行現象が起きていたものとみられる。その後の大正時代における爆発的な流行については、京都で刊行されていた『郷土趣味』の誌面に逐一報告されてきた通りであり、その意味で同誌における一九一八年以来の定期的報告は、ひとつの物事の流行のプロセスを忠実に記載した、すぐれた社会史的資料ともなっている。

京都での宝船絵の配布は、節分の日における寺社からの授与という形でなされており、江戸・東京とは異なるあり方がみられたわけであるが、『郷土趣味』誌上での田中緑紅氏の報告によるならば、一九一六年時までに宝船絵を出していた寺社数は二五ヵ所（三六種類）であったといい、これが翌一九一七年に三三ヵ所（四四種類）、一九一八年には五五ヵ所（六六種類）、一九一九年には八一ヵ所（一〇八種類）に増えたというのである。[5] まさに爆発的といってもよいほどの急速な変化がここには示されていることになるものの、このような動きは主として京都でのみ発生したものであり、他地方への波及は一九一〇年代においてはまだ不充分で、この当時の段階で知られていた京都以外の宝船の授与所は、わずかに東京で三ヵ所（五條天神社・洲崎弁天社・向島百花園）、名古屋で一ヵ所（洲崎神社）、大阪で二ヵ所（柳屋書店・滝安寺）、愛媛で一ヵ所（御荘村観自在寺）を数えた程度という。[6] しかしその後、名古屋の桜天神・円福寺、岡崎の伊賀八幡宮・岡崎天満宮、大阪の大乗坊などからも授与がおこなわれるようになったといい、[5] 京都に発した宝船の流行は、しだいに地方へも伝播していったもののようである。

『郷土趣味』の誌上に集う民芸マニアたちは、また一方で宝船絵のコレクターでもあったから、当時の京都には彼らの収集の楽しみを充分に満たしうる対象が満ちあふれていた。しかし実をいうならば、ほかならぬ彼ら自身が当のブームの演出者ともいえるわけであり、京都における宝船の爆発的流行の、直接の火付け役としての『郷土趣味』グループの果たした役割にはきわめて大きなものがあった。すなわち、グループの中心人物であった明石染人氏・田中来蘇氏らが当時の『京都日出新聞』や『大阪毎日新聞』の紙上で、京都の宝船絵のことを何度も紹介したこと、郷土趣味社主催の宝船絵コレクションの陳列会が京都で再三開かれて大盛況を博したこと、などがきっかけとなって広範な収集ブームがまきおこり、これに気をよくした市中の寺社がこぞって旧版の再興、新版の刊行にのり出し、多くの宝船絵が市中に氾濫することになった。空前の大ブームの背景には、実をいえばこのような仕掛人が存在したのである。

二、江戸・東京のお宝売り

ところで、ここ東京にあっては、ブームのさなかにおいても宝船絵を授与する寺社がわずか三ヵ所しかなかったとのことであるが、だからといって、その風俗があまりさかんでなかったというわけではない。それどころか、京都をはるかにしのぐ数と種類の宝船絵が市中に出回っていたのであり、それらは寺社ではなく町のお宝売りの手を通して頒布されていたのであって、それこそが流行の第一期・第二期を通じ、一貫してみられた江戸・東京の特色であったのである。また、こちらではもっぱら正月二日に見る夢が初夢とされたので、元旦から二日にかけてこれが売り歩かれたわけであり、その点をも含めて京都とはまったく異なった風俗がみられたのである。先の田中緑紅氏も「元来東京には一月二日に売り歩くお宝以外に宝船の出る処は少ない(7)」と一九一八年に述べておられる。

江戸において、なぜ初夢を見る日が正月二日とされたかについてはよくわからないが、『民間時令』の著者などが述べるところでは、「こは商家よりの流の事なるべし。按ずるに商舎は大晦日の夜はよもすがらいねずして銭貨を乞ひ、または算勘に労して、元旦のあけぼのやうやう寝ることを得て元朝をむなしくすごし、二日の暁を彼等が元旦と、利の為に私に取なすが故に今世二日の夜はつ夢を迎る為に、其宝船の絵も二日の昼もうることにはなりたれ」としているのであった。また、この頃家々に宝船絵を売りにくるお宝売りのようすについては山中共古氏が次のように描写している。

元旦の朝まだきに、海上はるかにながむれば七福神の宝船と撥音高く唄ひくる鳥追姿ほど艶なるものは無かったものだ。それに又古渡り唐桟の二枚重ね羽織も同じ仕立にて博多の細帯きりりと〆、米屋かぶりのもうかの手拭お宝おたからと呼はり来るお宝売の道楽商人などは、到底今の世に見られぬ春色であったものだ。（中略）初春の景色には万歳鳥追宝船売の三つは必ず付ものであったものだ(8)。

　このお宝売りの粋な風俗は、戦前のいろいろな歳事記にも述べられていて、特にそのいでたちについては、たとえば文廼屋梅翁が「手拭を吉原かぶり、こざっぱりした双子縞の羽織着物に千草の股引、白足袋草履姿」(9)とほぼ同様に述べているが、これらお宝売りは元日の夕方、人形町や浅草あたりの絵草紙屋から一〇〇枚二銭五厘ほど（一八九七年頃の相場）で宝船絵を仕入れ、市中に売りにいったといい、一枚の宝船絵は駿河半紙四ツ切くらいの大きさであったという(9)。

　また、これも江戸・東京の特色といえるが、市中のお宝売りの多くは「道楽商人」であったわけであり、金もうけのためにこれを売り歩いているのではないところにひとつの粋があって、ブームの到来とともに競って宝船絵の授与をはじめて初穂料をかせいだ京都の寺社とは対照的である。「之を売り歩行きもの、また必らずしも賤商ならず。中には富家の子息の縁起よきこととなりとて之に扮するあり。さればその価を論ぜず。互に祝言を主として行くなどいと興あり」と、『風俗画報』主幹の山下重民氏も述べておられる通りである(10)。商家の若旦那なども、先のいでたちに身をかため、シャレでお宝売りをやったといい、これを三年続けると出世するとか、運がよくなるなどともいわれていた(9)。さらに、厄年の人が厄落しのためにお宝売りをすることもあり、次の記録にみる通りである。

　昔日は香具師の外に諸職人縁日商人又は厄年に当りたる者など延喜と称して売りに出たる

が、香具師は例年当込の商ひなれば云ふ迄もなく諸職人に至りては慰み半分の者多く紺の股引を穿ち新調の布子を七分三分に端折り、桃色又は欝金《うこん》染の手拭を冠りて、熟れも吉原廓内又は芝居町など経巡り、儲を見れば帰路を忘れて華胥《かしょ》の国に遊びつ春の小遣も貯へたる財布の底を叩く者もあり。又縁日商人に限りて宝船売りたる儲は委く本業の資本に加へ其年の繁昌を願ふと云ふ。之に反して厄年に当りたる者は廿五の初厄だ、四十二の大厄だぞ、来年は宝船を売て厄を遁れねばならぬと歳の暮に、宝尽染模様の衣類松竹梅墨絵の法被など新調し、中には異様の扮装にて勢克く、お宝お宝と呼び、資本の銭さへ取上げなば余りは何うでも好いと相場外れの安売して早く仕舞ひ是で厄を遁れたりと喜びたるよし。(11)

これは大正時代の記録であるが、万事に洒脱で気風の良さを求めた江戸っ子の心意気がこめられている。東都における宝船流行の第二期はこのような風俗を維持しつつ展開されたわけで、そこでは市中のお宝売り、特に道楽商人が大きな役割を果たし、その存在なくして語ることはできない。いずれにしても流行の第二期は、このような東西それぞれの特色をも生み出してきたのであった。

三、市中に出回る宝船絵

そのようなわけで、江戸・東京の場合、寺社から出されるものよりも、まず市中のお宝売りを介して出回っていた宝船絵についてみていかねばならぬこととなるが、そのようなものは実におびただしい種類の図柄があるのであって、とてもそのひとつひとつをとりあげていくことはできない。また、それにくわえて、旧家や商家、飲食業者などが独自に出すものや宣伝用のものなども大量にあって、これまた枚挙にいとまがない。そこでその仕事は伊勢辰版の『宝船集』[12]や太田豊人氏の『百宝船』[13]、湯浅四郎氏の『宝船百態』[14]などにまかせておき、ここでは筆者の知るいくつかの特徴のあるもののみをとりあげて、紹介してみることにしよう。

まずは流行の第一期にあたる江戸時代のものについてであるが、ここでは図6に掲げる八点を選んでみた。①と②は斎藤彦麿の『神代余波』に紹介された古いもので、永仁年中に描かれたものとされるのであるが、おそらくはそれほど古くはないであろう。とはいえ七福神の姿が見えず、宝貨のみを積んだ船のパターンは古いタイプに属するものである。その意味では③と④も同様で、これらは『風俗画報』からとったものであるが、③は寛文期（一六六一～一六七二年）のものだという[15]。一般に京都のものには乗合七福神型が少なく、江戸には多いとされるのであるが[16]、江戸においても古いもの、あるいは武家の出すものには宝貨のみ描かれることが多い。もちろん将軍家や禁裏版の宝船絵も同様である。

その点、⑤などは乗合七福神型で「ながきよの」の回文もみえ、いかにも江戸的で新しい時代のものに見えるのであるが、そうでもない。この図では船の名前が「鶴亀丸」などとされているものの[17]、別の版ではこれが「松葉丸」などとなっており、もともとの原画はどうやら俳諧本の挿画であったらしく、その本は宝永年中(一七〇四〜一七一一年)に大坂で出版されたものというから意外である。[12] ⑥および⑦は徳川将軍家版といわれるものであるが、[18] いずれも肉筆で代々の狩野家当主の筆になるものとか、一二月二八〜二九日に年男を務める御留守居役から献上するものとかいわれている。積荷の品々には一定のきまりがあり、「宝珠一つ、俵数は多く、鍵は大小三つほど、百足虫を大きく書き、砂金袋を三つ、船頭二人、魚三尾、海老二尾、若松、みおつくし、貘の文字、宝みの、水柄杓」などを書き入れるものとされていたそうであるが、[19] 見ればわかるように必ずしもそれが守られてはいない。⑦の場合は特に多くの宝珠を配した特徴的なものであるが、台東区谷中にある老舗の千代紙店「菊寿堂いせ辰」(旧「伊勢辰」)の宝船絵コレクションの中にもこれが含まれている。[12] 同店の三代当主広瀬菊雄氏は有名な宝船絵のコレクターであったが、四代広瀬辰五郎氏はそれらの絵から版を起こして今に復活させ、一般にも頒布しておられるので、「菊寿堂いせ辰」にいけば誰でもこれを求めることができる。最後の⑧は『守貞漫稿』の中にとりあげられた幕末ののので、著者の喜田川守貞が一八五一年に市中のお宝売りから求めたものである。図柄のパターンは典型的な近世後期の江戸風であり、この様式は維新後も維持されていく。次に流行の第二期にあたる明治〜大正期、さらには昭和初期のものまで含めていくつか紹介してみよう。図7における⑨〜⑫は『風俗画報』[15] や『東京風俗志』[20] などからとったものであるが、いずれも乗合七福神型で回文つきである。しかし、中には復古調のものもあって、たとえば⑫などは七福神を、それぞれの神の持物で表現していておもしろい(「麗泉筆」と

図6　江戸時代の宝船

ある)。宝船の背景には「富多楼」という判が押され、料亭が客へのサービスとして配ったものらしいが、かつては年末に麻布の「更科」などへ年越しソバを食べにいくと、宝船絵をくれたものだという。[21]⑬もそうしたものらしいが、これは筆者の所蔵品で、宝船の帆に貘の絵が入っており、珍らしいので載せておいた。⑭と⑮は先の「菊寿堂いせ辰」で今も出している大阪の宝船絵である。

四、七福神詣でと宝船

江戸・東京における宝船絵の代表的なものは以上に掲げた通りであったが、これらはいずれも寺社から出されたものではなく、その点で京都とはまったく事情を異にしていた。しかしながら、ごくわずかとはいえ、東京にも宝船絵を出す寺社が何ヵ所かあり、それは上野の五條天神、深川の洲崎弁天、向島の百花園の三ヵ所であることを、京都の明石染人氏などは早くに気づいておられた。[22]田中来蘇氏もこれについて次のように述べておられる。

東京にて授与せる所は甚だ少なく、余が手に蒐集せしは上野五條神社(二條家の宝船に似たる図にして、帆の中の廻文歌のかわりに五の字のあるが異なれり)、深川洲崎神社(半紙四分の形に可成磨滅しおるも将軍家の二引の方の分と大差なく帆の中の二引の下に二つ輪のあるのと霊の朱印のある位が変りおれり)、向島百花園(可庵の筆とて七福神乗合船

⑨

⑩

⑪

⑫

⑬

⑭

⑮

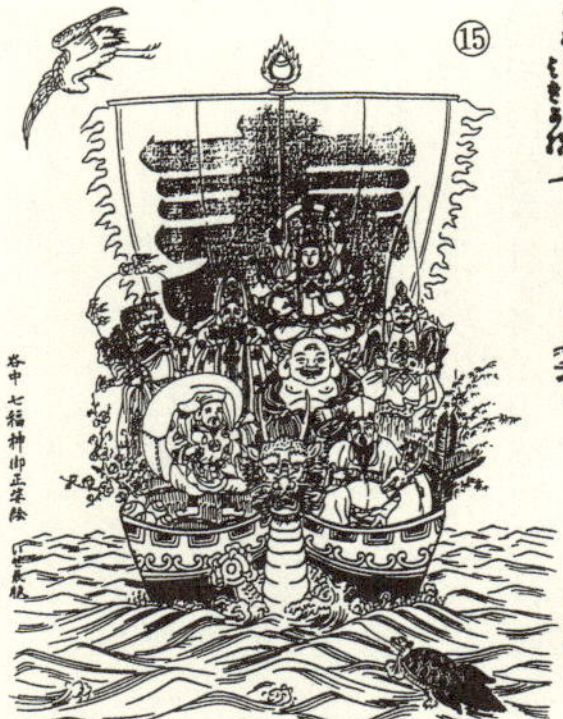

図7　戦前の宝船

にて向島七福神詣によって出来し図にて大小二枚あり、図は同じく現今大きい方は絶対に出版せざりしと云ふ事なり）の三ヵ所なるも此他に発行せる所あらば御教示せられんこと切望す。[11]

この三ヵ所のほかに、たとえば浅草寺[11]や妻恋稲荷[1]なども宝船絵を当時出していたようであるが、どのようなものであったかはよくわからない。また太田豊人氏の『百宝船』にも不昧山併呑寺という寺院の宝船絵が三点ほど収録されているけれども、[13]どこにある寺院なのか筆者は知らない。そこで、とりあえずは上記三ヵ所の現況について若干みてみよう。

まず上野の五條天神社であるが、田中緑紅氏はこれについて次のように述べておられる。

「上野駅前の当社より毎年元旦に限り参拝者に宝船を授与される。（中略）当社の宝船は京都天使に蔵されている旧二条家のものと少しも変らない。ただ帆の中に二条家のには廻文歌があるが此所のは五の字がある計り。他に御宝船東都五條神社などの字が入っている」[7]とのことである。ところが、現在の五條天神社の宝船はすでに紹介しておいたように、[1]霊山筆・香雪筆の二種類があり、いずれも京都二条家のものとは図柄が異なっているから、大正時代には別の宝船絵を出していたもののようである。また、深川の洲崎弁天とは現在の洲崎神社のことであるが、今日では宝船絵を出しておらず、筆者は戦前のことを今の宮司家に問いあわせてみたが、まったくわからないとのことであった。さらに、最後の向島百花園についてては今でも宝船絵を出しており、それが図8に掲げる⑯である。この宝船絵は大変有名なもの

図8　現代の宝船

で、いろいろな所に紹介されているが、その図柄は肉筆調の乗合七福神型であり、喜多武清筆とされている。しかしこの図柄は京都山科の毘沙門堂から出されている宝船絵(13)とほとんど同じで、百花園のものには船の脇に遊ぶ二羽の都鳥が書き加えられている点のみが異なり、いかにも江戸あるいは隅田川の情景にふさわしいものとなっている。

向島百花園は寺社ではないけれども、隅田川七福神のひとつ(福禄寿)に数えられており、ここで出されている宝船絵は七福神詣でと切り離して考えることはできない。いうまでもなく隅田川七福神は谷中七福神と並ぶ都内最古級の七福神巡拝コースであって、その知名度も高い。戦後に生まれた多くの新しい七福神が、たいていの場合、福禄寿と寿老神がそろわないのでこれを新たに迎えまつってきたこととは反対に、隅田川の場合は一八〇四年(文化元年)に百花園を開いた佐原鞠塢《きくう》がもともと園内に福禄寿堂をまつっていたことからはじまったのである。その巡拝コースを考えたのは園に集まる文人墨客たちであり、風流を重んずるそのような場所としての百花園から宝船絵が出されるようになったというのも、おおいにうなずけることではある。百花園が都立庭園となった今日では、さすがに庭園事務所から宝船絵を配布するわけにはいかず、園内の売店から一般に売られる形がとられているが、その図版は東京都公園協会が復刻したものであり、役所仕事の割には粋なはからいである。正月の七福神詣でにおとずれる人々は園内でこの宝船絵を受けていき、ぞくにこれを「乗合船」と称して初夢の枕下に敷く習俗がなお下町には残っていて、時には売り切れてしまうほど出ることもあるとのことであった。

五、現代の宝船

さて、この七福神詣でと宝船絵との切っても切れない深い関係は、実は流行の第三期としてのこの現代についてこそ、特に指摘される問題なのである。大戦後の東京における宝船絵の復活は、たとえば妻恋神社や麻布十番稲荷神社の「夢枕」や「紙絵馬」などをも生みだしたのであったが(1)、麻布十番稲荷のそれの場合、特に港七福神の巡拝コースが設定されたこともおおいに関係があり、新たな七福神の創出とともに宝船絵もまた生みだされていくのである。それは本来の習俗の形にしたがい、初夢の日に枕の下に敷くためのめでたい絵として生みだされる場合もあるものの、そのような例は少なく、むしろ今日では巡拝時の集印用色紙などに刷られた宝船絵が主流となっていて、厳密にいえばこれらは本来の宝船絵ではないのであるが、その図柄・意匠はあくまでも宝貨や七福神をのせためでたい船となっている。

そこで、旧来からの習俗をともなった、現代の東京における宝船絵の代表選手をあげてみるならば、それは五條天神社・妻恋神社・麻布十番稲荷神社・向島百花園のものということになるであろう。また、日本橋七福神のひとつである松島神社（大黒天・中央区日本橋人形町二の一五の二）で出している朱刷りの大黒絵なども、これを新年の初甲子日に枕の下に敷いて寝ると吉夢にあずかるといわれていて、同じようにとらえておくことができるが、これもまた七福神詣でに深く関わっている。次に、七福神巡拝に関わる集印帳や色紙に刷られた宝船絵をいくつか紹介してみると図8に見る通りで、⑯の向島百花園のものは別であるが、⑰〜㉓はいずれもそうしたものの例である。東京都内の七福神巡拝コースは今なお新設のものがどんどん現われつつあるものの、一九九〇年現在で筆者の知るかぎり、やや変則的なものをも含め、日本橋・銀座・港（麻布）・元祖山手・新宿山ノ手・浅草・浅草名所・谷中・下谷・隅田川（向島）・亀戸・深川・東海（品川）・池上・杉並・板橋・柴又・武蔵野・府中・八王子・青梅（多摩）の二一ヵ所となっている。これらのうちでたとえば、新宿山ノ手（新宿区内）・亀戸（江東区内）・深川（江東区内）・柴又（葛飾区内）・八王子（八王子市内）・青梅（青梅市内）などの各七福神では巡拝者に宝船絵入りの集印色紙などを出している。

図中の⑰は新宿山ノ手七福神（善国寺・経王寺・厳嶋神社・法善寺・永福寺・稲荷鬼王神社・太宗寺）で出しているもので、版画調の実にシンプルな図柄の宝船絵が色紙に刷られており、この船の上の方に七ヵ所の寺社印を押していき、全部揃うとその朱印の群れがちょうど帆の形になるという趣向である。また、七ヵ所の寺社のうち、福禄寿の永福寺（新宿区新宿七の一一の二）では独自なものを出しており、それが⑱で、正面からみた乗合七福神型の宝船となっている。⑲は亀戸七福神（東覚寺・常光寺・香取神社・普門院・龍眼寺・天祖神社）のもので、これも乗合七福神型である。⑳は深川七福神（富岡八幡宮・冬木弁天堂・心行寺・円珠院・龍光院・深川稲荷神社・深川神明宮）のもので宝貨のみをのせた肉筆調の宝船を描いている。㉑は柴又七福神（題経寺・真勝院・良観寺・万福寺・宝生院・医王寺・観蔵寺）のものである。二三区以外では㉒の八王子七福神（成田山伝宝院・金剛院・信松院・善龍寺・了法寺・吉祥院・毘沙門堂）、㉓の青梅七福神（延命寺・宗建寺・玉泉寺・清宝院・地蔵院・明白院・聞修院）でやはり宝船絵の色紙を出している。

このように、各地の七福神詣でに結びついて、さまざまな宝船絵が新たに生みだされてきており、そのことが流行の第三期における大きな特徴ということになろう。そして、現代はまた、その七福神詣での、かつてないほどの大きな流行期でもあって、都内各所の巡拝コースを回る人々はかなり多く、一種のスタンプ・ラリーあるいはオリエンテーリングのような気分でこれを楽しむ家族グループなどの姿をよくみかける。寺社の側でも、これらの人々のために正月をすぎた二月中旬くらいまで朱印や集印帳を片付けずに出しておくのが普通で、色紙が全部売り切れたなどという話もよく聞く。その一方で集印のみが主たる目的となり、肝心の本尊を拝することを忘れた巡拝者が増えたとの声もよく聞いた。とはいうものの、町おこしや観光キャンペーンとも結びついた形で、ぞくぞくと新たな七福神が新設されていく今日の趨勢は、この無視しえないひそかなブームの反映でもあろう。宝船絵と七福神詣で――これらはいずれも近世江戸を代表する正月の民間風俗であったが、今日に至るまでの一二〇年間を経て、本来それらにともなっていた古い習俗や信仰の一部が失われ、新しい意味づけがそこに付与されてひとつに結びつけられ、今みられるような現代風俗が生みだされた。現代の宝船は、そのような風俗のシンボルとして今に存在するのである。

注

(1) 長沢利明、一九八九「神社の宝船——東京都台東区五條天神社・文京区妻恋神社・港区麻布十番稲荷神社——」『東京の民間信仰』、三弥井書店。
(2) 大島建彦、一九八五「初夢と宝船」『疫神とその周辺』、岩崎美術社。
(3) 松尾芳樹、一九八九「宝船の誕生」『日本の美学』一四号、ぺりかん社。
(4) 田中来蘇、一九一八a「宝船（一）」『郷土趣味』一号、郷土趣味社、四頁。
(5) 田中緑紅、一九一九「京都と宝舟」『郷土趣味』一一号、郷土趣味社。
(6) 郷土趣味社（編）、一九一八「宝船に就て」『郷土趣味』三号、郷土趣味社、三〇頁。
(7) 田中緑紅、一九一八「関東へ旅して（上）」『郷土趣味』二号、郷土趣味社、二八頁。
(8) 山中共古、一九八七「俗信部類」『山中共古全集』三巻、青裳堂書店、一八五頁。
(9) 文廼屋梅翁、一九四〇「初夢と宝船」『武蔵野』二七巻二号、雄山閣、三一～三二頁。
(10) 山下重民、一九〇一「初夢並宝船」『風俗画報』二二四号、東陽堂、二四頁。
(11) 田中来蘇、一九一八b「宝船（五）」『郷土趣味』五号、郷土趣味社、一三～一四頁。
(12) 井上和雄、一九一九・一九二二『宝船集』一～二集、伊勢辰商店。
(13) 太田豊人、一九八一『百宝船』、幻想社。
(14) 文献資料蒐集研究所（編）、一九七八『宝船百態』、村田書店。
(15) 山下重民、一九〇一、二三～二六頁。
(16) 井上和雄、一九三六『宝船考』、昭森社、一四頁。
(17) 林健次郎、一九七九「東京の神様」『季刊東京の心』二号、美しい東京の心を守る会、七頁。
(18) 満都酒屋、一八九一「宝船の事」『風俗画報』二四号、東陽堂、八頁。
(19) 塚田芳雄、一九九〇「江戸史蹟拾葉帳（えどのなごりひろいあつめて）（一二）」『下町タイムス』一八二号、下町タイムス社、三頁。
(20) 平出鏗二郎、一九七五『東京風俗志』、八坂書房、一一一頁。
(21) 増田太次郎、一九七六「引札・絵びら・錦絵広告」『ブレーン別冊・江戸から明治大正へ』、誠文堂新光社、八三〜八四頁。
(22) 明石染人、一九一八「『宝船』の真意義」『郷土趣味』二号、郷土趣味社、一五頁。

巡礼とお砂踏み

一、疑似巡礼とお砂踏み

今日のように、自由に遠方へ旅行することのかなわなかった時代にあってさえ、大山や秋葉、富士浅間や榛名山《はるなさん》、さらには古峯ケ原や三峯、時には遠路はるばる伊勢や出羽三山にまで詣でようとする人々の姿が、少なからずみられた。しかし、それらは基本的には単一の寺社への往復旅程にもとづいた参詣行であり、何十ヵ所もの霊場を結ぶ一筆書きの巡礼行の旅に比べれば、その経済的負担や旅行にともなう困難の度合はなお軽微といえる。

ほぼ一日行程でなしうる七福神詣でや六阿弥陀参りなどとはちがい、広い地域的範囲を渡り歩く本格的な巡礼の旅などは、誰でもが容易になしえたこととは到底思われない。仮になしえたにせよ、関東地方に住む人々にしてみれば、一生に一度の大事業として坂東三十三ヵ所や秩父三十四ヵ所の巡拝を果たすのがせいぜいであったろうし、まして西国三十三ヵ所の巡礼や四国八十八ヵ所の遍路などは、ごく限られた人々のなしうるくわだてであったにちがいない。そうであればこそ、そこで考えだされるのは代償的・模倣的手段としての疑似巡礼の習俗なのであり、富士登拝のかなわぬ善男善女のために富士塚が設けられたのと同じ発想に立ちつつ、西国巡礼や四国遍路を実際になしたのと同等の功徳を享受せしめるための易行が考えだされた。

それはまず、四国八十八ヵ所や坂東三十三ヵ所を写した（移した）ミニ巡礼としての、いわゆる「地方巡礼」(1)コースなのであり、さらにもう一歩進んで一ヵ所の寺院内に三十三ヵ所・八十八ヵ所の霊場本尊をまとめて祀り、一度に巡拝できるようにした施設さえ設けられるようになった。また、百観音碑のように、西国三十三ヵ所・坂東三十三ヵ所・秩父三十四ヵ所をひとまとめにして一〇〇体の観音碑を建て、一ヵ所に祀ったものなどもあらわれて、これなどはまさしく巡礼省力化の最たるものであった。さらには、四国八十八ヵ所霊場の土や砂を採取してきて都市の寺院に移し祀り、その上を踏み歩くことによって巡礼の疑似体験をおこない、同等の御利益を得ようとする習俗までもが生みだされるに至った。これがいわゆる「お砂踏み」の習俗なのである。

二、土砂勧請と東高野山

四国霊場の土砂勧請ということは、ミニ巡礼としての地方巡礼コースの創設に際しても、しばしばおこなわれることがあった。たとえば茨城県の相馬八十八ヵ所の場合、宝暦年間に四国遍路をこころみた取手長善寺の僧光音が各札所ごとに一夜の行を修し、霊土砂を持ちかえって創設したと伝えられ、安永年間に出された木版刷りの案内記には『霊場石土写記』とのタイトルが付けられていて、赤松宗旦の『利根川図志』にもこれが引用されている。

　東京都内においても霊場の土砂勧請のおこなわれた形跡は数多く残っている。たとえば練馬区高野台にある谷原山《こくげんさん》長命寺は東高野とか新高野と呼ばれた真言宗の名刹で、その通称や高野台という地名からもわかるように、この長命寺という寺院は寺そのものがすでにして高野山の写しなのであり、特に境内奥之院は後北条氏の一族増島氏が高野山奥之院を模して近世初期に整備したもので、東京都の史跡にも指定されている。その長命寺奥之院の大師堂（御影堂）には弘法大師の生御影《いきみえ》が安置されているが、さらにその基壇の下には高野山の土が移されているとのことである。

　かつて長命寺を訪れた大浄敬順は『十方庵遊歴雑記』の中でこの寺のことを、「武州豊島郡谷《や》原《はら》村長命寺は、寺領拾石とかや、辻々の建石には東高野山と刻めり、是は西に紀州の金《こん》剛峯寺《ごうぶじ》あるによりて、東の一字を加えし事と見ゆ。元来高野山を模せし寺なればとて、新高野とも称す」と紹介し、その奥之院の境内の構えは「みな紀州高野山の面影を百分の一に模したるものにぞ」とし、さらに「高野山の土を荷《にな》ひ来りて爰《ここ》に埋め、女人の為に蛇柳と及無明の橋等を設《も》ふけて、大師へ結縁《けちえん》せしめしもの也」とも記している。つまり、禁制によって高野山に登拝できない女人のために、高野山の土をここに移して参拝できるようにし、高野山を詣でたのと同じ御利益を得られるようにしたというわけで、これはいわば女人高野の江戸における代替施設であったといえる。

　東高野山としての長命寺は、近世後期になって奥之院詣での人々でおおいににぎわい、毎年三月二一日の大師縁日は植木市・花嫁市の立ったことでよく知られ、今でも練馬区や中野区には「長命寺道」と刻まれた道標が各地に残されているほか、寺は御府内八十八ヵ所の第十七番札所に数えられるようにもなった。奥之院の大師堂は、その後の元禄年間以来何度か焼失し、現在の建物は戦後に再建されたコンクリート造りであるが、正面の敷石の下には今では新たに移された四国八十八ヵ所の霊砂が納められている。

三、西新井大師の三匝堂

足立区の西新井大師（五智山遍照院總持寺）もまた、大師信仰の聖地として知られる寺院であり、四国巡礼とのゆかりも深い。境内にある宝塔は、一見三重塔に見える風変わりな建物で、内部は三層のらせん階段からなりサザエの殻のようにみえることから、ぞくに栄螺《さざえ》堂などと呼ばれている。これはいわゆる三匝堂《さんそうどう》という仏堂の建築様式のひとつで、党の内部には多くの札所観音像などがずらりと並んで安置され、参拝者はらせん階段を登り降りしながらそれらを一度に拝むことができるようになっており、いわば疑似巡礼のための専門的施設である。江戸本所にあった黄檗宗《おうばくしゅう》の名刹、羅漢寺に建てられた栄螺堂がその始まりといわれ、歌川広重の『名所江戸百景』にもそれが描かれているが、一八七五年にとりこわされ、寺も目黒に移転してしまったので現存しない。茨城県取手市の長禅寺の三匝堂は『十方庵遊歴雑記』にも紹介され、堂内には坂東や秩父などの百観音が安置されていたという。栄螺

写真３　西新井大師の栄螺堂

堂・三匝堂はその後、関東地方以北の各地の寺院建築にさかんにとり入れられていったが、今残るものは非常に少なく、東京都内では西新井大師のものが唯一の例で（ただしこれも一九〇二年の再建によるもの）、大変貴重である。

西新井大師の栄螺堂の内部にも、らせん階段に沿って多くの霊場仏が祀られており、第一層には八十八体の大師像、第二層には十三仏、第三層には五智如来と二十五菩薩がそれぞれ安置されているが、参拝者はらせん階段を登りながら一度に諸仏を拝して功徳にあずかることができるようになっている。さらに、堂の地下には四国八十八ヵ所の霊砂が納められているという。堂の前には一九〇二年における堂再建の顚末を記した『栄螺堂建築之記』の碑が建っているが、そこには、四国霊場からの霊砂の勧請と栄螺堂の由来を、次のように述べているので紹介してみよう。

天保甲午宗祖弘法大師一千年忌ノ歳、東都伊勢屋彦兵衛ナル者四国ノ霊場ヲ巡礼シテ毎刹ノ砂ヲ斎帰シ之ヲ当山ニ埋納シテ堂ヲ其上ニ建テ毎刹ノ祖像ヲ刻写シテ焉ニ安置ス。八十八体即チ是ナリ。爾来《じらい》五十年所ヲ経テ堂像大ニ損ス。時ニ鉄仲講及ビ大栄講ト称スル篤志者アリテ其寂滅ニ帰セン事ヲ惜ミ率先シテ将ニ修繕ヲ加ヘントス。爰《ここ》ニ大栄講巨臂渡辺幸吉氏、特ニ随喜シテ其挙ヲ負担ス。蓋シ渡辺氏壮ヨリ四国ノ行ヲ修ムル事三十八年、（中略）四国西国秩父坂東其他霊刹ノ砂悉ク乞ヒ得テ斎帰セサルナシ。（中略）而シテ彼砂ヲ壺器ニ納レ堂下傍及ヒ正面布石ノ地下左右ニ並埋ス。蓋シ彼霊刹ニ詣ツル事ヲ得サル者ヲシテ此ヲ踏ムトキハ其地ヲ詣ツルト功徳ノ異ナラサルヲ得セシメント欲スレハ也。（後略）

つまり、これによれば天保年間に江戸の伊勢屋彦兵衛という人が四国遍路をおこなって霊場の砂を集め、八十八体の大師像とともに祀ったのが西新井大師の栄螺堂であったが、明治に入って堂が荒廃したので鉄仲講・大栄講のふたつの講中がこれを再建することになった。特に大栄講の指導者渡辺幸吉氏は信心あつい人物で、栄螺堂の再建費用を負担したばかりでなく、自ら四国・西国・秩父・坂東の各霊場の砂を集めて堂の基壇に埋納し、参拝者にこれら霊場を巡拝したのと同じ功徳をせしめんことをくわだて、そのようにして一九〇二年（明治三五年）、現在の栄螺堂が完成したとのことである。なお、この渡辺幸吉氏は東京は深川西平野町の人であったという。

西新井大師の本堂（遍照殿）裏手にはまた、八十八ヵ所大師像という石仏群があるが、これもまた日清・日露戦争における戦没者の菩提を弔うために、四国八十八ヵ所の霊砂を移して八十八体の大師像とともに祀ったもので、毎月二一日の縁日と毎年三月二一日の大祭には今でも多くの参拝者が訪れる。このような信仰施設は神奈川県川崎市の川崎大師（金剛山金乗院平間寺《へいけんじ》）の境内にもみられる。

四、霊場の御砂塚

聖地・霊場の土砂勧請の事例はほかにもたくさんみられる。先の長命寺の例では高野山の、西新井大師の例では四国八十八ヵ所の霊砂が、主として迎えられていたわけであったが、西国・坂東・秩父の各霊場の、すなわち百観音霊場の土砂をまとめて勧請するという例なども、すでに近世期にはみられたもののようで、山中笑の「四谷旧事談」に次のような記載がある。

四谷天王社の境内入って右手に、西国坂東秩父《さいごくばんどうちちぶ》各札所の土砂を持って来て根府川石《ねぶがはいし》の碑を建てた人があった。其碑の上部に観音の像を彫ってあったかと思ふ。維新後何れへ持去ったかを知らぬ。(2)

ここにいう四谷天王社とは、新宿区須賀町にある今日の須賀神社のことであるが、同社御神体の牛頭天王像は弘法大師作とされているので、このような碑が建てられたのも納得のいくところである。この碑が明治維新後に撤去されてしまったのは、神仏分離によって同社が別当寺の管理から離れたためであったろう。

港区三田の明王院（真言宗）の境内にある「御砂塚」の場合は、何と弘法大師自らが四国遍路をおこない、霊場八十八ヵ所の砂を持ちかえって東国巡錫のおりに当寺に立ち寄り、それを祀ったと伝えられている。霊砂を納めた御砂塚の上には一八九八年（明治三一年）に記念碑と大師像が建てられたが、その銘文は次の通りである。

抑々当院境内なる四国八十八ケ所霊跡御砂塚は往昔宗祖大師東国御教化の砌《みぎり》、四国八十八ケ所の霊場地なる御砂を少しづつ掻き集めたまひ機教相応の地を撰び之れを納めて塚となし長く衆生をして結縁せしめんと欲せられ、終に当院境内を相せられ此塚を遺させたまひぬ。（中略）遠く霊場を四国に尋ずとも近く当院に詣で此の塚とを巡拝せしめなばやがて四国を巡拝するにも劣らぬ功徳のあらんこと明けく（後略）

記念碑の下には土佐・阿波・讃岐・伊予の四国名の刻まれた丸石のほか、「岩屋口」と彫られた碑なども残されていて、かつては岩屋のような施設もここにあったものらしい。明治時代に建てられた今ある記念碑と大師像は、当時の住職竹内憲貞師の還暦記念と日清戦争・台湾戦役の戦没者供養のために設置されたものである。

五、霊砂とお砂踏み石

以上のように、迎えられた霊場の土砂は、まずたいていは寺院境内の土中に埋められ、その上に祠堂や塚などが設けられることが多いが、その場合、霊砂は礼拝の対象として位置づけられることになる。しかし、もう一歩進んでその埋納地点の上を参拝者に足で踏ませ、模倣体験としての霊場踏破の機会を与えようとするならば、参拝者はさらに深く霊場と大師と に結縁することができる。

そのようなわけで霊砂の埋納地点の上に仏足石などを刻んで置き、これを参拝者に踏ませるための施設とされたのがいわゆる「お砂踏み石」ということになる。四国巡礼や大師信仰にゆかりの深い真言宗系の寺院では、よくこのお砂踏み石をみかけ、それを踏む人々の姿もしばしば目にする。

杉並区和泉にある文殊院（高野山真言宗）は、かつて高野山行人方の江戸触頭をつとめていた由緒ある寺院で、御府内八十八ヵ所の第八十八番打留札所の寺でもあった。境内には四国霊場第一番の霊山寺《りようぜんじ》から第八十八番大窪寺までに至る各霊場仏をあらわした八十八大師像などが祀られているほか、本堂正面の扉前の足元には四国八十八ヵ所の霊場の砂をその下に埋めた「お砂踏みの石」があり、四国にいけない人にも同等の御利益を授けることができるようにとの配慮がなされている。(3) このお砂踏みの石は当寺の檀信徒有志が一九八〇年頃に四国遍路をおこなった際、持ち帰った各霊場の砂とともに寺に寄進したものである。

渋谷区東の室泉寺（真言律宗）も御府内八十八ヵ所の第七番札所をつとめる寺院であり、境内には「お砂踏み場」という施設が設けられている。これは各霊場の砂を並べて埋めた上に敷石を敷きつめたもので、いわゆるお砂踏み石と同じである。敷石列の下には四国・西国・坂東・秩父のあわせて百八十八ヵ所の霊砂が納められているという。参拝者は入り口から入って敷石列の上をたどって歩き、四種類の巡礼を一挙に済ませてしまうことができる。この「お砂踏み場」は、寺の信徒らで組織する大師講・浴油講の講中が四国巡礼をおこなって霊砂を集め、一九一五年（大正四年）に建設・寄進したものである。両講中は翌一九一六年までに西国・坂東・秩父の巡礼もこころみ、四国とあわせて計百八十八ヵ所の札所参拝を達成している。

東京近郊では、埼玉県浦和市の宝性寺にもお砂踏み石があり、本堂正面の足元に四角い仏足石が安置されていて、参拝者はこの上に乗って手をあわせることになっている。お砂踏み石の下には四国・西国・秩父・坂東の計百八十八ヵ所の霊場の砂が埋められているが、これは当寺の檀徒総代で、熱心な観音信者でもある小池氏が自ら巡礼行脚をおこなって集めたもので、お砂踏み石とともに一九八三年頃に寄進されたものである。千葉県銚子市の満願寺の本堂内にある「仏足跡お砂踏み場」[4]の場合は、四国・西国・坂東・秩父・諸国霊場の五種類の霊砂の上に仏足石を敷き並べたもので、先の室泉寺の「お砂踏み場」とよく似た施設となっている。また、当寺本堂を囲む二四間の回廊には右に西国・秩父・坂東の百観音、左に四国の各霊場本尊が安置され、そのそれぞれに霊場の砂が祀られていて、毎月一八日の縁日には信徒がこれに参拝する。これらはいずれも一九七六年頃に整備されたものである。

六、お砂踏みの行事と儀礼

さて、次に問題にしてみたいのは儀礼・行事としてのお砂踏みということである。すでにみたように、聖地・霊場から迎えられた土砂を寺院の境内に埋納し、その場所を指示して参拝者に踏ませるための石標がお砂踏み石・お砂踏み場などと呼ばれるものであり、いわばそれは霊場巡拝の疑似体験としてのお砂踏みをなすための、恒久的施設であったといえるが、行事の形をとってなされるお砂踏みの場合は、より実際の霊場巡拝に近づけたスタイルでそれがなされることとなる。

そこでの霊場の土砂は大抵の場合、一ヵ所ずつ布袋などに納められており、毎年定められた法会の日にそれを寺の本堂の中に順番を守って敷き並べ、それを踏むことがまさしく「お砂踏み」ということになる。参拝者は、たとえば第一番から第八十八番までに至る各札所の砂袋を順番に踏んでいきながら、よりリアルな形で四国遍路の疑似体験をおこなうことができるわけである。

一例として、江東区富岡にある永代寺のお砂踏みの行事をここに紹介してみることにしよう。永代寺では毎年六月一五日に「弘法大師降誕会四国霊場お砂踏み」という行事がおこなわれており、その名の通り、それは弘法大師の生誕日である六月一五日を記念してなされる、四国霊場のお砂踏みなのである。

この日、永代寺の本堂須弥壇両脇には四国八十八ヵ所の札所本尊の御影軸が飾られ、正面の畳の上には各札所の霊砂を納めた布袋がジグザグ状に並べられる。参拝者はこのジグザグ状の「遍路道」をたどりながら一ヵ所ずつ砂を踏んでいくことになるが、最初の入り口で踏むのは、まず弘法大師修行の寺である中国西安市の青龍寺から採取されてきた霊砂の布袋であり、次いで四国の第一番から順番通りに踏んでいく。順路は本堂外陣から内陣へと向かい、須弥壇手前に安置された弘法大師生誕像の前に至ると、そこに用意されている甘茶を小さな杓ですくってかける。花祭の釈迦誕生仏の場合とまったく同じである。次いで本尊の大師像の前に至り、そこで手を合わせて出口にさしかかると、ちょうどそこで八十八ヵ所のすべての霊砂を踏み終えたこととなる。

この日の法会は午後一時半から始まり、信徒の婦人ら二〇人ほどで作っている御詠歌講（永代寺大師講）が、まず四国八十八ヵ所の御詠歌を唱和し、その後に法要となって、住職の読経の中、本堂に待機していた多くの参拝者によるお砂踏みが開始される。参拝者らは合掌し、口々に「南無大師遍照金剛」を唱えながら、行列を作って砂袋をひとつずつ踏みしめていき、午後五時頃までこれが続けられるのである。この永代寺のお砂踏みは、一九五八年からおこなわれるようになったとのことであった。(5)

お砂踏みの行事はこのほかにも、たとえば千葉県千葉市の千葉寺《せんようじ》などでおこなわれていたとのことで、四国八十八ヵ所の霊砂をつめた袋を寺の境内に並べ、信徒がこれを踏んでいくという行事が一〇年に一度くらいなされたそうであるが、[6]一九七七年頃おこなわれたのを最後に近年ではまったくなされていない。千葉寺はいうまでもなく坂東三十三ヵ所の第二十九番札所に数えられた古刹である。埼玉県鳩ケ谷市の地蔵院の場合は、一九八七年頃から新たにお砂踏み行事が始められたが、毎年一〇月第二土曜日の夜におこなわれる万灯会《まんどうえ》の場で、これがなされている。四国八十八ヵ所の霊砂を縫い込んだ長い布の帯を本堂に広げ、信徒らがその上を踏んでいく。

東京都内では、先の永代寺のほかにも、たとえば世田谷区瀬田の玉川大師（玉真密院）や、新宿区西早稲田の放生寺などでお砂踏みの行事がやはりおこなわれている。玉川大師の場合、毎年五月と一〇月の二一～二三日がお砂踏みの日となっており、各地から多くの講中や信徒が集まって霊場の砂を踏んでいる。玉川大師は一九三四年に開創された新しい寺であるが、本堂の地下に設けられた総延長一〇〇メートルものトンネル霊場（地下霊場遍照金剛殿）には、四国八十八ヵ所と西国三十三ヵ所の霊場仏が祀られていることでよく知られている。当寺開山の龍海阿闍梨は、一九三四～一九四九年の一五年間をかけて四国と西国の全霊場、さらには遠くインドやセイロンの仏教霊場を行脚し、聖地の砂を集めたのだそうで、[5]お砂踏みの日にはその霊砂を納めた布袋を地下霊場内の通路に敷きつめ、参拝者らはそれを素足で踏むことになっている。

新宿区の放生寺の場合は、毎年四月一八日が「四国八十八ヵ所お砂踏み」の日となっており、本尊開帳法会とあわせてやはり同様な行事がおこなわれている。先々代住職が自ら四国遍路をおこなって集めた霊場の砂は長いサラシ布の中に縫い込まれており、それを本堂の畳の上に敷き広げて信徒が踏んでいく。また、境内にある弘法大師像の基壇敷石の下にも四国八十八ヵ所の霊砂が納められており、こちらは現住職が近年集めてこられたものである。参拝者は「南無大師遍照金剛」を唱えながらこの上を右回りに歩くことになっている。さらに、先にとりあげた渋谷区の室泉寺においても一九九二年六月、檀信徒有志が四国遍路を実施して集めてきた霊場の砂袋を本堂に敷き、臨時のお砂踏みの法会がおこなわれているが、毎年の行事ということではない。

七、お砂踏み習俗の意義

聖地参詣や霊場巡礼をしたくともできない人々のために考えだされた代替手段にはいろいろなものがあり、今まで述べてきた通りであった。そこには、聖地・霊場の霊土砂を勧請してきて、それを寺の境内に祀るという形がまずあり、東高野山の名で知られる長命寺奥之院や西新井大師の栄螺堂、四谷天王社の観音碑、三田明王院の御砂塚などがこれにあたるものであった。このタイプの信仰習俗は近世期にみられたもので、そこでの霊土砂はおもに礼拝対象として位置づけられていた。

次にあらわれるのは、杉並の文殊院、渋谷の室泉寺、浦和の宝性寺、銚子の満願寺などにみられた「お砂踏み石」・「お砂踏み場」という信仰施設であって、東京周辺の場合、近現代期にこれに類するものが多く設けられており、ここでの霊土砂はそれを踏みしめて巡礼をしたのと同じ功徳を得るために用いられている。さらに第二次大戦後の今日には、霊場の霊土砂を納めた布袋を寺の本堂に並べてそれを直接踏ませ、巡礼の疑似体験をさせるというお砂踏み行事が、各地の寺院でおこなわれるようになってきている。江東区の永代寺、世田谷区の玉川大師、新宿区の放生寺、さらには千葉の千葉寺や鳩ケ谷の地蔵院などの事例がまさにこれであったということになる。

さて、このような代償的・模倣的巡礼習俗は、民間信仰としての祈願のありかたの中で、どのように位置づけてみることができるであろうか。ここでは、場所・対象・度数の単一性および複数性ということに着目してみた場合での祈願のありかたを、次のように分類してみたので掲げておくことにしよう。

	(場所)	(対象)	(度数)	
神仏の移動	単一			①出開帳
	複数			②巡行仏
人の移動	単一	単一	単一	③一般参詣
			複数	④お百度参り
		複数		⑤お砂踏み
	複数			⑥巡礼

あらゆる祈願習俗は、神仏の移動をともなうものと人の移動をともなうもののふたつに分けて考えてみることができる。前者の場合、祈願の場所が単一か複数かということからさらに二分され、単一の場所へ神仏が移動してなされる①出開帳などの祈願、複数の場所を神仏が移動してなされる②巡行仏などの祈願がそこに含まれる。

一方、人の移動に関しては、単一の場所における単一の神仏対象に一度の祈願をおこなう③一般の参詣と、何度もそれを繰り返す④お百度参りのようなものがまずあげられる。そして、複数の場所を人が移動してなされる⑥巡礼型の祈願を単一の場所で代替しつつ、あくまで複数の対象への祈願をなそうとする形が、ここで問題にした⑤お砂踏みということになる。そこには行事としてのお砂踏みはもちろんのこと、お砂踏み石やお砂踏み場および霊土砂を祀る祠堂、百観音や八十八大師などの諸信仰施設への祈願をも含めてとらえておくことができる。いずれにせよ、⑤は⑥の代償習俗なのであり、場所と対象の複数性のうち、場所の方を単一化させることによって距離の移動に関する困難性を解決しようとしたことになる。お砂踏みという祈願習俗はそのようにして成立したものと考えることができるであろう。

注

（1）小嶋博己、一九八七「地方巡礼と聖地」『仏教民俗学大系』三巻、名著出版、二四九〜二五二頁。
（2）山中　笑、一九一五「四谷旧事談」『郷土研究』三巻七号、郷土研究社、三七頁。
（3）藤井正三、一九八六「文殊院の八十八ケ寺大師像」『杉並郷土史会会報』七八号、杉並郷土史会、七頁。

（4）平幡良雄、一九八一『坂東三十三ケ所観音霊場めぐり』、満願寺教化部、一八四〜一八六頁。
（5）佐藤　高、一九八八「花祭りから、つゆの季節へ——東京四・五・六月——」『江戸っ子』、アドファイブ出版局、二〇〜二四頁。
（6）最上孝敬、一九七七「千葉寺十善講の大師詣り」『西郊民俗』七九号、西郊民俗談話会、二〜三頁。

化粧地蔵・白粉地蔵

一、化粧地蔵の祈願

石地蔵に願を掛けるにあたり、祈願者が直接その仏体に何らかの具体的な行為をおこなってはたらきかけ、その切なる思いを表現しようとする例はさまざまにみられる。物を供える、よだれかけをかけてやる、というのはもっとも一般的にみられるそのような行為のひとつで、縄でしばる[1]、塩をかける、味噌を塗りつける、といったやり方も時にはあった。タワシでこする、という例もたくさんあるように思われているが、ぞくにタワシ地蔵と呼ばれているもののほとんどは、実は法華系の寺院によくある浄行菩薩像なのであって地蔵ではないし[2]、巣鴨のタワシ仏にしても正式には観音像なのであるから注意を要する。

ここでとりあげてみたいのは、仏体に胡粉《ごふん》や白粉を塗って化粧をほどこしてやるというもので、化粧地蔵・白粉地蔵などと呼ばれている。愛媛県松山市道後温泉には参詣者が白粉を持ってきてふりかけていく石地蔵があり、粉掛地蔵と呼ばれている。同じ名前の地蔵は滋賀県伊香郡旧伊香具村にもあって、こちらは紡績工場の糸取りをする娘らが手荒れを治すための祈願をし、米や麦の粉をふりかけたというから、やや性格を異にするものの、関連事例といえる。静岡県富士市鈴川には小僧に化けたという石地蔵があって祭の時には白粉を塗って化粧をさせたという(3〜4)。さらに、神奈川県南足柄市弘済寺の化粧地蔵は、「地蔵堂、化粧地蔵と唱ふ。祈願する者、必白粉或は胡粉をもて、仏面を塗抹するが故、此名ありと云。（中略）堂前の坂を化粧坂と云」との記事が『新編相模国風土記稿』に載っていて、その歴史は古い。

この種の地蔵は東京都内にも三例ほどあり、それは港区三田の玉鳳寺、目黒区下目黒の蟠《ばん》龍寺《りゅうじ》、大田区西蒲田の欣浄寺《ごんじょうじ》の三寺院に祀られている。これらを以下に紹介してみよう。

二、玉鳳寺の化粧地蔵

玉鳳寺は山号を梧楼山といい、曹洞宗の寺院で港区三田四の一一の一九にある。三田四丁目はかつての三田南寺町であって、多くの寺院がここに集中し、有名な魚籃寺や長松寺もここにあるが、これらの寺院の多くは江戸八丁堀に同心町ができるにあたり、寛永年間に当地へ移転してきたものである。玉鳳寺もそのひとつで、一五九九年（慶長四年）に八丁堀に創建され、一六三五年（寛永一二年）に現在地へ移転した。寺町の中央にある幽霊坂という坂道沿いに寺はあり、坂に面した門前入り口に地蔵堂があって、中には全身を白粉で真っ白に塗られた石地蔵の座像が安置されている。

地蔵堂内には「はなのいろ、さもあらばあれ、たまづさの、たえぬひかりや、ごぼさつの

写真４　玉鳳寺の化粧地蔵

かげ」の御詠歌を記した一九二一年の献額が架けられており、戦前に巴睦講という講社が奉納したものであるが、寺が戦災を免れたのでこのようなものが今も残っている。地蔵尊はぞくに、お化粧地蔵とか白粉地蔵と呼ばれていて、「延命長寿・美肌成就・無病息災」にご利益がある旨、堂内の別の献額には説明されており、マスコミなどにもしばしばとりあげられたせいか、美人になりたい、肌荒れやニキビを治したい、との祈願におとずれる女性が最近多くみられるとのことである。毎年年末になるとマスコミ関係者がたくさん取材にやってきて、テレビや週刊誌での新年の初参り特集にとりあげるので、そのようないかにも現代的なご利益ばかりが強調されるようになってしまったのであるが、それは本来の信仰の形であったろうか。寺で出す縁起からそれを調べてみよう。

御化粧延命地蔵菩薩縁起

梧楼山玉鳳寺御化粧延命地蔵菩薩の創立は古くしてその年代を詳らかにせざれども寛永年間に当山中興格翁宗逸和尚が東国巡錫のおりたまたま京橋八丁堀地蔵橋畔を通りかかったところ、打ち続く戦乱漸く治まりたる時にて久しく顧みる人もなく風雨にさらされ何人の作なるやわからねど偉大なる霊感力ある地蔵尊を発見し、あまりの有難さと痛わしさに付近の家より白粉を乞い来たり御体に塗りて壊れた部分を繕うと忽ち端厳美妙の姿となりたり。

和尚益々尋常一様ならざる尊像なりと歓喜しその再興を志し一宇を建立してこの偉大なる地蔵尊の霊感力によりて長く一切衆生の苦を救わんと発願し、四方より喜捨を集め慶安四年七月十日その願望を成就したり。すると不思議なるかな多年の宿痾たりし顔面の痣がいつの間にか綺麗に癒えたり。

和尚これみな地蔵菩薩の十大願の願力によるものと歓喜置く所を知らざりき。（中略）

爾来《じらい》道俗の信仰する者霊験顕著なるを体験し、または伝え聞いて四方より雲集して間断なく八丁堀地蔵橋の御化粧延命地蔵尊の名は天下に広まりその霊験を得し者枚挙に暇あらず。

然るに寛永十二年より京橋八丁堀に同心町が出来るに際し玉鳳寺は芝三田の郷に移転し地蔵尊のみ元禄末年までその地にとどまりしが、のち芝南寺町玉鳳寺門前に移転して今日に及びしものなり。

祈願のため参詣する者は香、花、供物等を供えて願いごとを申し上げ、例えば体の部分に病気があればその悪い所に白粉を塗りこの所をお治し下さいと祈願をこめ、願望成就したる時はまた御礼として全身に白粉を塗る故に別名御白粉地蔵の称もあり。（後略）

まずは地蔵尊の沿革について検討してみよう。寛永年間に格翁宗逸和尚が江戸八丁堀の河畔で石地蔵を見いだし、慶安年間にその堂宇を建立したものの寺は三田に移転し、地蔵尊は元禄末年に引きとられたとのことである。しかし、『御府内寺社備考』には「地蔵菩薩、石座像丈三尺二寸七分、中興格翁宗逸和尚作ト云」などとあるので、それが実際のところであったと思われる。[5] また、縁起にもあるように、この地蔵尊は本来病気治しの仏なのであって、自分の身体の病気の部位と同じ仏体の場所に白粉を塗り、快癒の礼参りには全身にそれを塗るというのが祈願の方法なのであった。[6] もちろんそれは地蔵の霊験により、和尚の顔の痣が消えたとの伝承にもとづくもので、寺の話ではこれを聞いたある老婦人が、孫娘の顔の痣を何とか消してやりたいと、はるばる群馬県から参詣にやってきたことも最近あったそうである。

図9　玉鳳寺の化粧地蔵御影

この地蔵尊を拝めば美人になるとか、肌が美しくなるとかという評判は近年になってマスコミが作り出したものにすぎないということがわかるが、今でも昔ながらの信仰を守る熱心な信者は数多い。地蔵堂内には天花粉の缶がたくさん置かれているが、これは毎日参拝にやってくる地元信者たちが置きっぱなしにしているもので、早朝にやってきては地蔵の身体にパフでパタパタとベビーパウダーを塗りつけていく。これらの信者の多くは老婦人で、足腰が痛むとか、胃腸が弱いとかの持病を治すためにお参りをしているわけで、別に美人になりたいということではない。三田の台町のあたりにはそのような信者がかつては多数おり、講社も存在したそうで、一〇年ほど前に新築した現在の堂宇も、その建設費をすべて賽銭だけでまかなうことができたというから、それだけの寄進があったということである。残念ながら、近年の地上げで台町の地付きの家々がほとんど郊外へ転居してしまい、祭などは廃れてしまったとはいえ、門前の幽霊坂はちょうど三田五丁目方面からJR田町駅方向へと抜ける近道になっているために人通りも多く、毎朝の通勤時に欠かさず立ち寄って拝んでいく人々が今でも何人かはおられるそうである。寺からは今なお地蔵尊の御影守が出されている。

かつておこなわれていた化粧地蔵の祭は、毎年七月二四日、すなわち地蔵盆の日になされており、地蔵盆供養祭と呼ばれていた。先代住職の代には前日の二三日から堂前に大きな提灯を飾り、当日には読経法会が盛大に挙行されていた。玉鳳寺では、この地蔵盆の日と正月の年二回、化粧地蔵の全身をきれいにぬぐって天花粉を落とし（現在では掃除機を使って吸い取っているという）、新たにきちんと白粉を塗り直している。その時に用いる白粉は、今の参拝者らが使っているベビーパウダーではなくて本物の水ときの白粉だそうで、歌舞伎役者などが用いるものと同じものだそうである。

三、蟠龍寺の白粉地蔵

第二の白粉地蔵のある蟠龍寺は、山号院号を霊雲山称明院といい、浄土宗の寺院で目黒区下目黒三の四の四にある。寺の前身である称明院は一六四八年（慶安元年）、目黒行人坂に開創され、一七〇九年（宝永六年）に現在地に移転して現寺名に改称された。境内にある岩屋弁財天は山手七福神のひとつに数えられており、著名な仏であるが、その弁天窟のかたわらに立っている石地蔵が白粉地蔵である。玉鳳寺の化粧地蔵と同様、この白粉地蔵もまた、マスコミに何度も紹介された結果、すっかり美人祈願のご利益ばかりがもてはやされてしまい、噂を聞いた若い女性などがそっとやってきては、しきりに祈願をおこなっている姿がみられるそうであるが、やはりそれはこの地蔵の本来の信仰のあり方ではなく、興味本位の報道は大変迷惑であるので、寺では最近いっさいの取材を断っているという。

写真5　蟠龍寺の白粉地蔵

　この石地蔵は、実はもともと蟠龍寺にあったものではなく、浅草永住町にかつてあった同宗の寺院、欣浄寺《ごんじょうじ》の境内に祀られていたものである。欣浄寺は次節で述べる第三の白粉地蔵の祀られている寺なのであるが、そちらに現在あるもうひとつの白粉地蔵のことについては後述するとして、欣浄寺にあった白粉地蔵が今なぜ蟠龍寺にあるのかという事情から、まずは説明しておかねばならない。浅草にあった欣浄寺は一九二三年の関東大震災で諸堂が潰滅し、その再興のために一九二八年に大田区西蒲田へ移転することとなった。しかるに移転先では寺の移転は受け入れるが、付属墓地については困るとの地元の要望が出され、やむなくそれにしたがうこととなり、檀家墓地のみは同宗の蟠龍寺が引きとることとなった。欣浄寺の先代住職夫人と蟠龍寺の住職とは姉と弟の関係にあったので、その縁故にもとづいて墓地の移転話がまとまったわけである。したがって欣浄寺の檀家墓地はすべて蟠龍寺にあり、墓参や法事をいとなむのに大変不便であるということから、その後、蟠龍寺の檀家に変わった家々も多い。こうして欣浄寺の境内にあった白粉地蔵も、墓地の移転とともに蟠龍寺へ移されることとなった。

白粉地蔵は欣浄寺にあった時、関東大震災の火災でかなり損傷を受けた。寺に迫る猛火を前にした時の住職は、とっさの判断で地蔵を井戸の中に放り込んだそうであるが、あとでそれを引き上げてみると、焼けずには済んだものの、あちこちを破損していたという。ところが、この石地蔵は蟠龍寺に移った後も、今度は一九四五年の東京大空襲で焼夷弾の直撃にあい、全身が粉々に砕けてしまったのである。今、地蔵の身体を見てみると、尊顔は無残にも破壊されて目鼻を欠き、胴体もたくさんの破片をセメントでたくみにつなぎ合わせてあって、実に痛々しい御姿である。銘文などもほとんど読みとれないが、そこには「元禄十一年、石工吉兵衛」の文字があったとのことである。(7) 地蔵尊の身体には白粉や紅が塗られており、のっぺらぼうになってしまった尊顔には紅を引いて目鼻や口が描かれ、足の爪にまでマニキュアがほどこされていて、現在でもそのような祈願をする人の多いことを知ることができる。参考までに、現在蟠龍寺で出している白粉地蔵の縁起も次に引用しておこう。

このお地蔵様は浅草より当寺へ移って来られたもので、お顔が欠けている珍しいお地蔵様です。言い伝えによると、その昔顔に痘痕（あばた）のある娘さんがそのために人並みの結婚が出来ず悩んでおりましたが、このお地蔵様に願掛けをしたところ痘痕が消え、幸せな生涯を送ることが出来たという故事にならい、若い女性がお参りに来られたようです。江戸時代には歌舞伎役者がおしろいに含まれる鉛の毒に悩み、おしろいをお地蔵様のお顔につけ願を掛けたと言われており、現在でもこの様にしてお参りをされる方を時折お見受けします。（後略）

地蔵菩薩の霊験により、娘の顔のあばたが消え失せたとの伝承は、先の玉鳳寺の例にもよく似ているが、この縁起にも書かれているように、この地蔵尊の本来の信仰のあり方もまた、病気治しということにあったことがわかる。

つまり、白粉の鉛害に悩む人々が、その治癒を祈願してこの地蔵を信仰してきたわけで、寺でもかつては鉛害を治すための薬を出していたことがあったという。参拝者はその薬を受けて地蔵の顔に塗り、自分の顔にもそれをつけて祈願をおこなっていた。これに関する伝承はさまざまなものが聞かれ、元禄年間に白粉の鉛害で死んでいった歌舞伎役者を弔って祀られたのがこの地蔵の始まりだとも、鉛害で悩む役者や遊女が自らの顔がみにくくなるのをこの地蔵が身代りとなってくれると信じて拝んだとも、さらには女の子が初めて白粉をつける時に、まず地蔵の顔に塗って自分の顔につけると鉛害をまぬがれるとも、いわれている。(8)

近世には歌舞伎や芝居の役者たちが実際に多く参詣に来ており、かつて寺の入り口に置かれていた駒寄せの石や玉垣には市川団十郎を始め、沢村宗十郎・尾上梅幸・市川左団次・市村羽左衛門・坂本常三郎らの奉納者名が刻まれていたという。大戦後も時おり映画俳優らが参拝に来ていたとのことであるが、最近では交通事故で顔を傷つけた人々が熱心に拝む姿がみられ、これは地蔵の欠けた尊顔からの連想であろうか。

四、欣浄寺の白粉地蔵

欣浄寺は山号を易住山といい、浄土宗の寺院で大田区西蒲田四の二九の一七にある。第三の白粉地蔵はこの寺に祀られている。すでに述べたように、この寺はかつて浅草永住町にあったが、それ以前は両国矢の倉にあり、開創は一六一一年（慶長一六年）にさかのぼるという。浅草への移転は一六四四年（正保元年）で、さらに一九二八年に現在地へ移ったことになる。この最後の移転にともない、境内にあって広く庶民信仰を集めていた白粉地蔵は、目黒の蟠龍寺に移されることとなる。浅草時代における欣浄寺の白粉地蔵は、『御府内寺社備考』に記されている「地蔵菩薩石像、丈二尺四寸三分」とあるものが、おそらくそれであると思われる。

西蒲田への移転により、欣浄寺は白粉地蔵を失うことになるが、長年寺のシンボルであり続けた白粉地蔵を再興しようということになり、移転後ほぼ五〇年を経た一九七五年頃、当時の住職の手によって再び境内にそれが建立されることとなった。現在山門をくぐってすぐ右側に立っている地蔵尊がそれであって、これは二代目の白粉地蔵ということになるが、その顔だちや表情などは大変現代的でユーモラスである。残念ながら、かつての願かけ習俗などはすでにすっかり失われており、その仏体に白粉を塗る人などはまったく見かけないものの、これはまさしく蟠龍寺の白粉地蔵の分身といえる。この白粉地蔵もまた、年末になるとテレビや雑誌などに多く取り上げられ、年末になるとマスコミの取材がよく来ることは今までの例と同様であり、それを見て初参りに来る女性なども少なくないとのことである。なお、参考までに欣浄寺から出されている白粉地蔵の縁起は次のようなものとなっている。

写真６　欣浄寺の白粉地蔵

当寺が旧居浅草永住町に在った時、寺内にお地蔵さまあり、万民に美を与えられる霊験あらたかなり。世に之を「お白粉地蔵」と謂う。此のお地蔵さまのお顔に井筒屋のお白粉（水お白粉）を塗り、之を頂き自己のお白粉に混ぜて顔面に化粧せば、忽ちにして美人となると称せられしも、文化三年三月浅草の大火、大正十二年九月の関東地方大地震等再度の祝融に遇い、尊体の枯損甚しきを以って古老等に尋ね謹刻し、当時の面影を残す二代目尊像なり。井筒屋は現在の井筒屋化粧品ＫＫの前身なり。

このように、ここでの縁起では、本来の病気治し、特に白粉による鉛害の治癒に関する祈願の伝統はすでにまったく語られることなく、もっぱら美人成就祈願のご利益のみが説明されている。その意味では、文体の古めかしさとは対照的に、ここでの白粉地蔵は現代の世に再興された白粉地蔵にふさわしい、きわめて現代的な現世利益のもとに語られているのである。また、井筒屋の白粉を用いたとの伝承なども、大変興味深いものともいえる。

東京都内にある三例の化粧地蔵・白粉地蔵の信仰実態は以上のようなものであったが、うち後二者はもともとひとつのものであったということもわかった。いずれにしても、これらの地蔵尊が本来は病気平癒の祈願を引き受ける仏として信心されており、他の多くの願かけ仏と一応同列に扱うことができること、民間信仰の伝統のうえからはきわめて特殊で特異なことである美人成就祈願という要素は、やはり後世の付会であったことも明らかにされた。

しかし、それではなぜ味噌や塩でなく、白粉を塗るという行為が生みだされたのか、ということについてはやや疑問が残るものの、少なくとも蟠龍寺・欣浄寺のそれの場合、白粉の鉛害の治癒という祈願目的からそれを説明することに無理がない。残る玉鳳寺の場合は、苦しい推測をこころみるに、それを祀った中興開山僧が東国巡錫のために江戸をおとずれた上方の出身者であったことが、ひとつのヒントになるかもしれない。地蔵の化粧習俗の盛行地域からやってきた人物であればこそ、そのような習俗を東都に移植しえたのではなかったろうか。事実、江戸・東京では比較的珍しい盆月の地蔵盆法会を、玉鳳寺では長い間、おこなってきたのであった。

注

(1)　長沢利明、一九九一「縛られ地蔵あれこれ」『峡南の郷土』三一号、峡南郷土研究会。
(2)　長沢利明、一九八九「法華の神々」『東京の民間信仰』、三弥井書店、一五三〜一五六頁。
(3)　柳田国男、一九七〇「日本の伝説」『定本柳田国男集』二六巻、筑摩書房、二四四頁。
(4)　川村杏樹、一九一五「黒地蔵白地蔵」『郷土研究』二巻一一号、郷土研究社、六六四頁。
(5)　斎藤貞雄・藤木　勉・岩田　洵、一九七五「三田四丁目の寺院」『港区の文化財』一一集（三田と芝・その二）、港区教育委員会、二四頁。
(6)　斎藤貞雄・藤木　勉・岩田　洵、一九七四「名所・旧跡」『港区の文化財』一〇集（高輪・白金その二）、港区教育委員会、二四〜二五頁。
(7)　三吉朋十、一九七二『武蔵野の地蔵尊（都内編）』、有峰書店、一七〇頁。
(8)　立川昭二、一九九三『病気を癒す小さな神々』、平凡社、一〜六頁。

カンカン石・カンカン地蔵

一、浅草と新宿のカンカン地蔵

カンカン石と呼ばれる石が、いろいろな所にあるということに気づかれている採訪者は、すでに多くおられることであろう。この石は、別段とりたてて注目されるほどの名石ではなく、興味深い伝説がそこにこめられているというわけでもない。時にはそれが民間信仰の祭祀対象となっている場合もみられるが、たいていは村人たちにとっても、さほどに重要なものとは意識されていない。その石の置かれている場所は、多くの場合、村人にとって重要な道路や辻の端であり、道ゆく人々や子供らが小石を手にとってそれをたたき、カンカンと音をたてたのである。カンカン石という呼び名は、もちろんその音からきている。ところが、これが単なる自然石でなく、石地蔵となっていることもあって、これもまた道端などに立っていることが多いのであるが、その場合はカンカン地蔵と呼ばれていたのである。

カンカン石・カンカン地蔵が、いったいどのような意味を持つものであるかを、充分に検討してみるのにはまだあまりにもその報告事例が乏しく、おそらくはこのようなものが各地にたくさんあるのだろうと思われるものの、目立たぬ研究対象であるだけに、とりあげられることが少ない。採訪者の野帳の片隅に、一行記されたまま眠っているような一事例に光をあてて掘りおこし、少しでもこの問題に関心がよせられることを喚起するために、若干これについて考えてみることにする。

まず東京は台東区浅草、浅草寺の境内の片隅に、カンカン地蔵と呼ばれるものがある。これは商売繁盛の願かけで知られる、銭塚地蔵尊の脇祀堂内にまつられていて、「かんかん地蔵尊」と大書きされた赤い提灯が、つねにそこに飾られている。堂内には三体の石仏があり、その左側のものがそれだというのであるが、それはまったく仏体の形をなしておらず、大きな石のかたまりといった態である。なぜそうなったかというと、参拝者が石像の一部をかいて持ち去るためであり、いつのまにかほとんど原形をとどめぬまでに打ち欠かれて、このような形になってしまったのである。『台東区史』にはこれについて、「全像が欠き損じられていて、いまは地蔵尊の形態をとどめないが、欠きとった仏体の片々に地蔵の利益が附着しているとでもいうが如き信仰からであろう。かんかん地蔵の異称も石をもて欠くときの音からつけられたのだろう[1]」と述べられている。関東大震災の折にはこの石像も倒壊して崩れさり、その後もまた各所を欠き削

写真７　浅草寺のカンカン地蔵

られていったので、ますます変形がすすんだという。

削りとった地蔵尊のかけらを財布の中に納めておくと金運がつくなどともいわれているが、これは隣の銭塚地蔵からの連想であろう。また、一説には削りとった石の粉が腫れ物の妙薬になるともいわれる[2]。参拝者は、脇の堂守家から素焼きの小皿に盛られた塩とローソクと線香とを一組にした供物を求め、これらを地蔵尊に供えて（ために一名「塩なめ地蔵」とも呼ばれる）、そこに置かれた小石を手にとり、石像をたたいてカンカンと鳴らしていくが、今でもそこを通りすぎる買物帰りの婦人たちが、それをしていく姿をよくみかける。石を削って守りにするという習わしは、たとえば国定忠治（群馬県佐波郡東村養寿寺）や鼠小僧次郎吉（東京都墨田区回向院）・鬼薊清吉（同豊島区雑司ケ谷霊園）などの墓石片を持ち帰って、博打や勝負事の勝守りにするという例にもみられるが[3]、ここでのカンカン地蔵の信仰のありかたが、もともとそのようなものであったとは思われない。その名の通りに、小石で石像をカンカンと打ち鳴らして拝んでいくことが、本来の習俗であったと思われるのである。

カンカン地蔵と呼ばれるものは新宿にもあり、新宿区西新宿の、蜀江坂《しょっこうざか》の坂下三差路にかつてそれが立っていた。成子坂の菜種油商であった南雲善左衛門が、高橋琴三という画家に描かせた『柏木角筈一目屏風』は、明治〜大正期の西新宿の姿をくわしく記録した貴重な絵図として知られているが、屏風絵中にはこのカンカン地蔵もきちんと描かれている。石像は一七〇八年（宝永五年）に建てられたものといわれ、戦災で焼失してしまったものの、一九五一年に再建され、今では別の場所にそれが立っている。別名を「咳止め地蔵」ともいい、そのような祈願のなされていたことがわかるが、コンコンという咳の音がカンカンに転訛して、カンカン地蔵になったのだろうとのいわれも聞かれる。(4)

しかし、『東京淀橋誌考』には、やはり石で地蔵をたたいた音から、その名が起きたのであろうとの説明がなされており、こちらが正しいものと思われる。そこでの記述は次の通りである。

> かんかん地蔵。もと郡役所前の路傍に在り、石地蔵と庚申塔数基いづれも滅損せるものを並ぶ。享保十年、宝永五年十月二十四日、天和三癸亥二月吉日等の文字を刻せり。蓮月二十三日は縁日にて賽者かんかんと石塔を打ち敲《たた》くが故に名づくよし。其の由来を知る者なし。(5)

浅草のカンカン地蔵と同様に、ここでも道ゆく人々が石で地蔵や庚申塔をたたいていったということがわかる。これらの石仏群がすっかり磨滅してしまっていたのはそのためであったろう。また、石仏群中で「宝永五年十月二十四日」と刻されていたものが、本来のカンカン地蔵であったものと思われる。

二、各地のカンカン地蔵

練馬区の武蔵関（関町）にあるカンカン地蔵の場合も、やはり青梅街道沿いの人通りの多い道端に立っていて、そこを通行する人々の間でよく知られた存在であった。『新編武蔵風土記稿』には「石地蔵像。坐像長六尺、青梅道の北側に立り。関の地蔵と云。祈願をなすもの石にて打は、かねの音あるをもてかんかん地蔵とも云」と記されていて、石像を石でたたくとカンカンと金属性の音がしたのでそう呼ばれるようになったとのことである。[6] 地蔵は日本に三体しかない金属音のする石で作られたものといい、子守りの娘たちが赤ん坊を泣きやませるために、小石で地蔵をカンカンとたたいたともいわれる。さらに、旅の修行僧がここで入定をし、絶命するまでの間、地中から鉦の音が聞こえてきたのでそう呼ばれるようになったとの伝承もあって、その供養のためにこの地蔵が建てられたともいわれている。[7] なお、このような入定伝承はほかにもあって、杉並区阿佐谷南二丁目に大正時代まであったカンカン塚という入定塚も、地蔵ではないものの、同じような連想によるものかもしれない。やはり旅の修行僧がそこで入定し、絶命するまでの二一日間にわたって地中から鉦の音が聞こえたといい、その後もここを通ると、どこからともなくカンカンという音が聞こえたと伝えられている。[8]

東京の近郊地域でも、たとえば埼玉県狭山市田中の共同墓地内にもカンカン地蔵と称するものがあり、病気を治す神として信仰されている。たとえば虫歯の痛む子供などがこれを拝み、地蔵の歯のあたりを石でカンカンとたたくと痛みがひいたといい、赤いたすきをあげて礼まいりをするという。この地蔵を石でたたくとカンカンという音がするのでカンカン地蔵と呼ぶそうである。『狭山市史・民俗編』には次のような記述がみられる。

田中の共同墓地の奥にある地蔵尊は通称「田中のカンカン地蔵」と呼ばれ、たいへんご利益があるといわれることから病気で苦しむ人の願かけがあとをたたない。腹が痛くて困っているときは、金と米を供え、小石で地蔵の腹をたたくとたちまちにして治るといわれる。そのため多くの人が祈願をするときカンカンたたくので頭・眼・口・鼻・耳・手・腹……といたるところが欠け窪んで、穴だらけになっている。(9)

同県坂戸市横沼のカンカン地蔵もまた、たたくと金属性の音がし、ためにその呼称がある。子育ての仏という。(10)埼玉県内には、長年小石でたたかれ続け、顔や身体がすり減ってすっかりくぼんでしまった地蔵が、あちこちにあるそうである。(11)

山梨県内などでもいくつかのカンカン地蔵が知られているが、たとえば富士吉田市松山にもそう呼ばれるものがある。これは地蔵と呼ばれながらも本来は馬頭観音碑か何かであったようで、自然石の碑面はかなり風化しているものの、「観世音」の文字を読みとることができる。碑は並木通り沿いに立っており、松山の農家の人々が畑仕事の行き帰りに、カンカン地蔵に石をぶつけて翌日の天気を占ったという。天気ならばカーンと澄んだ音、雨ならば鈍い音がするそうである。一九七七年からはカンカン地蔵講の祭もおこなわれ、四月二四日の縁日には寺僧が来て経をあげるようになった。講の帳面にはカンカン地蔵の由来について次のように記されている。

昔此の地又道路は鎌倉街道で、金鳥居の所より背戸丸尾の宮川堀に通ずるまで、大きな松があり松並木になっておりました。（中略）農民が毎日此の場所を通り明日の天気を占ふため、かんかん地蔵さんへ石を投げつけたり叩いたりして、明日の天気が雨が降ったりする時は音がにぶった音がし、又明日晴天の場合はかんかんと良い音が致します。此れによって当時天気の具合が解ったと云はれ、天《（ママ）》ごい地蔵とも言われて居ります。[12]

つまり、ここでの場合、地蔵を石でたたくのは祈願のためではなく、天気を占うためなのであり、そのたたく音からカンカン地蔵と呼ばれるようになったのである。また、この地蔵が人の多く通る道路端に立っていて、そこを通行する人々がごく自然に石でこれをたたいていくというのは、本来の習俗のありかたに近いように思われる。

そのほかでは、同県東八代郡中道町右左口や東山梨郡三富村川浦にカンカン地蔵があり、同じようにたたくと金属音がするそうであるが、ここでの場合、たたくのは病気平癒の祈願のためで、自分の患部と同じ部位をたたくと病気が治るという。[13~15] 甲府市の法輪寺にあるカンカン地蔵もやはり同様であるが、単に金属音を発するゆえにそう呼ばれているようで、別段祈願のためではないようである。この地蔵は武田家第六世の主君、武田兵衛尉有義の墓であるとも伝えられている。(16)

ここにとりあげたいくつかの例は、いずれも石でたたく対象が何らかの仏体であるために、カンカン地蔵と呼ばれ、地蔵尊への素朴な信仰の形がとられているわけであるが、それが単なる自然石であったならば、人間とのかかわりは、さらに単純な形であらわれてくるかもしれない。そこで次にカンカン石と呼ばれるものについてみてみよう。

三、カンカン石と路傍の神

群馬県山田郡大間々町小平地区の瀬見という所には、そのようなカンカン石がある。これは当地の丸山家の屋敷裏にあるもので、直径一メートルほどの自然石の丸石をふたつに割り、その一方の割面を上にむけた形で置かれている。したがって、このカンカン石は上が平らな面になっており、そこへ丸い小石が一個置いてあって、それを手にとりカンカンとたたくのである。特に縁の方をたたくと、金属的な澄みきった良い音を発する。この石は、もとは道端にあり、道路の拡張によって今は目立たない場所に移されているものの、そこを通る人々が何気なくそれをたたいていくという形で親しまれてきたのである。だからといって、その行為が何らかの信仰性を帯びていたわけではなく、それを拝むこともなければ、病気が治るとかといったご利益も、伝えられてはこなかった。すなわち、路傍の石をたたくことの、もっとも本質的な意味はすでに忘れさられているか、あるいは人々にとってはほとんどそれが意識されずに、ただ行為のみが踏襲されてきたようである。

神奈川県三浦市三崎町小網代の白髭神社の境内にあるカンカン石は、全長一・五メートルほどの細長い石で、もともと船の石錨に用いられていた石だというが、別名磬石・鳴石などとも呼ばれ、たたくと実に小気味の良い音がする。それもそのはずで、この石は四国の讃岐地方にのみ産出するサヌカイト（讃岐岩《さぬきがん》）なのであり、きわめて緻密な組成の安山岩であることから、縄文時代には石器の材料母岩として用いられ、たたくと金属性のよい音がすることでよく知られている。ために産出地の香川県では、俗にこの石をカンカン石と呼ぶそうである。[17]ではなぜ四国の石がこんな所にあるのかというと、小網代港が古くからの風待ち港で、江戸にむかう紀州や四国の船がここに碇泊したからである。「江戸時代たまたま小網代湾に風浪を避けていた四国の船が、この港に泊ること数日、順風を得ていざ出航しようとしたが、どうしても船が動かなくなってしまった。そこで不思議に思いこの神社にお伺いをたてたところ、この神社に錨の石が欲しいとのお告げがあり、早速この石を奉納し祈ったところ、無事に出港できた[18]」という話もそこに伝えられているのである。このはるばる四国から運ばれてきた錨石を、カンカンとたたいてから白髭神社に参拝するのが地元の習わしであるという。

その四国は高知県室戸市室戸岬町の最御崎寺境内にも、鐘石と呼ばれる大きな石があり、たたけば鐘のような音がするのでそう呼ばれたようである。鐘石の上には、にぎりこぶし大の小石がいくつか置かれていて、札所まわりの巡拝者らが（当寺は四国八十八ヵ所の二十四番札所となっている）、それをとって鐘石をたたいていく。巡拝者にとっては、この石をたたくと「弘法大師のご利益がある」などと思われていたようであるが、それは札所の寺にあるゆえで、この石が古くからこの寺にあったわけではない。かつて室戸岬の浜辺には、たたくとよい音のする石がたくさん集められて置かれていたといい、そのうちの一個を当寺の住職が境内に移したのだという[19]。してみると、巡拝者が石をたたいていくような場所が、かつて岬の浜に存在したのかもしれないが、くわしいことはわからない。

次に、北九州地方に目を転じてみると、長崎県対馬の豆酘《つつ》でカンカン祭という行事があり[20]、カンカン様をまつるというのであるが[21]、石をたたくという習俗との関連はなさそうである。ところが隣島の壱岐にはカンカン石があって、郷ノ浦から沼津へぬける街道の中間にその石が置かれている。これは平たい板石で、積みあげた割石の台上に平面を上にむけて置かれており、そこを小石でカンカンとたたく。先の群馬県大間々町の例と実によく似ている。さらに、たたいた小石を後ろに投げて歩いていくと、足が軽くなるといわれている[22]。すなわち、ここでのカンカン石は、九州地方に広くみられ、時に近親相姦伝説などをともなって信仰されてきたところの、いわゆる柴折神[23]のひとつとしてとらえることができる。壱岐のサエノカミについてくわしく調査された、靏理恵子氏もこのカンカン石をとりあげており、「かんかん石。郷ノ浦町半城大浦口。かんかん鳴る大きい石を、小石を拾ってかんかん叩いて、その石を大石の向こうの小石の山に投げ上げる。そして旅人は歩いて行く。足が軽くなると云うのである」[24]と述べておられる。

要するに筆者の推論は、この壱岐の事例がさし示すひとつの民間信仰のありかたが、各地のカンカン石・カンカン地蔵の意味を解く鍵であろうと考えてみた点にあり、それはいわゆる柴折・石積み習俗と深い関連を持つものであったのではないかと考えられるのである。カンカン石・カンカン地蔵はたいていの場合、村人の多く行き来する道路端にあり、時にはそれが地蔵尊や病気封じの神ともされながら、その一方で別段特別な利益も意識されずに、何気なくそれをカンカンと鳴らしつつそこを通りすぎていく場所とされてきた。石をたたくという行為は、柴を折ったり、小石を積んだりするのと同様に、ごく自然な形での路傍の神に対するあいさつであったかもしれない。

注

(1) 東京都台東区役所（編）、一九六六『台東区史（社会文化編）』、同区役所、二六八頁。
(2) 若月紫蘭、一九六八『東京年中行事』二巻、平凡社、二九二頁。
(3) 長沢利明、一九八九「肥大化する都市の欲望とご利益祈願」『AZ』七号、新人物往来社、一〇八頁。
(4) 新宿区立新宿歴史博物館（編）、一九九〇『「柏木・角筈一目屛風」の世界』、新宿区教育委員会、九六頁。
(5) 加藤盛慶（編）、一九三一『東京淀橋誌考』、武蔵郷土史料学会、五三二頁。
(6) 三吉朋十、一九七二『武蔵野の地蔵尊（都内編）』、有峰書店、六一頁。
(7) 森田金蔵・森田金吉、一九八二『杉並とその周辺の昔話』、清水工房、八二～八四頁。

(8) 森　泰樹、一九八〇『杉並の伝説と方言』、杉並郷土史会、五七〜六〇頁。
(9) 狭山市（編）、一九八五『狭山市史・民俗編』、同市、三九六〜三九七頁。
(10) 坂戸市教育委員会（編）、一九九一『坂戸市の民俗（一）・横沼の民俗』、同委員会、二二二頁。
(11) 蕨市（編）、一九九二『蕨の石造物』、同市、一三〜一四頁。
(12) 久野千鶴子、一九八八「信仰」『松山の民俗――富士吉田市松山――』、富士吉田市、一三七頁。
(13) 内藤未仁、一九六三「甲州の地蔵菩薩」『甲斐史学』一八・一九号、甲斐史学会、九三頁。
(14) 土橋里木、一九七五『甲斐の伝説』、第一法規出版、一三八頁。
(15) 東洋大学民俗研究会（編）、一九八四『右左口の民俗――山梨県東八代郡中道町右左口地区――』、同研究会、一三二頁。
(16) 村松蘆洲、一九六〇「かんかん地蔵――武田兵衛尉有義の墓――」『甲斐史学』一二号、甲斐史学会、五二〜五三頁。
(17) 益富寿之助、一九五五『原石岩石図鑑』、保育社、六六頁。
(18) 松浦　豊、一九八五『三浦半島の史跡と伝説』、暁印書館、一六〇〜一六一頁。
(19) 小早川成博、一九八六「四国で確認された盃状穴とその意義」『えとのす』三〇号、新日本教育図書株式会社、一二四〜一二六頁。
(20) 中江　勝、一九六四「対馬の民俗」『新対馬島誌』、同誌編集委員会、六一三頁。
(21) 鈴木裳三、一九三七「対馬民俗語彙」『方言』七巻七号、春陽堂、五九頁。
(22) 山口麻太郎、一九七二『日本の民俗・長崎』、第一法規社、一七五頁。
(23) 大島建彦、一九八七「熊本県の柴折石積伝承」『西郊民俗』一二〇・一二一号、西郊民俗談話会。
(24) 鼂理恵子、一九八八「壱岐島のサエノカミ信仰」『西郊民俗』一二二号、西郊民俗談話会、二六頁。

迷子の石標

一、江戸時代の迷子

人の多く集まる所で幼児が親からはぐれ、迷子になって保護されるということは、今も昔もよくみられたことである。通報・連絡手段のゆきとどいた今日であったならば、泣きじゃくるその子供を交番にでも預け、しばらくなだめていさえすれば、すぐにでも親がかけつけてくるであろうし、ほとんどの場合、大事に至ることはない。しかし、江戸時代においてそれは、さほどに楽親的なことではなかったであろうし、迷子を取りあつかう側にもさまざまなむずかしい問題があったようである。そもそも当時は、迷子と捨子の区別さえ明瞭でなく、法的には二歳児以下を捨子、以上を迷子と処理していたようで、公儀の的例問答には「二歳より迷子と申候へども歩行致候程之子候はば迷子に而候。道先歩行不叶類又は言語も不相分親之宿所等も不相訳候はば捨子に茂可有候哉と難斗《はかりがたく》候間何れ見分之御小人御目付罷《まかり》越《こし》了管之事」という通達も含まれている(1)。また、身元引受人があらわれない場合、「迷ひ子は主出不申候へば非人に被下候」という最後の手段の行使されることもあったようだが、多くは町方に預けおかれるのがつねのようで、ためにその負担も容易ならざるものがあったらしい。

当時の迷子探しの方法にもいろいろ興味深いものがある。迷子の親たちは近隣の人々などを集め、鉦《かね》や太鼓をたたきながら「迷子の迷子の〇〇やーい」と声をかけながら、夜の市中を提灯を掲げて、集団で探し歩いた。大家であれば、出入りの仕事師や店の者などを大勢集め、四～五人以上七～八人ずつ組を編成して巡回をおこなったといい、貧家であれば長屋の仲間たちが、月番行事を先頭に、四方八方を探し歩いたという。その時、義侠的な親切心から、店の小窓を内から開けて、迷子探しの一行にそっと物差しをさし出して示してやる商家もあったそうで、一行は提灯の光を近づけて、その物差しの目盛りを読んだ。それを差し出した人の指が、仮に五寸のところを示していたならば、迷子は五丁以内あるいは五〇丁以内、五里以内などの所に必ずいる、という具合に判断するわけで、これは一種の辻占といえる[2]。

さらに、この時代条件下でなしうる最大限の英知を駆使して考案されたのが、いわゆる迷子石標であって、いわば迷子情報の告知・交流用の掲示板とでもいうべき石標が往来に建てられたのである。東京都中央区八重洲一丁目の、日本橋川にかかる一石橋のたもとには今もこの石標が立っていて都指定の文化財になっている。これは一八五七年（安政四年）に建てられたものであるが、石標の正面には「まよひ子のしるべ」、背面には「安政四丁巳年二月・御願済建立・西河岸町」と彫られ、公儀の許可を得て町方が建てたものであることがわかる。石標の右横には「しらする方」とあり、左横には「たづぬる方」とあって、迷子を預る者と、探す者とがそれぞれ子供の特徴などを書いた紙を所定の位置に貼り、情報を交換しつつ道行く人々にも連絡を乞うたのである。

この石標を建てるにあたり、役人に差し出された願書も残っており、その内容は次のようになっている。

迷子しるへ建石之事

南北小口年番名主共。西河岸町家主拾七人惣代重兵衛外二人儀、迷子之儀兎角所在不相分町内之厄介に相成候も有之、不便に付一石橋橋台西之方江建石補理石面にまよひ子のしるへと朱文字ニ而彫付、同左之方江たつぬる方、右之方にしらする方と彫付、たつぬる方と彫付候方江は迷子方の親共より迷子の名前年頃面体恰好衣類並家主の名前町名共委敷記帳置、しらする方と彫付候方江は迷子留置候町内より其所之町銘並迷子之名前年頃面体共同様相記帳置候様致候はば、行衛相分可申尤右張札に符合致し候者有之節ハ早速其所江為相知候様致度旨願出、元来迷子訴有之節ハ芝口在に掛札差出候儀には候得共、右願之趣外ニ子細も不相聞候間、願之通申渡候、依之兼而町役人共心得居候様不洩様可申通候、右之通被仰渡奉畏候尚後日仍如件

（安政四巳年）二月廿八日

名主本所文左衛門

同村松町源六

同佐内町恒太郎[3]

二、浅草寺の迷子しるべ石

東京都内には、このほかにも迷子の石標があって、たとえば台東区浅草の浅草寺境内にも、同様のものが立っている。これは一石橋の石標の建てられた年から三年後の一八六〇年（安政七年）に建立されたもので、高さ五尺六寸・幅一尺二寸ほどの碑であったが[4]、今次大戦の空襲によって崩壊し、一九五七年二月に再建された。旧碑は仁王門の脇に立っていたとのことであるが、現在のものは観音堂正面左手の札売場裏手に立っている。再建にあたっては、角柱形で上部を窓形にくりぬくという旧形状および銘文がそのまま復元されている。石標の正面には「南無大慈悲観世音菩薩・まよひこのしるべ・宗悦書」とあって、浅草寺本尊の慈悲が不幸な子供らにおよばんことが祈願されている。右横に「しらする方」、左横に「たづぬる方」とあるのは一石橋のものと同様である。裏面には「安政七年庚申歳三月建、施主新吉原松田

写真８　浅草寺の迷子の石標

写真９　永見寺の迷子の石標

屋嘉兵衛」とあるが、松田屋とは吉原角町にあった大楼といい、明治中期には没落している。松田屋は、安政震災による廓関係犠牲者の菩提のためにこの碑を建てたといわれている[5]。また、碑文を揮毫した宗悦という人は、浅草寺境内人丸堂の番人で俳諧などをよくした宗先の弟子、晃雲斎の雅号であろうともいわれている[6]。

さらに、あまり一般には知られていないが、台東区寿の永見寺という曹洞宗の寺院の境内にも迷子の石標がある。一石橋や浅草寺のものに比べるとずっと小さな碑であまり目立たないが、正面には「まよひ子のしるべ」、左側面には「しらする方」、右側面には「たづぬる方」と彫られていて形式は同じである。ただし年号や建立者名がないので、いつ頃のものかはわからない。また、この碑は終戦後に檀徒のある人が永見寺に持ちこんだもので、もともとここにあったわけではなく、かつてどこに立てられてあったものかも判明しないので、くわしいことはまったくわからない。現在は本堂正面右手の植えこみの中に埋もれるようにこの碑が立っている。

三、湯島天神の奇縁氷人石

一八七五年版『東京一覧』によれば、東京には「湯島社内・一石橋畔・浅草寺中・赤羽根橋畔・西両国橋畔・万世橋畔」の計六ヵ所に、『江戸と東京風俗野史』によれば「湯島社地内・一石橋橋畔南際・浅草仁王門前・芝赤羽橋際・両国橋西際・万世橋橋畔・芝大神宮前」の計七ヵ所に、迷子の石標が立っていたとのことである。(7) その後、両国橋のものは墨田区両国の回向院境内に、万世橋のものは千代田区外神田の神田明神境内にそれぞれ移されているが、双方とも内神田皆川町に住んでいた職人で納札連の名物男、兼保半次郎（通称「お供えの半さん」）の建立によるものだといわれている。(8) 回向院および神田明神では、その後の震災や戦災による境内の混乱があり、いつしかこれらの石標も所在不明となってしまったようで、回向院の住職および神田明神の宮司に問いあわせてみても、そのような碑が境内に存在したこと自体まったく覚えがないとのことであった。赤羽根橋・芝大神宮にあったものも、戦災などで行方不明となっており、迷子の石標そのものが迷子になってしまっている。

さいわいにして、文京区の湯島天神境内にあった迷子の石標は現在でも残っている。これは一八五〇年（嘉永三年）に建てられたものというから、都内ではもっとも古い。大きな角柱碑の正面には「奇縁氷人石」とあり、左右の各側面には「をしゆるかた」、「たづぬるかた」と彫られている。石工は本郷元町の小三郎という人で、碑の背面には建碑にかかわった

写真10　湯島天神の奇縁氷人石

人々の名が三段にわたって刻まれており、地元の湯島・春木町・本郷元町のほか、下谷・茅場町などの寄進者の名も見えるが、これらは明治初期に再刻・追加されたものと思われ、(9)『東都遊覧年中行事』に述べられた次の解説にみる通り、その建碑者の名は定かでない。

奇《き》縁《えん》氷《ひやう》人《にん》石《せき》由来《ゆらい》。嘉永三年戌十月湯嶋天神の社前にめつらしき碑たてり。高さ六尺余りにて四方ハ七八寸はかり小松とよぶ石なり。正面に奇縁氷人石とほりつけ右の面にたづぬるかたとあり左りの面にをしゆるかたとあり。是ハ児曹か道に迷ひたるをとどめをく人其児のきもののさま年の程などくわしく記してかのをしゆるかたとある所へ貼る。尋るかたハ志かじかのよしを志るしてたづぬるかたとある所へはり置てたよりをもとめさする為に建たる碑なり。今京都北野の社内にあるに倣ひたる。されとも建たる人其名を記さず。をのれ此碑をミておもふやう。魏然たる大碑を立て人の為に財を費し其身ハ一字の名をも記さす。名聞を求めざるハ孫叔敖が両頭の蛇を埋め庾公が凶馬を売さりしよりもはるかにまさる陰徳なり。施主は町人とききしがいかなる善者にやいとゆかし。此碑に氷人石と志るしたるよしハ人の為に媒するを氷人とい

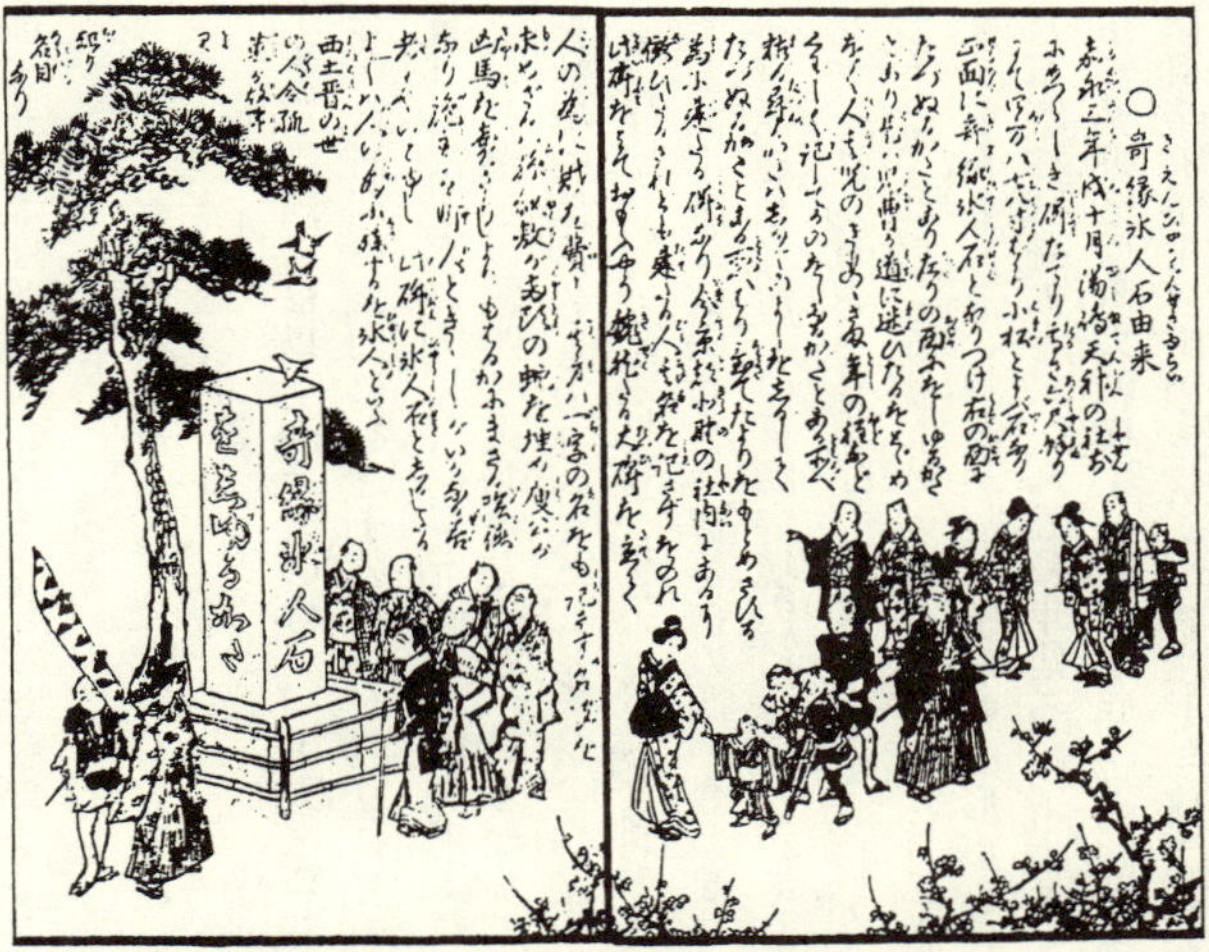

図10　湯島天神の奇縁氷人石（『東都遊覧年中行事』より）

ふ西土晋《もろこし》の世の人令狐策《こさく》が故事より
起りし名目なり。

ここにあるように、迷子の石標を「奇縁氷人石」とよぶ理由は「人の為に媒《なかだち》するを氷人」と呼んだ中国の故事にちなむもので、いわゆる「月下氷人」の石であるということをいいあらわしている。また、この石標は、京都北野天神の境内にあるものを模して建てたとのことであるが、北野天神には今でも本家の石標が立っている。湯島天神の奇縁氷人石が建てられたのと同じ年に刊行された『武江年表』には、迷子探しのほか、男女の縁組を求める人々もこの石標を利用して祈願をおこなったと記されており、縁結びの役割をも果たす石であったことがわかるが、まさに月下氷人の石そのものでもあったことになる。

四、各地の迷子の石標

東京都内には以上四ヵ所のほか、中野区新井の梅照院（新井薬師）や世田谷区三宿の法務省総合研究所寮内にも迷子の石標が残されている[10]。新井薬師のものは一八七七年に建てられたもので比較的新しく、明治維新後の時代にあっても、このようなものが用いられていたことがわかる。関西や東北地方にも、いくつかこれに類するものがあって、大阪府堺市の菅原神社境内にあるものは一八三一年（天保二年）に建てられたものである。碑面にはやはり「奇縁氷人石」と彫られており、教える側が右横に、たずねる側が左横に貼紙を貼ったとのことで、時には失せ物や盗難物の問い合わせにも用いられたという[11]。さらに、京都府京都市新京極通り六角下の誓願寺境内にもこれがあり、これも維新後の一八八二年に建てられたものので、先の新井薬師のものよりも新しい。石標の正面には「迷子みちしるべ」、右横には「教しゆる方」、左横には「さがす方」と彫られ、裏面には「明治十五年九月之建石気六組有志」とある。そのほかでは、山形県山形市小姓町新山寺大日堂（一八六一年建）、宮城県仙台市若林区満福寺（一八五〇年建）、同市青葉区一番町大内屋呉服店前（一八八二年建）、同市宮城野区原町大源横丁（建年不詳）、静岡県静岡市追手町県庁前堀端（一八八六年建）、石川県金沢市千日町雨宝院（一八二七年建）、愛知県名古屋市熱田区旗屋町憶念寺（一八四八

年建）、京都府京都市上京区北野天満宮（一八二二年建）、同市東山区八坂神社（一八三九年建）、大阪府大阪市中央区心斎橋（一八五八年建）、兵庫県神戸市兵庫区湊八幡神社（一八七七年建）、三重県桑名市本町春日神社（一八八五年建）、同県桑名郡多度町多度大社（一八八五年建）、岡山県岡山市京橋町字京橋西詰（一八九二年建）、福岡県山門郡三橋町三柱神社（一八八四年建）、長崎県長崎市上西山町諏訪神社（一八七九年建）などでも迷子の石標の存在が確認されている[12〜15]。

以上のように、迷子の石標は全国に広くみられたもののようで、東京では六ヵ所のそれが現存することがわかった。年代的にみれば、関西にはかなり古いものがあり、後代になってそれが江戸に持ちこまれたようであるが、明治時代に建てられたものも多く、長らく迷子石の習俗が維持されたことを示している。これらの石標は、いずれも人通りの多い場所に建てられており、迷子に関する情報がそこに集約され、多くの人々の目にとまることが期待されたのであろう。この特異な石造物が、不特定多数の人々を対象とした社会的コミュニケーションの媒介手段であり、迷える不幸な子供たちの市民による自主的な救済活動のための一施設であったことは重要なことと思える。

注

（1）服部清道、一九三八「江戸に於ける迷子の処置」『武蔵野』二五巻五号、武蔵野文化協会、二頁。
（2）伊藤晴雨、一九六七『江戸と東京風俗野史』、有光書房、二四六頁。
（3）服部清道、一九三八、六頁。

（4）内藤貞太郎、一九三〇a「浅草迷子しらせ石標に就いて」『浅草寺時報』三三号、浅草寺、一〇〜一二頁。
（5）東京都台東区役所（編）、一九六六『台東区史（社会文化編）』、同区役所、二五一〜二五二頁。
（6）内藤貞太郎、一九三〇b「迷ひ子の石後記」『浅草寺時報』三四号、浅草寺、五〜七頁。
（7）伊藤晴雨、一九六七、二八六頁。
（8）磯ケ谷紫江、一九五九『浅草寺境内独案内』、紫香社、一七頁。
（9）文京区教育委員会（編）、一九八八『ぶんきょうの歴史物語――史話と伝説を訪ねて――』、同社会教育課、一五八〜一五九頁。
（10）辻尾栄市、一九九四「まよひこのしるべ建石菅見」『民具マンスリー』二七巻九号、神奈川大学日本常民文化研究所、一三〜一五頁。
（11）小田育司、一九二二「和泉堺の奇縁氷人石」『郷土趣味』三巻一一号、郷土趣味社、二九頁。
（12）辻尾栄市、一九九四、一五〜二一頁。
（13）斎藤　純、一九九一「迷子しるべ石について――形式と変遷――」『民具マンスリー』二四巻九号、神奈川大学日本常民文化研究所、二〜五頁。
（14）近弥二郎、一九三八「迷ひ子石」『金沢民俗談話会報』六号、金沢民俗談話会、二四頁。
（15）近弥二郎、一九三九「見付かった迷ひ子石」『金沢民俗談話会報』一三号、金沢民俗談話会、五一頁。

鬼の信仰

一、鬼を祀る神社

鬼を祀る寺や神社は、関東地方にもさまざまに見いだすことができる。栃木県栃木市の満福寺などは鬼の寺として有名で、三鬼堂内の赤鬼・青鬼・黒鬼像が夜な夜な動き出して町へ酒を買いにいったといわれ、今では三体の鬼の像を鎖でしばって動けないようにしている。鬼子母神を祀る寺堂も、東京都豊島区雑司が谷の法明寺鬼子母神堂や台東区下谷の真源寺をはじめ、日蓮宗系の寺院を中心に数多くみられる。

さらには、鬼を神仏の眷属としてではなく、主祭神そのものとして祀っている珍しい神社もあって、たとえば東京都新宿区西大久保の稲荷鬼王《きおう》神社などはその典型例といえる[1]。この神社は天保年間、当地の百姓清右衛門が紀州から鬼王権現を迎えて祀ったものといわれ、今では天手力男命《あめのたぢからおのみこと》・月夜見命《つくよみのみこと》・大物主命《おおものぬしのみこと》の三柱を祭神にあてているが、そこに祀られているのは正真正銘の鬼で、当社では節分祭の豆まきにあたっても「福は内、鬼は内」と唱え、鬼の面に決して豆がぶつからぬようにまく。氏子の家々では古くから桃太郎の話などはまったくタブーで、口にすらしなかったという。稲荷鬼王神社はまた、病気（主として腫物）を治す神としても信心され、豆腐を断ったり供えたりして祈願をおこなう人々が多く、門前にはそれがための豆腐屋が二〜三軒、明治の頃まであったという。

埼玉県嵐山町川島にある鬼《き》鎮《じん》神社もまた、鬼を祀った神社としてよく知られている。畠山重忠が菅谷館の築城にあたり、その鬼門よけとして一一八二年（寿永元年）にこれを祀ったといわれており、祭神には衝立船戸神《つきたてふなどのかみ》・八衢比古命《やちまたひこのみこと》・八衢比売命《やちまたひめのみこと》の三神があてられている。古い献額には「鬼神社」とあり、「鬼神明神《きじんみようじん》」とも呼ばれていたらしいとのことで[2]、「鬼神」を「鬼鎮」に置きかえたものと思われる。近世には除災招福の神として、維新後は勝負事の神として、広い範囲からの信仰を集め、戦中には出征兵士らが無事帰還を祈願して多く参拝におとずれたという[2]。祈願をおこなう人々は「鬼に金棒」にちなみ、金棒を神前に奉納するならわしがあった。今でも社殿の周囲に、おびただしい数の金棒が奉納されているさまを見ることができるが、門前にはその金棒を作る専門の鍛冶屋までいたという。節分祭には多くの参拝者がおとずれるが、豆まきの言葉はやはり「鬼は外」を忌み、「福は内、鬼は内、悪魔外」と唱えるのである。

二、鬼の祭礼と節分

鬼の登場する寺社行事や民俗芸能などもいろいろなものがみられるが、何といっても有名なのは千葉県匝瑳《そうさ》郡光町虫生の広済寺で毎年八月一六日におこなわれる鬼来迎《きらいごう》であり、国の重要無形民俗文化財にも指定されている。これは盆行事の一環として上演される念仏狂言であり、ぞくに鬼舞とも呼ばれているが、いかにも盆にふさわしく、因果応報の理をテーマとした教訓的な芝居芸能といえる。かつては広済寺のほか、香取郡下総町の迎接寺や同郡小見川町の浄福寺などでもおこなわれていたらしく、鬼の面や文書資料などが残されている。

鬼来迎のストーリーは七段からなり、①大序（生前の罪を閻魔大王が判じて鬼が亡者を責める）、②和尚道行（鬼に責められる娘の姿を和尚が見る）、③墓参（墓参におとずれた娘の両親に和尚が会って屋敷に案内される）、④和尚物語（和尚から娘のことを聞いた両親は堂宇を建てて供養を約束する）、⑤賽《さい》の河原（地獄の賽の河原で石を積む子供らを地蔵が鬼から救う）、⑥釜入れ（地獄で鬼たちが亡者を責める）、⑦死出の山（観音が亡者を浄土に連れていき成仏させる）といった構成になっている(3)。

茨城県真壁郡大和村の楽法寺は坂東観音霊場第二十四番札所をつとめる名刹（通称・雨引観音）で、毎年四月におこなわれる摩多羅鬼神祭《まだらきじんさい》には観音菩薩の守護神である摩多羅鬼神が登場する。寺を開山した法輪独守居士が海上を航行中に嵐にあい、その時にこの鬼神が出現して航路をみちびいたとの縁起にもとづき、この祭がなされるようになった。馬に乗った摩多羅鬼神は般若のような面をかぶり、右手に笹、左手に茗荷と弓とを持って五匹の赤鬼・青鬼をしたがえながら境内に登場し、魔除けの破魔矢を四方に放った後、柴灯護摩の儀式をおこなう。この祭は京都広隆寺の牛祭とともに日本三大鬼祭に数えられている。

寺社の節分会《せつぶんえ》・追儺会《ついなえ》の行事の場でおこなわれる鬼追式などは、各地でごく普通にみられるが、豆まき行事であるだけにどうしても鬼が欠かせない。宮司と鬼との問答などもよくみられ、たとえば東京都新宿区の鎧神社における節分会の場合、赤鬼・青鬼が拝殿にまず登場し、方相氏の面をかぶった宮司がこれに対して次のような問答をおこなう。

「やあやあやあやあ、草も木も吾大神の国なるぞ。天地開闢以来、悪鬼征伐し、喜びごとを長く守るして、節分のよき日に悪鬼あらわる。汝等はそも何者なるぞ、何者なるぞ」

「そもそもわれらとても悪魔大王の手下にて、災の神とてこの世にいで、あしきことなす悪鬼なり。女にあしき夢をみせ、ともならぬ災難ごともわがなすわざなり。よって節分ごとにまかりいで、人の命をねらい候、ねらい候」

「これなる供物をさし出す程に、早々もとの山にたちかえれ、たちかえれ」

「ありがたや、ありがたや」

宮司から酒とスルメを受け取った鬼どもは、いったんは立ち去るポーズをみせるものの、なおも反抗の態度を示す。しかしその刹那、参拝者らのぶつける鬼打豆をさんざんに浴びてすごすごと退散していき、かわって登場する福の神の恵比寿舞が上演され、めでたく儀式が終了するのである。[4]

このような形での鬼追式は新宿区内の花園神社や中井御霊神社、自性院などでも見ることができるが、鬼問答の末に供物を手わたし、鬼打豆を浴びせて鬼を撃退した後に福の神の舞となる、といった進行はいずれの例でも共通しており、この場合はまさにごく一般的な意味での、絵に描いたような「鬼は外、福は内」の主題がつらぬかれている。青黄赤白の四匹の鬼が登場する世田谷区の氷川神社における追儺式なども、まったく同様な行事であるが、この種の儀式の原型は、台東区の五條天神社における追儺式などに求めることができるかもしれない。しかしながら「鬼は外、福は内」の合い言葉が必ずしも節分会に普遍的なものではなかったことは、先の稲荷鬼王神社や鬼鎮神社の例にみる通りで、それらが決して特殊な例外ではなく、著名な寺社にあっても同様なしきたりの守られている例は数多い。

東京都江東区の亀戸天神社では節分の豆まきにあたり、「鬼は外」とばかり唱えて「福は内」とはいわないそうであるが、これはむしろ逆の例で、「鬼は外」の方を忌む例についてみてみると、たとえば先の栃木県の満福寺にあっては「福は鬼」と唱えて豆をまいており、鬼の寺と呼ばれるだけのことはある。同県日光市の輪王寺や千葉県成田市の新勝寺でも「福は内」のみで「鬼は外」とはいわないが、「仏の慈悲の力で鬼は鬼でなくなる」というのがその理由とされている。東京都江東区の深川不動堂や台東区の浅草寺などでも「鬼は外」とは唱えぬしきたりで、浅草寺の場合、やはり「観音の前に鬼はいない」と説明している。雑司が谷の鬼子母神堂では「鬼は内、福は内」という形であるが、これは本尊が鬼子母神なのだから納得できるにせよ、奈良県吉野町の金峯山寺蔵王堂でも「福は内、鬼も内」で、この場合は福とともに鬼も集めておいて経の力で改心させるためとの説明がなされている。

三、鬼神の祭祀

これらの諸事例を寺社側の説明だけで納得することは困難で、その背景にある、鬼というものをただ悪の権化とは考えずに逆に尊重する思想の残存をそこに見いだしておくべきであろう。一般に鬼には禍をもたらす鬼と福をもたらす鬼との二種類がいた、ということが民俗学の教科書に書かれており、なるほど先の摩多羅鬼神などはいわゆる善鬼の代表のような存在であったが、そもそもそれは二種類というよりも二面性・両義性としてとらえるべきものではなかろうか。荒ぶる鬼神はそのままでは災厄をもたらす存在であるが、丁重に祀ればその神通力によって福をも引き出す存在に転化するのであって、稲荷鬼王神社や鬼鎮神社はかくして生まれた鬼神の祠であろう。

このような祀られ方をする神はいわゆる御霊系統の神であり、厄病神・貧乏神・疫神などと同様、病気治しや災害よけの信仰を集めていることが多い。稲荷鬼王神社が病気平癒の、鬼鎮神社が除災祈願の神として信心されてきたことはきわめて象徴的である。また、この種の神が節分や大歳の夜に家々をおとずれるという伝承も多く聞かれ、凡河内《おおしこうちの》躬《み》恒《つね》の詠んだ「鬼すらも都の内と蓑笠をぬぎてや今宵人にみゆらん」という歌などは、大つごもりの鬼の来訪のことをいっているのであった。鬼を祀る武家として知られていた九鬼家においては節分の夜、鬼の接待儀礼がおこなわれていたが、『十方庵遊歴雑記』に記されたその様子は次のようなものであった。

例年節分の夜、鬼打豆の式に物頭壱人麻上下を着し、新しき升に煎豆を入、白木の三方にのせ先へ立て、鬼は内福は内へといひながら豆を打、跡に随ふ麻上下の諸士、その度々左様で御座りますと答え付随ふ也。間毎々を約かに此式済で後、当主書院へ着座し、鬼と対座し主客盃事の作法あり。此時双方へ石の吸物を出す。その度々盃の挨拶辞儀点礼等あるは、彼盂蘭盆会《うらんぼんえ》に生霊の来ずして、来れるが如くに出迎ひ、又送り火を焚て先祖の亡霊に暇乞し、在すが如くに送り出すに等しく、鬼の相伴盃のやり取空々しきもの也となん。

まことに興味深い儀式といえるが、このような作法にしたがっての具体的な鬼の歓待儀礼が、民俗社会の片隅においても、かつては実際におこなわれていたのかもしれない。

注

(1) 長沢利明、一九八九「鬼の節分」『民俗』一三一号、相模民俗学会、一〜三頁。
(2) 神山　弘、一九八七『語呂合せの神々——秩父・奥武蔵謎の伝説——』、金曜堂出版部、一三二〜一三五頁。
(3) 高橋在久・平野　馨、一九七四『日本の民俗・千葉』、第一法規出版。
(4) 新宿区立歴史博物館（編）、一九九二『新宿区の民俗（一）・民俗芸能編』、同館。

縁切榎――板橋区本町

一、板橋宿の縁切榎

浅草の久米平内《くめのへいない》、平井や待乳山《まつちやま》の聖天、大久保の夫婦木《めおとぎ》神社といえば、一般に縁結びの神としてよく知られている。しかし世の中には、縁結びの神があれば、またその一方で縁切りの神というのもあり、おかしなことではあるものの、考えようによってはなかなかうまくできている。縁切りの神の代表例をあげてみるならば、まずは四谷怪談で名高い四谷於岩稲荷田宮神社（新宿区左門町）・於岩稲荷田宮神社（中央区新川）などがあって、お岩と伊右衛門の物語からそのような信仰が生まれたわけであるが、悪縁を断ち切りたいと願う女性がひそかにこれらを参拝するそうである。不忍の弁天（台東区上野）へ男女二人連れで詣でると縁が切れるともいうが、一般に夫婦や相思の間ではペアで弁天に参拝するものではないといわれており、(1)そのことを逆手にとって縁切りを実現させようともくろむことが、この場合の祈願のやり方となる。なぜ弁天がそのように認識されたかということについては、おそらく山の神などと同じように女祭神が同性を嫌い、嫉妬すると思われたためなのであろう。かつての縁切寺である鎌倉の東慶寺（神奈川県鎌倉市山ノ内）や上州徳川の満徳寺（群馬県新田郡尾島町徳川）などへ、やはり縁切り祈願を目的に詣でる人もいるとのことであるが、この場合は駆け込みをともなわぬ現代的な祈願の形がとられることとなる。

そして、この種の祈願対象としてもっともよく知られた存在といえるのは、いうまでもなく旧中山道板橋宿にある縁切榎である。ここでは寺社や小祠に対してというよりも、街道筋に立っていた一本の榎の巨木に対して縁切りの祈願がなされており、そのような木であったればこそ、時にはそれが忌み嫌われて、婚礼行列などはそこを避けて通っていったのである。『四神地名録』の豊島郡の項には、この縁切榎について次のように述べられている。

此地に近藤御うしの下屋敷有りて、大樹の榎街道のうへに覆ひかかりて、枝葉繁茂す。いつの頃よりか此木を縁きり榎と称して、嫁入婿入の人は忌嫌ひて、此木の下をば通行せずして、大ひにまはり道をせるといふ。世のならひにて、さまざまなるのそみも有にや。木の枝の幾つともなく絵馬をつるして有り。埒もなき事にて、幾としか人の邪魔となる悪木なれは、きりてのぞき度ものなり。怪木といふべき榎ならずや。傍人の曰聖人すら其愚には及べからずとの給ひし事なれば或人の曰、縁きり〻の木をきり捨なば、縁きり道縁きり坂とも称し、いよいよ忌嫌ひて通行せまじといふ。

当地の旗本、近藤登之助家の下屋敷のそばにあった榎の巨木は、このように地元では忌み嫌われた存在であり、たとえそれを切り倒したところで、今度はそこを縁切道・縁切坂と称してますますそれを避けるようになることであろうとも述べられている。江戸時代のこの頃、ここにはもともと榎と槻の大木が立っており、榎の方はのちに枯れてしまったものの、残った槻の木の方をさしてあいかわらず縁切榎と呼びならわしてきたことは確かなことであり、『東京府北豊島郡誌』(2)や柳田国男氏の『神樹篇』(3)にも、そのことは記されている。また、その木の立つかたわらの坂道を俗に「岩の坂」といった。岩の坂とそこにある榎・槻の木とをあわせて「榎木《えのき》槻木《つきのき》岩《いわ》の坂《さか》」とし、それの詰まった語呂あわせが「縁《えん》つきいやの坂《さか》」という形になったとか、「榎」が「縁退《えんの》き」となったとかいわれ(4)、そのようにして婚姻にかかわるひとつのタブーが生まれたというのが、要するに一般にいわれている縁切榎の由来説明なのである。

『新編武蔵風土記稿』をみると、確かに板橋の岩の坂について「古はいやの坂と改め呼しと云」とあり、縁切榎についても次のように述べているのである。

> 縁切榎。岩の坂にあり。近藤信濃守抱屋敷に傍へり囲み二丈許、樹下第六天の小祠あり則其神木なりと云。世に男女の悪縁を離絶せんとするもの、この樹に祈て験あらずと云ふことなし。故に嫁娶の時は其名を忌て其樹下をよこきらす。よりて近き年楽宮御下向の時も他路を御通行あらせられしなり。

ここにある「楽宮御下向」であるが、これは朝幕間の融和政策の一環として一八〇九年

（文化六年）に、一一代将軍徳川家斉《いえなり》の世子家慶《いえよし》のもとに降嫁した、有栖川宮織仁親王《ありすがわのみやおりひと》の息女楽宮《さざのみや》の下向をさしている。楽宮の輿入れの一行は中山道を経て江戸入りをするわけであるが、晴れの御降嫁にあたり、板橋宿の縁切榎の前を通るわけにはいかず、遠回りをして間道の根村道に迂回したというのである。このような例は一度だけではない。これに先立つ一七四九年（寛延二年）、閑院宮直仁親王《かんいんのみやなおひと》の息女五十宮《いそのみや》が九代将軍家重の嗣子家治《いえはる》に嫁した時にも、やはり根村道への迂回がなされており、縁切榎を避けて通ったという。このような話が決してフィクションでなかったらしいことの証拠として、次のような文書が今に残されていることを紹介しておこう。

今度五十宮様御入府被為候御道筋、中仙道下板橋通りと奉承知候。乍恐《おそれながら》此御道筋に付御注進申上候。右下板橋宿はづれ近藤登殿下屋敷之垣際に榎木槻木一処に生立数年を経、殊之外大木に御座候処何の頃より誰申共なく榎木槻木いはの坂をゑんつきいやの坂と申し習はし此処を縁女聟入等の者通り候へば必縁短く御座候由申来り、近在の者は不及申承及候程の者、此処縁辺之者一切通り不申候。木の前に七五三《しめ》など張置申候。委細之儀、彼処之者能存知可申候。下々の俗に申候儀何共申上候も恐多奉存候へども偏に只幾千代も御長久御繁栄を奉仰願候故、乍恐右之段御注進申上候云々。(5〜6)

これは五十宮の下向直前に、巣鴨原町一丁目にあった角左衛門店の源右衛門ほか一名の差し出した注進書であって、先の「縁つきいやの坂」のいわれが述べられており、ゆえに縁切榎を避けた下向路を選ぶべきであることをほのめかす内容となっている。この進言は受け入れられ、源右衛門らはその功により、銀一枚ずつを褒美として賜わったという。

こうなると、次に問題になるのは一八六一年（文久元年）の和宮の下向の際にはどうであったかということになるわけであるが、一四代将軍家茂《いえもち》に嫁した孝明天皇の妹和宮親子《ちかこ》内親王の中山道下向は、先の五十宮・楽宮とは比較にならぬほど大がかりで盛大なものであったはずである。しかるに、この時の下向路はまったく迂回をせず、降嫁の行列はまっすぐ板橋宿を通過していて不可解である。ただし、その際に縁切榎は根元から枝葉の先に至るまで、すっぽりとコモで覆いかくし、行列の一行からはまったく見えぬようにしたと伝えられている(6)。

二、食行身禄と縁切榎

板橋宿にあった榎の大木が、なぜ縁切榎となったかについてのもうひとつの説明は、当地に伝わる身禄《みろく》伝説をひいたものである。身禄とは食行《じきぎょう》身禄のことであって、富士講中興の祖とあおがれたこの人物と縁切榎に関する伝説のあらましを、ついでながら紹介しておこう。

元禄年間に伊勢で生まれた伊藤身禄は一三歳にして志を立て、江戸に下り、本郷で油商をいとなみ、家業は繁栄して妻きんとの間に、うめ・まん・はなの三女をもうけた。しかし身禄は富士浅間行者の月行《げつこう》僧都に深く帰依しており、富士山の北口登拝路を開いてそこに入定すべく、一七三三年（享保一八年）六月一〇日、家業を捨てて江戸を出立する。おいすがる妻子と最後の別れをしたのが板橋宿の大榎の前であり、身禄が妻子との縁を切った所に立つ榎なので、縁切榎と称されるようになった。また、妻子を捨てて登っていった坂が「いやの坂」（岩の坂）、そのかたわらの石神井川中用水が「おん出し川」、そこに架かる小橋が「涙橋」と呼ばれるようになったという。(6) さらに身禄は、榎の木のかたわらにまつられた佐須良媛命に祈り、家族との情愛の断ち切れることを三七の二一日間にわたって願をかけた、などという俗説(7)も聞かれるのであるが、そこでいう佐須良媛命の祠とは、縁切榎の根元に鎮座していた後述の大六天（第六天）(8)の社をさすものであるのか否か、くわしいことはわからない。

食行身禄とその妻子との別離の物語は、富士講関係の史料にもくわしく述べられていて、『食行身禄御由緒伝記』によれば、両者が別れの盃をかわした場所は板橋宿平尾町の永田長四郎家であったという。身禄は「遅滞ありては却而愛着未練の基なり」と考えて、ふり向きもせずに馬の足を速めて去っていく。妻子や門人らはそれを追う。先の伝記には、そのシーンを次のように描いている。

御妻子方のあまりのいたはしさに同行の内にて御末子のおはなを抱きて追かけ申候へども御急ぎ被成候はば追ひつけ奉らず、道の程二里余りも追かけ申候。さすが御親子乃御困之同行、誠に天も感応なし玉ひけるにや、道はたの榎の枝に御笠をかけられ、はずし玉はんと色々被成候て、手間取り、うしろを御ふり返り御覧被成候て、食行尊、後には必寄り付き申すまじくと、御見返りもなく、御急被成。

この伝記は、富士山北口登拝路の御師、中雁丸豊宗が田辺十郎右衛門らからの聞書をもとに、一七七一年（明和八年）にまとめたものである。同じようなシーンは『不二《ふじ》山烏帽子《さんえぼし》岩《いわ》吾妻立和《あずまだちわ》讃《さん》』にも、次のように歌われている。

木々の枝葉も茂りあい、道のほとりに立ちさかる、榎の枝に御笠の、かかるあつき父子の縁、笠をばはずしたもうとて、ふりむきたもうかんばせの、いとにこやかに御息女へ、けがはしすなとの給いし、そのひとこえが今生の、おんものごえの聞きおさめ

追いすがる妻子らの眼前に、わずかなひとときとはいえ、身禄の姿を少しでも長くそこにとどまらせんと、天の意志は彼の笠を榎の枝先にからめさせた。この榎こそが後の縁切榎なのであるが、伝記では榎の位置が平尾町から二里も離れた場所として描かれ、そこには誇張も含まれている。[9] かくして身禄はその一ヵ月後の一七三三年（享保一八年）七月一七日（一説では一三日）、富士山七合目の烏帽子岩で入定をとげたのであった。

三、縁切り祈願の方法

このような話が伝えられてきたことの背景には、いうまでもなく板橋宿の榎を別離の木としてとらえてきた、人々の歴史的な意識が存在する。そして、この木の立つ地点は、そのような意味で強く忌み嫌われるべき因縁に満ちた場所として考えられてきたようである。特に婚姻にかかわるタブーについては、先にもみたように上下を問わずこれを避けることが古くからみられたようで、時の支配層もそれを無視することがなかったらしいことは特筆すべきである。

一般庶民の間にあってはなおさらのこと、そのタブーが尊重されたはずで、地元民であったならば、まず婚礼行列はそこを避けて通るのが常識的なことであったにちがいないが、地元以外の人々の間ではこの木の持つ不思議な霊力を、むしろ積極的に利用しようとする考えまでもが生み出されていく。かくして縁切榎は悪縁を断つための祈願対象として位置づけられていくこととなり、先の『四神地名録』に「さまさまなるのそみも有にや。木の枝の幾つともなく絵馬をつるして有り」と記されていた通りであった。ここにささげられた小絵馬の図柄は、男女が互いにそっぽを向いた「縁切り型」のものであったろうことは想像するにかたくない。幕末期に日本に滞在したスイスの遣日使節、エーメ・アンベールは、板橋の縁切榎に架けられた小絵馬について次のように述べている。

不幸な家庭のために捧げられる榎という樹がある……つれそう夫婦が互いにうまくいかなくなった場合に、相手に知られないようにこの樹のもとに出かけて別れるという意図をあらわす。するとやがて何等の困難もなく別離は実現する。そこで報恩の心の深い夫は男女が互いに背を向けて地にうずくまっている図をあらわした奉納額をその樹の幹にかけるのである。(10)

このような習俗が外国人の目にとまり、まことに珍奇な習俗ととらえられたことは無理からぬことでもあろうが、ここでの小絵馬は祈願成就の後の、礼まいりの際に奉納されたものとなっている。明治期にこれを見た山中共古氏もまた、「板橋の縁切り榎は有名なるもの、此の木に祈願し叶ふ時は男女背合の額を納む。エノキを縁退《エンノキ》と通はし、縁を退けるゆへに縁きりとせしならん(11)」と同様なことを述べているが、その奉納額の図柄は「真中に榎木左右に男女背なか合に立ち歩む画なり」としている。一九一八年に郷土趣味社の主催で開かれた全国絵馬展覧会にも板橋の縁切榎の小絵馬が出品されていて、その図柄は「七五三縄を張りし大木を中央にして男女背向のものと、七五三縄をはりし大木を拝せる男、或は女の図等あり(12)」と記録されている。この展覧会には、同様な図柄の小絵馬が栃木県足利市の門田稲荷神社からも出展されているが、この神社も縁切り祈願でよく知られており、地元では「縁切稲荷」の俗称で通るとのことである。丸山瓦全氏によれば「夫婦の縁切りから情夫の手切れ、病の根治、何んにても断絶するを目的とする祈願には必ず霊験ありと云」とのことである(13)。ところで、縁切榎への小絵馬の奉納に先だつ具体的な祈願・願かけの方法とは、いったいどのようなものであったろうか。それはよく知られているように、この木の皮を剝ぎ、それを粉末にして煎じ、別れたいと思う相手に、ひそかに飲ませるというものなのであった。『十方庵遊歴雑記』には次のように記されている。

何者かはじめけん、此処へ来り、茶店の嬶《カカ》又は児供等をたのみ、此榎の皮を扮取《ソギトリ》もらひて、家に持帰り水より煎じ、その者にしらさず飲しむれば、男女の縁を切、夫婦の中自然に飽倦《アキウミ》て、離別に及ぶ事神の如しといひはやし、心願かなふて後は、絵馬を持来り榎へかくるもあれば、又幟《のぼり》たてる徒もありけり。いか様《さま》絵馬懸しを見れば、男女もの思へる風情して、双方へたち分るる姿を画きしは、不仁の志願も叶ふと見えたり。又、大酒を好み癖ある上戸に、此榎の皮を水より別煎にし、酒へ和して飲しむれば、忽然と酒を嫌ひ、性質の下戸になるといひ伝ふ。

榎の木の皮は、男女の縁切りのみならず、酒断ちにも効力を発揮するとのことで、先の足利の縁切稲荷と同様、あらゆる物事の縁を断ち切ることにご利益があったようである。そのために、この木は「常に活皮《イキカワ》を剝《ハガ》れて生疵《ナマキズ》の絶ざるは不運とやいふべからめ」という状態であったと、この記録の著者は記している。さらに、根岸鎮衛の『耳袋』には次のような話を載せている。

本郷辺に、名も聞きしが一人の医師あり。療治もはやりて相応に暮しけるが（中略）下女を愛して偕老の契りあれど（中略）日に増して家風も衰えければ妻はこれを歎き、幼年より世話をなして置きし弟子に右の訳かたりければ（中略）かの弟子ふと町方へいでし時、板橋の辺に縁切り榎といえるあり、これを与うればいかほどの中もたちまち呉越の思いを生ずると聞きて、医師の妻に語りければ、「なにとぞその榎をとり来るべし」と弟子に申しつけ、かの弟子も忍びて板橋へ到り、兎角して右榎の皮を放し持帰りて粉になし、かの医師並び下女にすすめんと相談して、翌朝飯の折から、かの医師の好み食する羹《あつもの》の内へ入れしを、板元立働きて久しく仕えし男これを見て大きに不審し（中略）ひそかに主人の医師へ語りければ大きに驚きて、さて膳にすわりて羹には手をもふれざりしを（中略）妻もいよいよ腹立ち、「しからば毒ありと思い給うならん。さあらば我らたべなん」と右羹を食しけりとなり。縁切り榎の不思議さは、かの事よりいよいよ事破れて、かの妻は不縁《ママ》事しけるとなり。

夫を不倫相手から別れさせるために、ひそかに縁切榎の皮を食事に混ぜてすすめる妻、毒を盛られたものと察してそれに手をつけぬ夫、それならばと自らそれを食べてみせる妻——まことにドラマチックなシーンがここにはえがかれているが、このようなことも実際にあったかもしれない。

古川柳をみると「板橋の木皮の能は医書に洩れ」とか「生木裂く願は榎の皮をむき」というのが出ているが、まさしく縁切榎の樹皮のまじないのことをよんでいる。ついでながら、「板橋の榎と女房心づき」、「板橋へ三下り半の礼詣り」というのもあり、なかなかにうまいことをいう。さらに、「榎で取れぬ去り状を松で取り」というのもあるが、ここでいう松とは鎌倉の「松が岡の尼寺」――すなわち縁切寺の東慶寺をさしている。「まず榎それでいけぬと松で切り」、「榎でもいけぬと嫁は松で切り」、「板橋で別れ鎌倉まで行かず」などもまた同様である。板橋の縁切榎をよんだ川柳や狂歌がたくさん残されていることは、この木の知名度の高さをよく物語っている。

四、維新後の縁切榎

縁切榎の評判は明治に入ってからさらに高まり、祈願におとずれる人々の数は以前にも増して増えていったようである。何といってもこの木が中山道の最初の宿場町にあり、多くの人々がそこを往来することを媒介にして広く噂が広まっていったようで、かなり遠方からも樹皮を剝ぎにくる人々がおり、つねに「其樹六七尺以下は悉く皮を剝去らる」[2]という状態であった。しかし、世は文明開化の時代であり、これを冷ややかな目でみる開明的な人々もいて、その言い分は次のようなものであった。

中山道板橋駅に昔より縁切榎と呼ぶ木あり。其側に茶店を設け、付焼団子塩煎餅、其外種々の雑菓子を並べ、老婆の世辞の耳うるさく、入来る客は思ひ思ひの雑談。旅人「ヨウ婆さん、此縁切榎に願懸をすると利益が見えやすかネ」、婆「利益があるだんか、どうしても切れぬ腐れ縁を切るには、此榎様を少し削って何かへ入れて喰はせると、自然と男女が愛想づかし、稀代な霊験がある故に、大願成就のアノ額が毎日絶えずに上ります」といふ傍から一人の旅人、どうやら姿も開化風「そりゃア道理に合はぬ話。所謂旧習野蛮の空言。一体此榎の根は一つ、然るに幹が二つに分れて居る故、いつの頃からか土俗に縁切の名を付けた物と見える。それを愚物が此木へ願懸をすれば、男女の縁が切れると思ふ。何ぞや非情の草木が男女和合の妨げをなすべきや、今文明の此世界、斯る忌はしき怪木は洗湯の焚木にでもするがよいのサ」云々[14]。

これは一八八〇年における松林伯円講述の『新編伊香保土産』からの引用であるが、この当時、縁切榎のかたわらには茶店などもあったことがわかる。この直後の一八八三年、板橋宿に火災があり、縁切榎も炎につつまれる。江戸以来、世の変化をみまもり続けたこの巨木もついに枯死し、大きな古株を残すのみの状態となってしまった。しかし、そこに植えられた二代目の榎がのちに大きく成長し、初代の古株とともに、あい変わらず縁切榎と呼ばれて信仰を集めていたのである。また、一八八八年から平山省斎《せいさい》のひきいる教派神道教団、神道大成教がここに祈禱所を設けて大成教榎教会を名のり、同教教師の金井豊儀氏が木を管理し、先の茶屋の跡に建てられた御堂で毎朝五時に祝詞をあげ、参拝者に神符や奉納用の小絵馬を頒布するようになった。神符の中には「縁切りの御符」というものもあり、包みの中には榎の樹皮を粉にしたものが入っていて[15]、これを別れたい相手に飲ませるというまじないはなお生き続けているが、それを教会の社務所で売っていたというのもおもしろい話である。

一九三六年、同教会の金井師が亡くなり、その未亡人の金井ふく氏が一九五五年に亡くなると、留守居役の大野廉太郎氏が教会を維持されたが、一九六九年にはついに後継者が途絶えて教会は閉鎖された。教会に伝えられた御符や神札の版木、榎の根元にまつられていた大六天祠の神体、榎に架けられていた小絵馬や額などは、今日の榎大六天神奉賛会の会長をつとめておられる地元の大口剛家にいったんはひきつがれ、今では板橋区立郷土資料館に納められている。その中には、榎のかたわらの茶店に掲げられていた大きな献額（扁額型絵馬）もあり、一八八六年の作と推定されている。その図像を見ると、すでに枯死した縁切榎の巨株を中心に、その根元に奉納されたおびただしい小絵馬やのぼり旗、賽銭箱や駒寄せ、茶店などが描かれており、右上の崖上には旧近藤登之助の抱屋敷の木立ち、左下には涙橋の木の手すりまで見える。なお、ついでながら昭和初期に伊藤晴雨が描き、『江戸と東京風俗野史』[7]に載せられた、この時代のスケッチを掲げておこう（図11）。榎の巨株の様子は先の絵馬と変わりないが、二代目の縁切榎がすでに大きく成長しており、周辺は塀でとり囲まれて神道大成教の管理下に置かれ、茶店などはなくなってしまっていることがわかる。

縁切榎はその後、土地の所有権争いなども起きて、二代目の榎が切り倒されることになった。それとともに一代目の古株が区有地の現在地に移され、一九六九年四月二九日には三代目の榎がそこに植えられて修祓式が挙行されている。このように、現在縁切榎と称しているものは、その場所も木も江戸時代のそれではないということになる。今ここを訪れてみると、現在の中山道（国道一七号線）から一本東に入った所を通る旧街道の、江戸からみて右側に三代目の、および最近また植えられた四代目の縁切榎が立っているが、いずれも大木というほどの木ではない。かたわらの交差点は「縁切榎前交差点」という。この場所は、石神井川に架かる板橋（板橋宿・板橋区の地名の発生のもととなった木橋）から北西に二五〇メートルほどの地点に位置し、住居表示上は板橋区本町一八番地にあたる。移転前におけるかつての旧地は、はすむかいにある薬局の左手脇にあたり、ここは本町三三番地となっている。ここから北西にのびるゆるやかな坂道が岩の坂である。

ついでながら、縁切榎の現況についても若干記しておこう。まず三代目の榎の木は樹高四〜五メートルほどに成長しているが、その幹の表面を見ると、本当にあちこち樹皮が剝がされて削られているのに驚かされるが、今でも削っていく人が結構いるということである。また、大六天の小祠が今でもまつられていて、堂の中には朽ちかけた初代縁切榎の古株が納められている。この大六天祠は『新編武蔵風土記稿』にも記されていたもので（ただし表記は第六天）、かつては初代の古株の虚穴にまつられていたそうであるが、古株がどんどん削り取られていくので小さくなってしまい、今では逆に堂内にとりこまれた形となっている。

図11　昭和初期の縁切榎（『江戸と東京風俗野史』より）

『東京名所鑑』（相沢朮《おけら》著・一八九二年刊）によると、この大六天祠は、榎教会時代には大成教の教義にしたがって大己貴命《おおあなむちのみこと》・少彦名命《すくなひこなのみこと》をまつる祠とされていた。また、かつて宮尾しげを氏が描いた一九六〇年代のスケッチを見ると、古株はまだ大きくて人の背よりも高く、その周囲を金網で囲ったようすが写されている[15]。

さらに大六天祠の脇には、雪廼舎相沢朮がよんだ歌を酒井八右衛門（号亀泉）が一八九六年に彫った歌碑が立っていて、銘文は次の通りである。

榎は縁の木なればあながちに縁を断つことのみならず善縁をむすび悪縁をたつこそ神の御心なれ
縁のいとの　むすふもとくも　人こころ
誠しあらは　神そ守らん　雪廼舎　朮

酒井亀泉刻

相沢朮は幕末の医師および歌人であり、維新後は板橋宿に住した地元の文化人である。碑に記されたヒューマニズムあふれる訓戒は、祈願者たちの目にいかにうつったことであったろうか。榎の木や大六天祠およびこの歌碑などは、一九七六年以降、地元の人々で作る榎大六天神奉賛会の手によって管理され、周辺環境も整備されて、良好な状態で維持されてきているうえに、区の史跡にも登録されている。

五、現代の縁切榎

縁切榎に対する信仰は現在なおさかんで、多くの人々が今でも願かけに訪れる。とはいってもご利益の性質上、あまりおおっぴらに参拝できる神ではない。夕刻から夜にかけ、人目をはばかるようにやってきては、そっとおまいりしていく婦人の姿がよくみられるそうであるが、榎を管理する先の榎大六天神奉賛会では、そのような暗いイメージを極力払拭し、誰でも気軽に参拝できるようなムードづくりにつとめておられる。この奉賛会は地元板橋在住の古老らで組織している奉仕団体であり、縁切榎の根元にまつられている大六天を「榎大六天神」とし、形式上はこれを信心する崇敬団体の形をとっている。

今では、奉賛会の会員らを中心に、榎の木の周辺の清掃奉仕がつねにおこなわれている。

大六天祠の中に納められて、今では手でふれることもできなくなった初代縁切榎の古株の一部を、祠前に立てたコンクリート碑にはめこんで誰でも削っていけるように配慮したり、奉納幟や参拝記念スタンプなどを用意したりして、参拝者へのサービスも万全である。特に記念スタンプ（図12参照）は参拝者にさかんに利用されていて、スタンプ印を押した紙片に願いごとを書き、おみくじのようにそれを結んで祠前に納めることになっている。祠前にはそれを納めるための場所がちゃんと用意されているが、針金の桟におびただしい数のスタンプ紙がしばりつけられているのをみると、悩み多い世の中の実情を知ることができる。奉賛会では年に一度、これをほどいて集め、毎年四月二九日に鎮守氷川神社（板橋区双葉町）の神職をよんで祠前で修祓をしてもらい、焚きあげているが、祈願文の内容は圧倒的に女性による離縁祈願であり、中には夫の酒やギャンブルを断つことの祈願もあるが、多くはないという。

写真11　現在の縁切榎

　これらの祈願文は、もちろん重要なプライバシーにかかわることであるから、むやみにおおやけにはできないものの、時にはそれが悪用される事件も起こる。祠前に納められた祈願文をひそかに盗み読んで祈願者を脅迫しようとした者もかつてあったそうで、それを防ぐために、スタンプ紙には祈願者の名前を

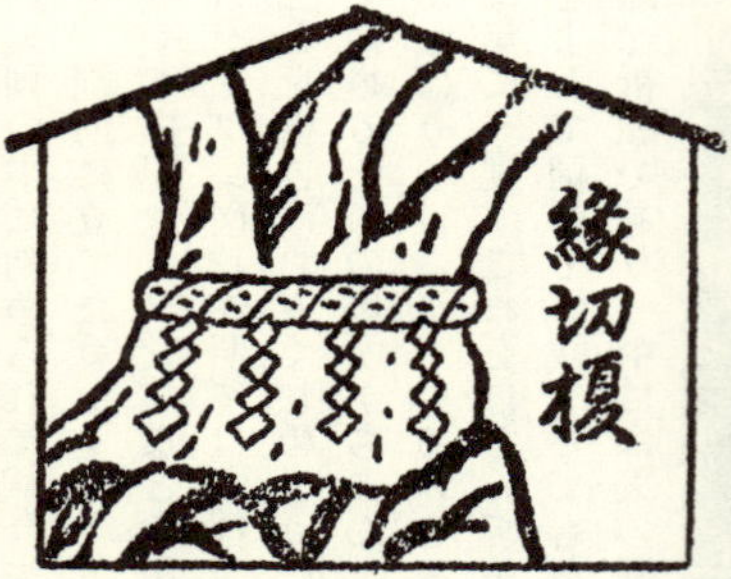

図12　縁切榎への参拝記念スタンプ

写真12　樹皮を剝がされた跡の残る縁切榎

書いてもよいが、住所などはいっさい記さないようにと奉賛会では訴えている。奉賛会の会長のところには、縁切榎のある場所や祈願方法をたずねる電話や問いあわせが日本中から寄せられるそうで、ひとつひとつ相談にものっておられるそうである。

さて最後に、縁切榎というものの生み出されてきた背景について若干考えてみることにしよう。各地には、板橋の縁切榎と同様なご利益を授ける小祠や、似たような伝説を帯びた場所がいろいろあって、それらに関する伝承の中には縁切榎の発生について考えてみるための、何らかの手がかりやヒントがかくされているかもしれない。

たとえば先の栃木県足利市にある門田稲荷神社――通称「縁切稲荷」などもその一例であるといえる。[16] 足利市内には、さらに「縁切橋」とよばれる橋があり、足利の七不思議のひとつに数えられているが、[17] 縁談の媒酌人や花嫁は決してこの橋を渡ってはならないといい、その理由は昔ここに刑場があって、橋を渡る者は首を切られるといわれたためである。群馬県邑楽郡明和町にも「縁切稲荷」という小祠があって、九日間拝めば縁が切れるといい、婚礼行列はやはりここを避けるという。同県前橋市元総社町の化粧薬師は「縁切薬師」、同県勢多郡富士見村の尺神様は「縁切神様」とよばれ、同様なご利益があったという[18]。東京都保谷市の宝樹院前にある駒止橋という橋は「縁切橋」ともよばれ、婚礼行列は決してそこを渡らないが、これはかつてそこに弁天がまつられていたことによるものであるらしい[19]。新宿区の淀橋も、昔から姿見ず橋と称され、婚礼行列の迂回すべき橋といわれてきた[20]。「縁切橋」は山梨県韮崎市中田町にもある[21]。さらに「縁切稲荷」と称される小祠が神奈川県平塚市大野にもあった。土地の人にはやはり忌み嫌われた存在で、特に嫁入り行列は決してその稲荷の前を通らない。通ると離縁になるという[22]。また、長野県北佐久郡北御牧村には「縁切地蔵」があって離縁をのぞむ人はひそかに信心したとのことであるが、やはり嫁入りの行列はそこを避けて通ったという。さらに同県南安曇郡梓川村岩岡にある「縁切れ柳」、松本市浅間温泉にある「別れ石」および「じっさばばさ石」、同市内垣原にある「おつづら石」および「おとめ岩」なども、同様に婚礼行列の迂回すべき場所とされてきた[23]。関西では大阪府大阪市高津神社の西坂および兵庫県明石市人丸神社の坂が縁切りの坂とされ、その理由は前者が三下り半、後者が七下り半の坂道であったからだという[24]。

　このように「縁切何々」とよばれる神仏や樹木・岩石・橋などはいろいろな所にあり、それらは概して婚礼行列の避けて通るべきタブーの場所とされてきたのであって、それゆえにそこには縁切りの呪力が宿るものと意識されたのであったろう。そうなると、一歩進んでそのことを逆手にとり、それを縁切り祈願の対象に転化しようとする人々もあらわれるわけで、板橋の縁切榎もまったくそのような手続きをふんで縁切りの神様となっていったにちがいない。しかるに、そういったご利益は本来派生的なものであったはずで、各地の「縁切何々」も、もともとはその場所が特別な意味を帯びた地点であり、何らかの伝説やいわれがそれぞれに付随していたものと思われる。そして、その神聖性に対する畏怖、あるいは不浄性からの回避のためのタブーがしかれていたわけであり、伝統的な民俗社会の生活領域の中にはそのようなスポットが各所に存在したものと思われる。

樹齢を重ねた老木・巨木などはすでにしてそのような存在であり、ナンジャモンジャの木や竜灯松の伝説を生み出してきたのとまったく同様な思考の中で、板橋の縁切榎も特別な地位を与えられてきたものであったろう。それはおそらく、当初は聖なる神木であったと思われ、いつの間にやらそれが縁切りの木になりさがったことは、木にとってはまことに不名誉なことでもあったろうが、そうなったことの理由は「縁つきいやの坂」という単なる語呂あわせのうちにあるとされている。駄洒落や語呂あわせにもとづく流行神の発生事例はほかにも多くみられるので、特に江戸・東京にかかわる民間信仰を考えていくうえではそれはあながちに軽視できず、それを一笑にふしてすませてしまうわけにはいかない。縁切榎の場合、たぶん語呂あわせはかなり重要な意味を持ったことであろう。その結果、この老木は離縁祈願をひき受ける特殊な民間信仰の対象となり、おおいに人に嫌われもしたが、その反面頼りにもされてきたのであった。それは、当地に伝えられてきた都々逸の中に、「人の嫌がる縁切り榎、泣いて抱きつくセミもある」と歌われた通りなのであった。

注

(1) 蟻塔生、一九六八「迷信のいろいろ」『東京年中行事』二巻、平凡社、二九八頁。
(2) 北豊島郡農会（編）、一九一八『東京府北豊島郡誌』、同会、一七一～一七二頁。
(3) 柳田国男、一九六三「神樹篇」『定本柳田国男集』一一巻、筑摩書房、一一五頁。
(4) 松川弘太郎、一九一四「縁起と霊顕」『風俗画報』四六四号、東陽堂、一九頁。
(5) 板橋新聞社（編）、一九二四『板橋町誌』、同社、二九五頁。
(6) 板橋区役所（編）、一九五四『板橋区史』、同区役所、三六八～三七二頁。
(7) 伊藤晴雨、一九六七『江戸と東京風俗野史』、有光書房、二五九・二八四頁。
(8) 木村博、一九七九「『縁切榎』新考」『練馬郷土史研究会会報』一四三号、練馬郷土史研究会、一～二頁。
(9) 小花波平六、一九八八「板橋宿の生活と民俗――江戸末期中山道・板橋宿の場合――」『板橋区郷土資料館紀要』七号、板橋区教育委員会、四～八頁。
(10) 岡田章雄、一九六九「縁切榎と川柳」『板橋史談』一六号、板橋史談会、一～二頁。
(11) 山中共古、一九八五「土俗談語」『山中共古全集』二巻、青裳堂書店、三四頁。
(12) 郷土趣味社（編）、一九一八「全国絵馬展覧会目録（二）」『郷土趣味』六号、郷土趣味社、一九頁。
(13) 丸山瓦全、一九一八「足利に於ける郷土趣味の研究」『郷土趣味』四号、郷土趣味社、八～一三頁。
(14) 佐藤正一、一九六九「旧中山道を往く（五）」『板橋史談』一二号、板橋史談会、六頁。
(15) 宮尾しげを・他、一九六九『東京風土記（北）』、東京美術、一一一～一一二頁。
(16) 丸山太一郎、一九一四「八幡村の縁切稲荷」『郷土研究』二巻一号、郷土研究社、五三頁。
(17) 長沢利明、一九八八「北関東の七不思議」『西郊民俗』一二五号、西郊民俗談話会、二二頁。

(18) 群馬県史編さん委員会（編）、一九八二『群馬県史』資料編二六・民俗二、群馬県、一一九〇頁。
(19) 高橋文太郎、一九三五『武蔵保谷村郷土資料』、アチックミュージアム、一九頁。
(20) 東陽堂（編）、一九一三「市井瑣聞」、『風俗画報』四五二号、東陽堂、四三頁。
(21) 土橋里木（編著）、一九七五『甲斐の伝説』、第一法規出版、七七～七八頁。
(22) 平塚市博物館（編）、一九八七『平塚市史民俗調査報告書（六）――大野――』、平塚市博物館、四二・二二七頁。
(23) 長野県（編）、一九〇九『長野県史・民俗編』三巻の三、長野県史刊行会、四二三・四二七頁。
(24) 佐藤菊三、一九〇五「大阪所見（二）」『風俗画報』三〇七号、東陽堂、一七頁。

豪徳寺の招き猫

一、招き猫伝説

豪徳寺は世田谷を代表する著名な寺院であり、寺の名前は住居表示地名や小田急線の駅名にまでなっているので知名度は高く、その存在は広く区内外に知られている。寺は世田谷区豪徳寺二の二四の七にあり、曹洞宗に属して山号院号を大谿山《だいけいざん》洞春院という。寺の境内は広く、うっそうとした樹々に覆われた中に諸堂宇が立ち並び、風致に富んでいて住宅街の中のオアシスになっているが、この境内地はかつての世田谷城址にあたり、隣接する世田谷城址公園内には、古城の濠跡の一部が今でも残っている。この世田谷城址は、室町時代に当地に勢力を張った吉良氏の居館跡であり、豪徳寺がその城跡の真ん中に立っていることからも察せられるように、吉良氏と豪徳寺との間には深い関係がある。すなわち、寺伝によれば当時の吉良氏の当主政忠が、伯母の弘徳院の供養のために、その法名をとって弘徳院と号して建てた寺堂が、今日の豪徳寺の前身であるといわれている。

豪徳寺はまた、近世には彦根藩井伊家の菩提寺となっていたことでもよく知られ、境内にある井伊家累代の墓所内に、桜田門外の変で水戸浪士に暗殺された井伊直弼《なおすけ》の墓があることはことに有名である。しかし、井伊家とのゆかりもさることながら、この寺の名をさらに高めたのは、いわゆる招き猫の伝説であったろう。井伊家のことは知らなくても、「招き猫の寺」として豪徳寺のことを知る人はかなり多いものと思われる。そこで、ここでは豪徳寺と招き猫の伝説について少々検討してみることにしよう。とりあえず、その伝説の内容を次に引用してみる。

この寺はもと弘徳院といい、吉良上野介の祖先の一族である吉良氏の菩提寺だったが、戦国時代には寺運が傾いていた。世田谷城主だったパトロンの吉良氏が没落したからである。江戸時代に入ったばかりのころのことである。この破れ寺の和尚は一匹のネコを飼っており、タマと名づけて可愛がっていた。和尚は日ごろタマを相手に、「お前を可愛がってやっているのに、この貧乏寺ひとつなんとかできないか」と愚痴をこぼしていたらしい。このネコがはからずも、寺に大きな幸運を呼びこむことになる。世田谷村は彦根藩の領地だったが、ある夏の日、三代藩主井伊直孝が家来をつれて世田谷村へ遠乗りにやってきた。ちょうど弘徳院の門前にさしかかったころ、黒雲が空を覆ったかと思うと、はげしい夕立となった。直孝主従が門前の大木の下で雨やどりしていると、山門に出てきた一匹のネコが、しきりに手招きしているように見えた。これにつられて直孝ら一行が寺に入ったとたん、大木に落雷して直孝はあやうく一命を救われたことになった。この時、ネコの招きを受けて寺に入った直孝は、その後も領地にやってきた時は寺をおとずれ、ついにこの寺を井伊家の菩提寺とし、直孝の没後、寺号は豪徳寺と改められた。こうして、井伊家のバックアップにより、江戸時代には寺運はおおいに栄えたが、そのきっかけをつくったタマは観音様の化身だとしてたいせつにされ、招福観音堂にまつられて現代にいたっている(1)。

伝説の内容はおおよそこのようなものである。豪徳寺の前身である弘徳院は荒れた貧乏寺で、住職はタマという猫を飼っていた。そこへ領主である井伊直孝が通りかかり、門前の木の下で雨宿りをしていると猫が手招きをし、直孝らを落雷から救う。それが縁で弘徳院は井伊家の菩提寺となり、寺の名も豪徳寺とあらためられておおいに栄えた、というのがおおまかな話のあらすじである。

上記の引用文は一九八七年刊の『東京御利益案内』という本から引いたものであるが、参考までに、寺で出している『招福猫児の由来』という縁起書の記述もあわせてここに引用してみると、以下の通りである。

（豪徳寺は）昔時は至って貧寺にして二三の雲水修行して漸く暮しを立つる計りなりき。時の和尚殊に猫を愛しよく飼いならし自分の食を割て猫に与へ吾子のように愛育せしが、ある日和尚猫に向い、「汝我が愛育の恩を知らば何か果報を招来せよ」と言い聞かせたるが其後幾月日が過ぎし夏の日の午さがり俄かに門のあたり騒がしければ和尚何事ならんと出て見れば、鷹狩の帰りと覚しき武士五六騎、門前に馬乗捨てて入り来り和尚に向い謂えるよう「我等今当寺の前を通行せんとするに門前に猫一疋うずくまり居て我等を見て手をあげ頻りに招くさまのあまりに不審ければ訪ね入るなり。暫く休息致させよ」とありければ和尚いそぎ奥へ招じ渋茶など差出しける内天忽ち雲り夕立降り出し雷鳴り加りしが和尚は心静かに三世因果の説法したりしかば武士は大喜びいよいよ帰依の念発起しけむ。やがて「我こそは江州彦根の城主井伊掃部頭直孝なり。猫に招き入れられ雨をしのぎ貴僧の法談に預ること是れ偏へに仏の因縁ならん。以来更に心安く頼み参らす」とて立帰られけるが、是ぞ豪徳寺が吉運を開く初めにしてやがて井伊家御菩提所となり田畑多く寄進せられ一大伽藍となりしも全く猫の恩に報い福を招き奇特の霊験によるものにして此寺一に猫寺とも呼ぶに至れり。和尚後にこの猫の墓を建ていと懇に其冥福を祈り後世この猫の姿形をつくり招福猫児（まねきねこ）と称へて崇め祀れば吉運立ち所に来り家内安全、営業繁昌、心願成就すとて其の霊験を祈念する事は世に知らぬ人はなかりけり。

ここでの話のあらすじは先の引用とほぼ同じであるが、落雷のことなどは特にふれられておらず、直孝は猫の招きによって雷雨を避けつつ、和尚のありがたい説法にあずかることができたという形になっている。また、和尚が猫の墓を作って供養したこと、猫の姿を形どって初めて招き猫を作ったことなども述べられていて、その点は興味深いものがある。一説によると、猫のタマが死んだのは天正年間（一五七三～一五九一年）のことであったという[2]。

ところでこの伝説はまた、さらにわかりやすくかみくだかれ、子供向けの昔話にもなり、絵本などの題材としても用いられているので、ついでながらそれもあわせて紹介しておくことにしよう。

むかし、いまの豪徳寺は、弘徳庵という小さなお寺でした。このお寺に、和尚さんがたいそうかわいがっていたタマという子ネコがいました。ところがある日、みすぼらしいこの庵に、にぎにぎしいお駕籠がおおぜいの侍にまもられて、和尚さんを迎えにきたのです。和尚さんはなんのことかとびっくり。目をぱちくりして、けげんな顔でいうのです。

「わしは田舎坊主じゃ、駕籠になど乗る身分ではない。何かのまちがいだ」

「ネコ様もぜひおつれしてとのこと……」

いわれるままに、和尚さんが駕籠に乗ると、江戸の桜田門前、井伊家の上屋敷につきました。屋敷では、殿様みずから和尚さんとネコを迎え、和尚さんを上座にうやうやしくすえ、たいそうあつく礼をいいました。和尚さんははじめて、さてはあのときのお武家は殿様であったのか――それにしてもなかなか気品のあるお方――と、つい半月ほど前のできごとを思い出したのです。その日は晴のち雨の大嵐。そのあと雷が庵の前に落ちた日です。ネコのタマが、濡れたお武家を案内して庵に招きいれると、すぐ大イナズマと大音がなり、太い松が焼けるにおいが庵にたちこめたのです。お殿様は、和尚のネコの招きで運よくいのちを救われたのです。殿様はこの日、鷹狩りを表むきにしていましたが、実は幕府からもらった世田谷の新領地の検分に、おしのびで出かけたのです。そのときあやうく災難を救ってくれたネコのお礼にと、和尚さんとネコをよんだのです。でも、ネコは和尚さんのひざで無心にねむりこけていました。殿様は和尚さんに弘徳庵を井伊家のお寺にすることと、以後庵を豪徳寺と改め大そうなふしんにとりかからせました。この話が、江戸八百八町につたわり、ネコが福を招いたと評判になりました。ネコを見る人で門前に市ができたといいます。江戸寛永十年の世田谷のことです。(3)

これは駒沢大学の桜井正信氏が一九七三年から一九八六年にかけ、五〇回連載シリーズで世田谷区の『区議会だより』に連載された区内の伝承民話シリーズの一部であり、「和尚さんのネコが殿を招く」といったタイトルで、豪徳寺の招き猫の伝説が紹介されている。読めばわかるように、ここでは原話に多少のアレンジをくわえながら、物語風の展開にまとめられており、これはこれでなかなかおもしろい。この昔話は後に区の手で『せたがやの民話』という本に再収録され、(4)児童らの読物として広く教育現場で活用されているのである。また、桜井氏のほかにも、たとえば太田恒雄氏などが「豪徳寺と招き猫」というタイトルで『せたがやのお話』という全一二巻シリーズの民話集の中に、この伝説をやはりとりあげておられる。(5)

二、招福観音と猫の信仰

豪徳寺の招き猫伝説はまた、寺に対するさまざまな祈願や信仰習俗をも生み出している。貧乏寺に福をもたらした猫のタマにちなみ、招福開運を祈願する人々が寺にやってくるようになり、特に花柳界や水商売の関係者がそのような信仰をあつく寄せるようになったという。こういった民間信仰がおこなわれるようになるからには、何らかの具体的な崇拝対象が必要になってくるが、豪徳寺の場合、境内にある招福観音堂がそれにあたるものである。そこでは猫のタマが観音の化身であったとの拡大解釈にもとづき、観音堂はいつしか招福殿とも呼ばれ、堂の本尊は招福観音とか猫観音とか呼ばれるようになっていった(6)。

その招福観音堂を今おとずれてみると、堂内には大きな張子の招き猫が本尊と並んで置かれており、あたかも猫を祀る祠堂のごとくにみえる。しかし、寺で出している商売繁盛・家内安全祈禱札（図13参照）に「本尊招福観世音菩薩、眷属招福猫児」とある通り、あくまで本尊は観音で、猫はその眷属にすぎないのであるが、猫のタマが本尊だと思っている人々も多いことであろう。この招福観音の祈禱札には、観音の足元に招き猫の姿が描かれていて、このような札は大変珍しい。観音堂のかたわらの塀には、招福祈願におとずれた参拝者らが奉納した、おびただしい数の絵馬額がかつては飾られており、その額には白黒のぶち猫が右手を挙げた、招き猫の姿が必ず描かれていた。

図13　招き猫の祈禱札

また、堂の裏手には猫のタマの墓石とされるものや、「招福猫児供養塔」と刻まれた慰霊碑の一部も残されているが、その墓石とは数個の古い宝篋印塔《ほうきょういんとう》の残欠のようである。これを削った石片を持っていると福がさずかるとか、その石の粉を店先にまいておくと客を招くとかいわれたため、[2]参拝者らに削られ続けて、どんどん小さくなっていき、今ではすっかり丸くなってしまってその原型をとどめていない。慰霊碑については、板碑のような板状の青石に「招福猫児供養塔」の文字のほか、世田谷区内在住の奉納者の名が刻まれているが、そうは古いものではない。熱心な地元信者が寄進したものであろう。かつて境内には、猫のタマを葬った猫塚まであったとのことであるが、これについては現存しないものの、ここでの墓石や慰霊碑は、おそらくその猫塚の跡に祀られていたものと思われる。タマの墓がいったいどこにいってしまったものか、今となってはまったくわからないが、寺には「招福猫児霊位」との戒名の記されたタマの位牌が残されている。[7]

写真13　奉納されたたくさんの招き猫

さらに、その墓石や慰霊碑の置かれている招福観音堂の裏手には、小堂の中に納められた何百体という数の招き猫があって、これなども一見の価値がある。この招き猫はすべて参拝者らが寺に奉納したものであって、開運招福を祈って招き猫を仏前に納めるという風習、そして願いがかなえばまたそれを納めて礼参りをするという習俗が今なおさかんになされていることをよく示している。水商売や花柳界の人々の場合は、参拝時に古い招き猫をここに納めていくそうである。また、商家や水商売の関係者のほか、株取引関係者なども招き猫を受けていくといわれているし[2]、時には死んだ愛猫の冥福を祈ってそれを納める人もいるとのことで[1]、寺にペットの供養を頼む人々も少なからずみられるそうである。この招き猫は、かつて毎月一日と一五日の縁日に、御守や福銭とともに寺から分け与えられていたこともあるらしいが[8]、門前でも土製と陶製の二種類の招き猫が売られていたという[9]。一九八〇年代まで寺の門前には招き猫を売る店がちゃんとあって（山崎商店という花屋）、参拝者はそこでこれを求めることになっていたほか、最近では寺でも新たに招き猫を売るようになった。

　そのようなわけで、豪徳寺は招き猫の発祥の地ともされることとなり、飲食店などの店先で客を招いている、あの今戸焼の猫の像は、豪徳寺の招き猫伝説から起こったものだとの主張が時に聞かれるのである。(10)真偽のほどはわからないが、郷土玩具としての招き猫のふるさとが江戸・東京であったことは確かなことであるようで、全国各地に伝わる招き猫の縁起物や張子の玩具の類は、すべて江戸系のものといわれている。(11)それらの招き猫にはさまざまなタイプのものがあるが、概して白黒のぶち猫をかたどったものが多く、たいていの場合、右手を挙げたポーズをとっているのであるが、左手を挙げたものも決して少なくはない。

三、伝説の発生と成長

豪徳寺の招き猫伝説は、寺の開創の由来を説明する縁起説話としての意味を持っていただけでなく、このように開運招福を祈願する民間信仰をも生み出す母体となってきたのであった。ところで、花柳界の人々が豪徳寺に招き猫を奉納して、招福を祈るというこの習俗は、江戸時代から連綿としておこなわれてきた、と多くの書物に書かれているのであるが、(12)それは果して事実であろうか。事実であるとするならば、少なくとも招き猫伝説そのものが、江戸時代から存在したということを証明しなければならないが、それは不可能である。

世田谷区内には、豪徳寺の招き猫伝説のほかにも数多くの伝説が伝えられており、よく知られたものとしては、馬引沢の頼朝伝説や世田谷城の常盤御前伝説、九品仏《くほんぶつ》の珂碩《かせき》上人伝説、喜多見の蛇除け伊右衛門伝説などがあるが、これらは近世のさまざまな地誌や随筆などにも多く取り上げられて古くから巷間にそれが流布し、広く伝えられてきたことを示している。しかし、今日では区内の伝説のうちで知名度の上からみれば、まちがいなくトップクラスの座を占めているにもかかわらず、この豪徳寺の招き猫伝説についてみた場合、近世のあらゆる地誌[13]や随筆類にも、それはまったく記述されていない。それどころか、おそらく明治期の資料においてさえ、それを見いだすのはなかなか困難であろう。すなわち、この伝説は実は新しく創作されたものなのであって、古い歴史資料に載っていないのは当然なのである。今日までの調査によれば、この伝説は井伊家による豪徳寺への庇護のとだえた明治維新後に、参詣客誘致のため、豪徳寺の檀徒有志が創作したものであることが明らかにされているのである。[13]しかし、そのことはほとんど一般に知られておらず、著名な歴史家までもがこの伝説を史実としてとりあげ、本の中で紹介しておられるほどなのである。[10]

とはいえ、この伝説の創作者は、なかなかの歴史的・文学的センスの持ち主であって、豪徳寺の興亡史をきちんとおさえ、猫のタマという名脇役をそこに設定することを介して、寺運興隆の転機を実にうまく説明しきっている。つまり、豪徳寺の前身である弘徳院がもともと世田谷城跡の小庵にすぎず、それも吉良氏の没落した戦国時代には、さらに衰微していたという事実がまずあり、それが近世初期に井伊直孝という大檀那を得てにわかに勢いづき、直孝が寺内に葬られてからは、寺号を豪徳寺と改称しつつ井伊家の菩提寺となって、ますます発展していったという経過[14]がたくみに話の中にとりいれられている。寺運の大きな転機となった井伊家と豪徳寺との出会いを、その時の住持の高潔な人柄と一匹の猫とのエピソードを媒介にして、ひとつの物語にしたてながら、猫の報恩譚を招き猫の発祥とも結びつけていく、といった離れ技がそこでは展開されている。

かつて、この寺が吉良家というパトロンを失った時の危機は、明治維新後の井伊家を失った時の危機にそっくりそのままたとえてみることができよう。後者の危機に際しては、それを脱する手だてとして、このような伝説も創作されねばならなかったわけであり、そこにはそういう意味での必然が存在したことになる。そして、いずれの場合においても、寺の危機を救ったのは招き猫なのであったということになる。

注

(1) やまひこ社(編)、一九八七『東京御利益案内』、リブロポート、一三七〜一四〇頁。
(2) 武田静澄、一九六二『日本伝説の旅(上)』、社会思想社、一八三頁。
(3) 桜井正信、一九七六「せたがやの民話と伝説⑫——和尚さんのネコが殿を招く——」『区議会だより』五一号、世田谷区議会。
(4) 桜井正信、一九八六『せたがやの民話』、世田谷区区長室広報課。
(5) 太田恒雄、一九七七『せたがやのお話』四巻、世田谷区。
(6) 世田谷区(編)、一九六二『新修世田谷区史』上巻、同区、一三九七頁。
(7) 山田 実(編)、一九六六『日本六十余州伝説と奇談』一集、山田書院、九四頁。
(8) 木村喜久弥、一九五八『ネコ——その歴史・習性・人間との関係——』、法政大学出版局、二五三頁。
(9) 斎藤良輔(編)、一九七一『郷土玩具辞典』、東京堂出版、三二七頁。
(10) 樋口清之、一九六一『東京の歴史』、弥生書房、七四〜七七頁。
(11) 木村喜久弥、一九五八、二五四〜二六二頁。

(12) 世田谷区教育委員会（編）、一九六八『せたがや――社寺と史跡――（その一）』、同委員会、一一頁。
(13) 佐藤敏夫（編）、一九七六『世田谷の詩歌・歌謡・伝説』、佐藤敏夫、五六～五九頁。
(14) 世田谷区（編）、一九六二、一二六九頁。

妻恋稲荷の信仰――文京区湯島

神田明神や湯島天神にほど近い、文京区湯島三丁目に妻恋神社という小さな社《やしろ》がある。裏通りの坂の上に鎮座するこの神社の境内地はごくせまいもので、コンクリート造りの社殿も通りからは目立たず、この神社の存在に気づく通行人は決して多くはないであろうが、この神社は実は大変に由緒深き古社なのであって、江戸時代にはおおいにさかえて広い範囲からの信仰を集めており、そのことは近世の地誌や歳事記類にまずたいていは記載されていることからも知れるのである。この稲荷神が関東総社あるいは関東総司《そうつかさ》ともよばれて、西の伏見や豊川に伍しつつ東の稲荷の総元締めを名のっていたことは、あまりにつつましい今日の神社の姿からは想像もつかないが、それほどに隆盛を誇っていた事実はたしかにあり、ここから分霊を移してまつられた多くの分社が今なお各地に残されているのである。ここではこの妻恋稲荷のなりたちについて少し注目しつつ、その盛衰史と数々の分社を生み出してきた「関東稲荷総社」としての地位についても若干さぐりを入れてみることにしよう。

一、弟橘媛伝説と妻恋稲荷

妻恋稲荷の今日における正式社名、妻恋神社は明治維新後の改称によって生まれたものであるが、江戸時代には妻恋稲荷大明神・妻恋大明神などとよばれており、ほかにも妻問社《つまといやまと》・稲置社《いなぎ》・飯成社などという古名もあったようである。この妻恋・妻問という名称は、日本《やまと》武尊《たけるのみこと》の東征神話にちなむものであり、神社の鎮座地は日本武尊・弟橘媛《おとたちばなひめ》のゆかりの地にあたるとされている。現在神社で出している縁起書には次のようにそれが述べられている。

東都妻恋坂の上に鎮座し給ふ妻恋神社は倉稲魂命《うかのみたまのみこと》・日本武尊・弟橘媛命の三柱を祭神として鎮斎し奉る。（中略）社伝に曰く。当社は往昔日本武尊東征の頃の行宮の地なりと云ふ。日本武尊東夷征伐の砌稲城《みぎりいなぎ》を置給ひ又倉稲魂命を祭り給へるを後社殿を造りてイナギの社と称せるを人皇第五十二代嵯峨天皇の御時勅命に依り日本武尊妃弟橘媛をも倶に祀り妻恋稲荷神社と改めたりと云ひ伝ふ。按《あんず》るに日本紀に日本武尊東夷征伐の時妃弟橘媛海水に入てむなしくなりたまふ。依って尊此事を深くなげきたまひ帰路に逮《およ》んで上野国碓氷嶺に登り東南の方を望たまひ吾嬬者耶《あづまはや》と宣ふよし見えたり。因て考るに此地も東征の時の行宮の地たるによって彼尊を鎮奉り妻を恋慕ひたまふの意を取て直に妻恋明神と号したるべし。

日本武尊が今の浦賀水道にあたる走水《はしりみず》の海を渡る際に、海神の起す荒波で船が進まず、弟橘媛が入水してわが身を海神にささげ、海をしずめたという『古事記』の物語にもとづき、弟橘媛をまつることになった神社は東京湾岸に多くみられるが、三浦半島の走水神社とともに東京の妻恋神社はその中心的な存在をなしていた。[1] そして、日本武尊が碓氷峠で「吾妻はや」と三回もらしたことにちなんで群馬県の吾妻《あがつま》郡・嬬恋《つまごい》村の名称が生まれたように、ここでの妻恋稲荷の社名も、弟橘媛をしのぶ意味がこめられていることになる。ここに引用した神社の縁起書は『江戸名所図会』における妻恋稲荷の解説とほとんど同じでそれを下敷きにしたことがわかるが、『新編江戸名所図誌』には当時の社伝を次のように紹介している。

当社は人皇十二代景行天皇皇子日本武尊同妃立花姫（中略）倉稲魂命（中略）是を妻恋稲荷三社大明神と号す。又一殿七座の伝あり。此外大国主神少彦名命も相殿にて凡九神なり。当社は当国の惣名当国の倉武《うふすな》社とかや申伝たり。日本武尊東夷征伐御帰陣の時秩父の峰（に）武具を蔵め豊湯島ニ戈を止め此所より東海に向ハせ給ひ妻恋し（と）遥かにミれは（の）神詠有り。当所を上古より妻恋台とも云。吾妻といへる縁も皆当社より始れりと云々。当社縁起にいふ橘姫命東海塩の八百会に陽魂を求め海陸を守護しましますゆへに船魂の神を祭ると申よしを記せり。

また、『武蔵風土記』にある「豊島郡白鳥社、白雉二年辛亥五月所祭日本武尊也、神貢五十三束三毛田」という記述に着目し、『江戸志』などではここにいう白鳥社とは日本武尊の白鳥伝説にちなむもので妻恋稲荷をさすものであろうとしており、豊島郡内で日本武尊を祭神とする神社はほかにないと記している。とはいえ、『改撰江戸志』の筆者などはこれらの神話との関連をきびしく否定し、「社僧の云所のごとき妻恋といへる名より日本武尊の事跡を付会して、あらぬ説をなせしなり。例の縁起妄説さらに采録にたらざれ」と述べ、白鳥社説もまた「信用しかたし」としりぞけている。

二、信太小太郎伝説と妻恋稲荷

そのような批判が出されるのもある意味では無理からぬことであった。なぜなら、妻恋稲荷の縁起に神話伝説が強調されるようになったのはかなり後のことであって、一七世紀頃の比較的古い時代の縁起をみると、ほとんど信太小太郎伝説が神社の起源を説明する由緒とされており、日本武尊・弟橘媛の物語が登場しないどころか祭神名としてもあげられていないのである。戸田茂睡による一六八三年版『紫の一本《ひともと》』には、「妻恋の野辺ハむかし奥州海道にて、むかし小山太郎行重京都より下る時、奥州の国司信太の小太郎を申上んとて上洛の節爰にて行重に出合、うち殺し給ひしなり。其亡魂此所に止りて往還の人にさまたけをなし所の人にたたりをなす故此稲荷の別殿に八幡大菩薩と祭りたりと云」とあるが、一六九四年の『増補江戸咄』にはさらにくわしく次のように記されている。

明神のうら坂をのぼりて右へつき行程に湯島天神へ参る坂口に付たり。坂をのぼりて右のかたに妻恋の稲荷明神立給ふ。此社もとはわづかの小ほらにて此坂より下に妻恋の橋とて溝堀にかかりたる小橋有。此きはに有けるを近き頃爰にうつし奉る。此縁起さだかならねども古老の云伝には相馬の将門の孫に信太の小太郎と云し人有、若年の時父にをくれはは ごにそひてましましけるが十四、五歳の頃かとよ姉むこの小山太郎に国をうばわれ、るらうの身と成て母御もろとも都へ上るとて近江国ばんばのしゅくにて母御にをくれ、いよいよちからなくて国へ帰りけれども小山よせつけざれば郎等の浮島太夫を頼ておわせしに小山ききつたへ大勢を率しをしよせ終に合戦に討勝、浮島一家をほろぼし信太殿を生捕、千原の太夫といふものに預け置、海底にしづめよと申付けるに姉御小山が目を忍て千原が宿所に尋来り信太殿に対面有てなくなく家のけいづのまき物を信太殿のふところにをし入て帰り給ふ。去程に千原は夜陰に内海へ出、信太殿をばをとし申てをもりの石ばかりを海底にしづめ帰りければけんしをこはざるとて小山うたがひ、がうもんして責ころす。それより信太殿はあなたこなたとるらう有て終には奥州の国司と成、小山が館へをしよせ給ふとききて小山かなはじとやおもひけん、此国の妻恋が原迄にげきたりけるを追手のものども妻恋の橋にて追詰うちとりけると也。去によって今の世迄彼橋の上にてまろびけるものは三とせの内に死といひつたへてつつしむ也。扨《さて》小山がかばねを爰に埋けるが魂魄野干と成て在所の土民をなやましけるゆへに此稲荷大明神といわひ奉ると也。妻恋のいなり小山とおがむにぞ、悪やかんじて善神と成。

図14　江戸時代の境内のようす。右は1694年頃（『増補江戸咄』）、左は1834年頃（『江戸名所図会』）のもの

平将門の孫に信太小太郎という人物がおり、姉婿の小山太郎に国を追われて流浪したが、妻恋の橋の上でこれを討ちとったものの、その霊魂が祟りをなしたので社をまつったのが妻恋稲荷の起こりだというのである。この話は『兵家茶話』などから引いたものと思われるが、『異本武江披砂』には妻恋稲荷の摂社に小山判官をまつった霊祠があること、妻恋の坂下には小山の塚もあり、元禄の頃までは残っていたが今はないことなどが記されている。相馬の将門系図のあるものには、将門の子である小次郎将国と、そのまた子である小太郎文国の名がみえるようで、小太郎は常州信田に住したゆえに信田小太郎とよばれたらしい。しかし、小太郎と小山が戦ったという事実は実録の上にはみえず、虚説であろうとするのが『江戸志』などの見解であり、先の『紫の一本』では小山の霊をまつ

った祠は妻恋ではなく清水稲荷であると述べている。さらに『広益俗説弁』には、このような各地に残る小太郎伝説地と称するものはすべて俗説に過ぎないと、きびしい批判がなされている。

なお、妻恋稲荷の摂社としてまつられた、先の小山の霊祠とは、妻恋稲荷が一八二六年（文政九年）に差し出した、いわゆる『丙戌書上』に「小山八幡宮」の名で次のように記されている。

小山八幡宮（座像丈六寸二分・台座二寸程・志田小太郎彫刻）。
天暦年中志田小太郎小山判官行重を討本庄をかへし候処、怨魂の祟りを以豊島郡怪事多悩ミ煩ふ。其頃都ニ而菅神を宥祭り給ふ例有とて小太郎本庄より前之両神を移し奉り就而判官の霊を八幡宮之御武徳に配し相殿ニ鎮祭。

菅原道真に対する御霊信仰にならって、当地でも小山の霊祠をまつったという点がまことに興味深い。

三、妻恋稲荷の旧地

ここまでの経緯から推理してみるならば、次のように考えられる。第一に、一七世紀頃の妻恋稲荷は信太小太郎伝説と強く結びついて、小山判官の塚跡あるいはその討たれた場所である妻恋台下の低地にまつられた小祠であったということで、祭神は稲荷であった。初期の縁起に弟橘媛伝説が述べられていないことはそれを裏づけている。第二に、その社殿は後に妻恋台上の現在地に移され、それは『増補江戸咄』に「此社もとはわづかの小ほらにて此坂より下に妻恋の橋とて溝堀にかかりたる小橋有。此きはに有けるを近き頃爰にうつし奉る」と述べられた通りである。日本武尊と弟橘媛を祭神に加えたのはこの頃であったろう。そこで妻恋稲荷の旧地の状況について若干検討してみよう。『江戸図解集覧』には境内地の移動について次のように述べられている。

往古此地玉浦と唱へ武蔵第一の古跡。旧社の地ハいまの社地の下地続にて北も桜川の流境内外に有りて武蔵野の原に続き妻恋の原と云伝へ今此河絶々に成て諸侯武家の構の外溝となりて旧社の前に妻恋橋と名のミ残れり。東方ハ鳥越を限りて境内一の鳥居大社なりし由古跡其辺に残りしとなん。其後小山の判官の戦場となり兵火の為に荒廃して漸く本社のミ残りまします。天正年中に至り新に二町四方の社地御寄付あり寛永五辰四月台徳公当社由緒御尋有之。其上東照宮御神像並に御造営あり諸社とも御修復有之。其後万治中近辺出火の砌《みぎり》社類火又其後社地御用地となり割残り今の地に仮に鎮座なし奉る処東照宮御神像稲荷相殿に遷し奉るなり。

時代の前後関係にやや疑義があるものの、社地の移動に関する実情はおおすじにおいてこのようなものであったと思われる。『江戸砂子』には新旧社地周辺の妻恋稲荷にゆかりのある地名が記述されているが、それによると現社地のある台地を「妻恋台」、眼下の低地に下る坂を「妻恋坂」(または大超坂《だいちょうざか》・大潮坂・大帳坂)、低地の小川にかかる橋を「妻恋橋」と呼ぶとあり、妻恋橋は小山判官が討たれた所なので橋上でころぶと「ミとセのうちに死」ぬといわれたことは先の『増補江戸咄』の記載と同じである。しかし、一七八八年(天明八年)の『妻恋御社略縁起』(国会図書館蔵『諸国寺社縁起』巻四所収)をみると「社内に桜川といへる名所あり。其流に小橋有り。世の人妻恋の橋ハ天のうきはしといひ伝へ、もの事取むすふ事」の縁があるなどと書かれていて不可解である。また、この橋に近い妻恋稲荷の旧地は「元妻恋」とよばれ、ここには別の稲荷社があってその別当は天台の宝性院であり、この稲荷の前を婚礼行列は決して通らぬとのことで「是ハたちばな姫の縁のうすきをいみての事なるべし」とされている。同様な見解は、若月紫蘭の『東京年中行事』にも述べられているが、婚礼行列の通過を忌むべき土地の不浄性は、弟橘媛伝説よりも、信太小太郎伝説に由来するものであったはずで、それが弟橘媛に結びつけられていったのであろう。

ところで、一八二六年に幕府に出された『丙戌書上』は妻恋稲荷の、神職サイドから述べられたほとんど唯一の詳細な社記であるが、『御府内備考』にはその全文が収録されている。そのくわしい内容については省略するが、それによると、元妻恋周辺の低地は家康入府時に拝領した社地であり、そこは武家屋敷として没収され、代替地が与えられるまでの間、本来の妻恋の旧地である妻恋台上に仮社殿を設けたまま現在に至ったのだという。ここでは妻恋橋周辺が妻恋の旧地であったわけではないとされていて、他の多くの記録と矛盾する。その理由はおそらくもうひとつの妻恋稲荷を名のる別社があらわれて本家あらそいを展開したことと関係があろう。『丙戌書上』によれば、もう一方の妻恋稲荷とは元妻恋の宝性院の立てる稲荷祠であって、一七三〇年（享保一五年）にこちらは「元妻恋稲荷別当宝性院」を名のって旧社地を勝手に拝領し、社殿を建て、方々に勧進をおこない、大勢の参拝者を集めて元妻恋が本家であることを説いたという。公儀の取り調べにより元妻恋側は敗訴し、きびしく処罰されたとのことであるが、そのような事件もあったとは意外である。妻恋稲荷がその旧地を元妻恋であると認めなかった理由は、自らの正統性を主張するためであったろう。

妻恋稲荷の旧地について、もうひとつよくいわれることは駒込蓮光寺などとの関係であり、『改撰江戸志』にはこれを次のように述べる。

> 当所ハ駒込の金地山蓮光寺の旧地なり。其頃当社もかの寺の境内に有り駒込の地へ移る頃公へこひ奉りて此社ハ其儘旧地にととめしとなり。その所縁に付て今蓮光寺の鎮守にも妻恋を境内に勧請せしなり。（中略）又浅草の海蔵寺の伝へにも妻恋稲荷むかし境内に有しと云。

このことは『紫の一本』や『江戸砂子』・『新編江戸名所図誌』・『江戸図解集覧』などにも記

されているが、駒込蓮光寺・浅草海蔵寺と妻恋稲荷との関係は筆者にはまったくわからない。

四、江戸時代における繁栄

妻恋稲荷が近世にいかに繁栄していたかは、そのニセ物があらわれるくらいであったから充分に察せられようが、一八〇四年（文化元年）四月一五日から六〇日間にわたって開帳がおこなわれたこと（『藤岡屋日記』巻一）、寄進でうるおった祠官が奢侈《しゃし》に流れて不祥事を起こし、公儀のとがめを受けたりしていること（『甲子夜話続編』）などもそれを裏づけている。将軍家とのゆかりも大変に深かったといわれ、歴代将軍が日光社参の途次たちよったとか、将軍家代々之運之守神とされたとか、若君の虫封じの御守を出していたとかいわれるが、[2]特に家康との関係について『内戌書上』は次のように述べている。

天正年中東国未成平均時、東照宮様密に御巡検被為遊候処俄に御立寄社之御内陣へ御忍、御難被為避候節、神前之備置候鏡餅を焼献上、一夜被為明御内密にて怨敵退散之御祈願被仰付候。（中略）怨敵退散いたし翌日御無難ニ還御被為遊候。

これにより妻恋稲荷は家康より社地をたまわり、それ以来、神前の鏡餅を焼いて毎年正月五日に献上するならわしとなったという。一六二八年（寛永五年）には東帯姿の家康の木像をまつって東照宮が境内に建てられ、日光の祭礼日にあわせて毎年四月一七日にこれがまつられてきたことは『東都歳事記』にもみえる。

その後、家光の代にも拝礼があり、社伝の神薬を献上したところ将軍の病が全快し、「御勅丸」の薬名をたまわったこと、四代家綱の代にも虫封じの御守と吉例の鏡餅を献上したこと、五代綱吉の代にも祈願を仰せつけられたこと、家治の代には将軍夫人の癪封じ祈禱がなされたこと、などが『丙戌書上』には社伝として記載されている。また、一般の武家家中においても妻恋稲荷の信仰がおこなわれていたようで、旗本の辻久五郎家に伝えられた『勤士録』などをみると、毎年正月に屋敷内の稲荷・大神宮・疱瘡神・神明・両荒神・妻恋の六神に供物を供えたと記録されており、[3]家内に分霊をまつる形もみられたようである。

さて江戸時代にはたびたびにわたって境内地の整備もなされていったようであるが、そのための寄進を広く市中によびかける勧化《かんげ》帳なども今に残されており、日本大学総合図書館黒川文庫蔵の『寺社縁起集』には一八〇九年（文化六年）の『関東総社妻恋稲荷御社再建月掛勧化帳』が収められている。[4]それをみると「かく御由緒の正しき貴《とうとき》御社を等閑《なをざり》に」せず「何卒荒廃《すたれ》たるを再建し絶たる御神事をも起て御祈願所の御由緒も失さる様諸人を勧て再建あらハ神威倍《ますます》輝」けることであろうとして、一口四貫五百文の寄進をよびかけている。そして寄進に対する奉仕として①元日より大晦日までの長日御饌御酒神献寿言神事および講中安全のための一昼夜一千座御祓、②毎月一三日と午日の縁日における十八座神楽修行、③毎年初午の新年穀祭における二十五座神楽と二ノ午祭礼修行、④五月・九月一七日の東照宮様御祭礼神事および講中安全諸商諸職繁昌祈願、⑤諸運送海陸安全特に船中平安祈禱、⑥六月・一二月晦日の大祓特に講中厄難退散祈禱、⑦年中の神前・境内常夜灯神献および本社・境内の再建、などを実施すると述べている。ここにいう初午祭や五月・九月一七日の祭事については『東都歳事記』にも記されているし、『丙戌書上』にはそのほか正月・五月・九月の初午祭や六月・一二月の大祓祭などの実施状況についても記している。

老朽化した社殿の再建費用を得るために、富くじ興行などをおこなったこともあったようであるが、先に若干ふれたように、それにともなう不祥事なども起き、松浦静山は『甲子夜話続編』に「この祠官、富興行を願ひ、願の通仰付られし上は社は構はず置て皆身居宅の入用に当、家作の結構美麗を成せし」と述べている。この祠官は徳川家の紋所を乱用しつつ遊里などへも通っていたようで、天保の頃に召し捕らえられているが、当時の社家は八人おり、神主村本石見守は白川家の配下で天富命の後裔、初代は修験の斎部祭主といい、武家神主となって斎部を名のり(『丙戌書上』による)、明治維新後は還俗して社掌をひきついでいる。

五、虫封じの信仰

次に、この妻恋稲荷が、その信仰のにない手たちにとって、いかなる御利益のもとにとらえられていたかという問題についてもふれておかねばならないが、ごく一般的な稲荷神にまつわる五穀豊穣・商売繁盛の加護、さらには日本武尊と弟橘媛にちなむ縁結びの利益がまずもっていわれてきたところである。また『東都歳事記』には「狐惑《キツネツキ》を避る神符を出す」などとも記されている。しかし、それよりももっと重要なことは、虫封じの神としての広い信仰を集めていた事実で、妻恋稲荷といえば虫封じの祈願所であるとするのが市中での一般的認識であったようである。このことは、代々の将軍に虫封じの御守を献上した、あるいはその祈願をしたなどと伝えられてきたことにも関係するが、そのような神徳がなぜ生まれたかについての神社側の説明は、『丙戌書上』によれば次のように述べられている。

日本武尊之后橘媛命幼く渡らせ給ひし時、虫之御病に悩ませ給ひ長せ給ひてハ此病之積となり、かはりて折々之御悩ミ浅からす渡らせ給ふにより深クも患ひ思召、世の中に此二ツの病に係る人々之憂事ハ同しものそ迚《とて》天の神に祈をこめて世之人之此悩あるものも亦命之御悩もなきやうにとこそ祈らせ給ふ。或時命御庭ニ徘徊し給ふニ怪しくも天童の大柏の葉を以種々の物を包封し合せて天の神より送りまゐらせ給ふなり迚恭しく捧け奉り此神符を動かぬやう又剣先之折さるやうに安鎮し信し奉れは二ツ之病ハなきそ、又急なる時神符之遅しとする時ハこれこれの薬取合せて其病を静めよ、此二種にて世の人の悩をも扱ふへしと言訳て事の由とも委しく伝教へ給ひけり。命驚かせ給ひ深く崇み悦奉りけるに御病忽愈させ給ひける。御悦ひの余りに御神勅なれは迚御符認メ薬取合せて世の人の守にも与へさせ給ふに霊験いともあらたにして其悩忽愈ること響の声に応するか如くなりけり。其御告の当社ニ伝り遺りて人皇三十七代孝徳天皇の御宇迄ハ昔に習ひて大柏もて認しを大化三年関東国々の国司之政事御賞美之勅使ありし時当御社之御参詣之砌積《みぎり》の御悩ありて御神符を求め給へるにより捧け奉るに大柏の葉は古風なれとも大宮人の旅中の守にハ如何なり迚始而紙を下し給ひてこれにて封し替よと仰ありしより紙にて封することとハなりぬ。

すなわち神社の祭神である弟橘媛が幼少の時に虫の病で悩み、天の神より柏の葉で包んだ神符・神薬を授かったのがことの起こりだとのことである。先の『関東惣社妻恋稲荷御社再建月掛勧化帳』によれば、弟橘媛は稲荷神より神符を授かったといい、その秘法は一子相伝の形で神主家に伝えられてきたという。妻恋稲荷から出されていた虫封じの神符・神薬（神勅丸）がどのようなものであったのかは今となってはわからないが、昭和の初期頃までそういったものを受けていく人々はいたようで、当時の神主は「当稲荷大明神の御利益は第一に子供の虫封じ、その他のあらゆる万病に(5)」あるといっていたそうである。

六、近・現代の妻恋稲荷

日本武尊と弟橘媛あるいは信太小太郎などに関する伝説とともに、あるいは後に述べる関東総社としての稲荷の神格とともに広く江戸市中に知られていた妻恋稲荷であったが、明治維新後は衰微の傾向にある。まず一八七二年（明治五年）、神社は当地の村社となり、社名も妻恋神社とあらためられているが、氏子町内は湯島の妻恋町と神田の同朋町で、当時の氏

写真14　戦災焼失前の妻恋神社

子数は一七三戸六三二人となっていた。[6] これは藩制時も同様で『丙戌書上』にも「氏子町名、往古者武州惣鎮守と唱候処追々変革有之、当時妻恋町三組町、神田明神下同朋町」とある。今日でも氏子町会は文京区の妻恋町会（約九〇戸）・千代田区の同朋町会（約一六〇戸）の二町会となっているものの、両町会は区を異にし、しかも妻恋町会は湯島天神の、同朋町会は神田明神のそれぞれ氏子でもあって複雑である。なお、村社となった時点での旧本郷区内の他の神社の位置づけを参考までにみておくと、府社が神田明神社、郷社が湯島天神社と根津神社、村社が妻恋神社・桜木神社・神明神社（後の天祖神社）の三社となっており、無格社としては御霊社などがあった。[6]

一九〇八年（明治四一年）には金刀比羅大神が合祀されているが、[7] この頃の妻恋神社の境内のようすは次の通りであった。

妻恋神社は妻恋坂上右側八番地に鎮座す。門前道路に木造の鳥居あり。明治二十四年二月吉日と刻す。門を入り左に拝殿あり右に社務所ありて門より拝殿まで甃石《しゅうせき》を敷けり。拝殿は東面し素木《しらき》造にして瓦葺とす。奥殿は土蔵造なり。拝殿の右に嗽石盤あり嘉永二巳酉弥生九月吉祥

写真15　現在の妻恋神社

日と刻す。其側に石幹の井戸あり明治三十一年九月吉日と刻せり。右には両基の石灯籠あり慶応四歳と彫《きざ》めり。傍に二個の末社あり一は倉稲魂命を祀る。其前に嗽石盤あり文久三年癸亥八月と刻す。神木銀杏の大樹は井戸の傍に聳えたり。[8]

境内の状況はほぼ現況と同じであるが、そのまま維持されたわけではなく、二度の焼失・荒廃を経験している。一度は関東大震災、もう一度は第二次大戦下の空襲被害であり、特に後者は最大の受難をもたらした。一九四五年三月一〇日の大空襲は周辺一帯を火の海とし、妻恋神社の社殿は全焼してそこに住んでおられた吉田常吉社掌も焼死されるという悲劇にみまわれた。遺族の吉田共仁子さんは遠方に住んでおられるが、今でも神社の祭に欠かさず出席される。終戦後、焼け野原になっていた境内地は届け出をしなかったために国に没収されてしまい、神社そのものの消滅の危機に直面していたが、氏子町会の大変な尽力で買いもどしがおこなわれ、一九八〇年には社殿・参集殿がようやく再建され、戦後三五年を要して妻恋神社は復興されたのである。社掌は今日では湯島天神の宮司が兼務しておられる。これもまた氏子各位の努力で、近年では正月の宝船の授与が復活して話題をよん

だことは記憶に新しい。(9)

七、「関東総司」の地位

妻恋稲荷のおおまかななりたち、その盛衰史について今まで述べてきたが、もうひとつの大きな問題である「関東総社」あるいは「関東総司」の地位をこの神社が主張し続けたことについて次に少し検討してみることにしよう。この小さな神社が関東の稲荷の総元締めを名のることのできた根拠はいったいどこにあったのであろうか。『丙戌書上』には、たとえば次のような記述がみられるのである。

弘仁年中奥州夷種平治之節（中略）弘法大師之御すすめを以、賜関東相社正一位、夷種平治之為報賽諸国之神階神璽《しんじ》を頒候事をゆるされ神田を賜候由ニ御座候。古地相分不申候。

つまり、九世紀のはじめ頃、弘法大師のすすめによって朝廷から正一位関東総社の地位を与えられ、諸国に神階・神璽を分けることを許されたというのであるが、先の弟橘媛が幼少時に虫の病で悩まされたという話同様、もとより荒唐無稽な話であるにはちがいない。また、この資料中にはこれとは別に次のようなことも記されている。

正一位神階勧遷之口訣。嵯峨天皇の御宇弘仁ノ年賜関東惣社正一位、諸国へ神階神璽を須《わか》ち遷す事を許さる。治承年中右幕府御祈願処として古例之通関東二十八国之神階を遷す。守護職地頭在鎌倉の館共えも須遷例不少、足利将軍古河公方家白井上杉管領小田原北条之頃に至り御入国の砌《みぎり》にも古例御聞済ニ相成、在方並御府内武家方之神階神璽を遷す事今日に至迄相替も無之、古例相続仕候義ニ御座候。

妻恋稲荷に許された神階・神璽分与の既得権は時々の支配者にも追認・安堵されてきたというのであるが、それを証明する特許状や墨付の類はもちろん存在せず、結局のところ「正一位神階勧遷之口訣」とは伝説的な実体をなすにすぎないのである。ということになれば、その既得権を主張する稲荷神が他に存在したとしても不思議はなく、事実もうひとつの「関東稲荷総社」を名のっていた現北区の王子稲荷がつねに妻恋稲荷とはりあって、両者の間に長い間の確執が存在したことはよく知られている。『江戸砂子』におけるそこでの見解は次のようなものであった。

王子の稲荷ハ関八州の司なりといひつたへたり。元禄のころ長谷川町住吉屋と云者に狐つきて人事の吉凶、公事沙汰の勝劣、病人の善悪につきてふしきの事をいふ。此狐付或時かたるハ王子の稲荷ハ関東の司なり、妻恋の稲荷ハ江戸のふれかしら也といへり。

ここでは王子稲荷が関東総司、妻恋稲荷が江戸触頭とされ、おそらくはそれが市中での平均的な意見と認識であったと思われるが、これに対する妻恋側の反論（『丙戌書上』）は次のようなものであった。

王子稲荷社近在野かけ場処宜敷追々繁昌仕候より好事之住僧関東惣社と相唱、額面迄関東惣社と相認札守之類不残惣社之旨相認、年月相立江戸砂子等不調之本ニ而王子稲荷関東惣社と書載有之候程之儀ニ御座候間、愈其説増長仕、右ニ付松平右京亮殿寺社御奉行御勤役之節、当御社並王子稲荷共関東惣社之儀御調御座候処、王子稲荷之儀者王子権現之末社ニ相極り額面御取捨ニ相成、札守等も認方相改候様被仰付、当御社之儀者古例を以関東惣社相違無御座御調済ニ相成申候。

王子稲荷と妻恋稲荷のはたしてどちらが正統な関東総社であるかについて、寺社奉行の吟味したところでは妻恋側に軍配があがったことになり、この勝訴によって妻恋稲荷の正統性は確固としたものになった、と少なくともここでは主張されている。もちろん、そのような史実は存在しないことであろうが、重要なことは、「関東総社」を裏づける根拠の有無ということよりも、広域的な神社に対する信仰のありかたの実態において、総元締めの役割を果たすことがあったかどうかということを実際に検討してみることであろう。結論からいえば、妻恋稲荷はたしかに多くの分社を各地に生み出し、神階・神璽の分与をさかんにおこないつつ、本社としての地位を維持してきたのであって、実質的に「総社・総司」の役割を果たしてきたのであった。次に述べる各地の分社の状況はまさにそのことを裏づけている。

八、各地の主要な分社

妻恋稲荷の分社は、西は三重県四日市市を西限としつつ、東日本の各地にかなり多く分布するようであるが、その分布範囲はまだ正確にはつかめていない。東京の本社もまた、たび重なる震災や戦災によって御神体以外のほぼすべての建物・神宝・記録類を失ってきたうえに、神主家までもが絶家してしまったのであるから、分社との関係も断絶し、そもそもどこにどれだけの分社があるのかさえ不明の状態におかれていたのである。しかし、社殿の再建話が具体化しつつあった一九七六年頃より各地の分社を護持する人々が本社の世話人家をたずね、その際に勧遷状や関連資料などをたずさえてこられたので、いくつかの主要な分社の存在が明らかになり、本社との交流も復活して氏子総代らが分社の方へも参拝に出かけるようになった。まことによろこばしいことともいえる。そのような分社をここにいくつか紹介していってみよう。

まずは一番遠い所から紹介してみると、三重県四日市市大宮町の志氏《しで》神社の境内社として妻恋稲荷がまつられている。志氏神社は延喜式内社であり、壬申の乱を避けて天武天皇がこの地に至り、天照皇大神を遥拝したのが鎮座のはじまりとされている。妻恋稲荷を勧請したいきさつについては何もわかっていないが、境内摂社とはいえ、立派な社殿が設けられており、今となっては本社をしのぐほどである。志氏神社の縁起には境内社としての妻恋稲荷について次のように解説されている。

妻恋稲荷社。日本武尊と弟橘媛と稲倉魂神をおまつりした稲荷社で、毎月十七日例祭行い、四月十七日大祭を行う。子供の虫封、家内安全、生業繁昌、願望成就の神として崇敬者年々増加し、御神護を奉謝する者で稲荷講を結んで例祭に参詣している。[10]

ここにみるように祭神・祭日とも東京の本社と同様で、子供の虫封じに御利益があるとする点などにもかつての本社での信仰のありかたが継承されている。これを信心する講社まで作られているといい、遠いこの地に移植された妻恋稲荷の信仰がしっかりと根づいた状況をうかがうことができる。一九八〇年七月には東京の妻恋稲荷の氏子代表らが四日市をおとずれて分社に参拝をおこなっている。

次に東海地方であるが、山梨県富士吉田市下吉田の禅宗の名刹、水上山月江寺の境内にも妻恋稲荷が勧請されていて[11]、寺院の境内鎮護神として位置づけられた珍らしい事例となっているが、その祭日は四月一二日といい、祭神は狐であるなどとされている[12]。静岡県沼津市原にある鈴木稲荷神社もまた妻恋稲荷から神璽を分霊して一八〇四年（享和四年）に建立されたもので、地元世話人らが東京の本社に勧遷状や副翰《ふくかん》を持参したことでそのことが明らかになった。鈴木稲荷神社に残る妻恋稲荷の勧遷状は、今のところもっとも古い時代にさかのぼるものといえるが、その内容は次の通りである。

今般依懇願遷当御社之神霊、正一位鈴木稲荷大明神、奉勧遷其清地畢到神璽日奉永世安鎮則家門栄昌子孫長久可有守護者也

享和四甲子年正月豊日

関東稲荷総社妻恋御社神主
村本石見守㊞

駿州原駅大塚町鈴木仁右衛門殿

文面は伏見稲荷などの勧遷状に大変よく似たものとなっているが、分社名を「鈴木稲荷大明神」としていること、「家門栄昌子孫長久可有」などとあることからみて、もともと当地鈴木家の氏神あるいは屋敷神として勧請がなされたもののようである。この勧遷状には総社の神印が押され、冒頭には江戸在住の五名の願人名（井筒屋茂兵衛・大黒屋喜右衛門・鈴木幸七・同忠七・金指久兵衛）も記されている。

関東地方では茨城県結城郡千代川村鯨に妻恋稲荷が分霊され、「北浦稲荷社」としてまつられており、一九七九年二月には当地の村会議員や消防団長、役場関係者や崇敬者が二〇人ほど団体で本社へ参拝にきている。当地に伝えられた勧遷状は一八六一年（万延二年）のも

ので、その内容は次の通りである。

依懇願移当御社神影、正一位北浦稲荷大明神、奉勧遷畢到神璽之日宜祓除其祠而於奉鎮祭者永世五穀豊穣講中安全諸願成就可有守護者也

関東廿八ケ国稲荷総司妻恋御社
神官触頭神主斎部宿祢守義㊞㊞

万延二辛酉年正月生日足日

ここでの文面は先の沼津市のものとはやや異なるもので、たとえば妻恋稲荷の「神影」を勧遷したとされており、諸神の神影をえがいた掛軸のようなものが伝えられていたという。それがどのようなものかはよくわからないが、たとえば王子稲荷においても同様のものを出していて「深秘尊影と記せし御影維新前に出せり。秘仏御影とて容易のものならぬ由、薬師仏左右観音吒枳尼《だきに》天の画像にて三体とも木目ある彫にて古仏体の様なり」などと山中共古も記している。(13)また、発給者である妻恋稲荷が「関東廿八ケ国稲荷総司」を名のり、さらにこの時代の神主家がすでに斎部姓を名のっていることも興味深い。なお、勧遷状の差出先は「下総州鯨村講中山之入」ともなっており、現在の千代川村鯨地区にあたるが、当地には今でも小さな稲荷社があり、地元の信仰を集めている。

群馬県内では吾妻郡長野原町横壁にある勝沼稲荷社が妻恋稲荷の分社であり、祭日は毎年

四月二一日で、残された一八二八年（文政一一年）の勧遷状の文面は次の通りである。

依懇願移当御社神影、正一位於寿美稲荷大明神、奉勧遷畢到神璽之日宜祓除其祠而於奉鎮祭者永世五穀豊穣氏子安全諸願成就可有守護者也

関東廿八ケ国稲荷総司妻恋御社
神官触頭神主斎部宿祢守継㊞㊞

文政十一戊子年十一月生日足日⒁

次に埼玉県内についてであるが、坂戸市教育委員会の榎本直樹氏のご厚意で、妻恋稲荷から出されたいくつかの勧遷状が各地に残されていることを知ることができた。たとえば次に掲げるのは桶川市桶川宿にあるカサモリ稲荷に伝えられた一八五〇年（嘉永三年）のものである。

依懇願移当御社神影、正一位稲荷大明神、奉勧遷畢到神璽之日宜祓除其祠而於奉鎮祭者永世五穀豊穣家内安全子孫長久諸願成就可有守護者也

関東廿八ケ国稲荷総司妻恋御社
神官触頭神主斎部宿祢守義㊞㊞

嘉永三庚戌年正月生日足日⒂

このように文面は先の千代川村のものとほとんど同じで神主の名前まで共通している。なおこの勧遷状には分霊先の鎮座地を「中山道桶川宿布屋又兵衛地面」と記している。埼玉県内にはこのほかにも富士見市の貝塚稲荷社に一八一〇年（文化七年）の資料[16]、岩槻市の慈恩寺に一八二五年（文政八年）の資料[17]、北埼玉郡大利根町の伊奈利神社に一八三五年（天保六年）の資料[18]がそれぞれ残されている。

東京都内では府中市四谷の市川家の屋敷稲荷が妻恋稲荷の分社であり、一八六〇年（万延元年）の勧遷状があるという[19]。また東大和市のある家の屋敷稲荷にも一八五一年（嘉永四年）のそれが伝えられている[20]。さらに、国立市下谷保の北島家の屋敷稲荷も妻恋稲荷の分社であって、やはり勧遷状が同家に残されている[21]。なお近年、町田市立博物館の畠山豊氏が市内矢部町の鈴木家の屋敷稲荷を調査中に次のような勧遷状を見出され、この稲荷もまた妻恋稲荷の分霊をまつったものであることが明らかになった。

依懇願移当御社神影、正一位中村稲荷大明神、奉勧遷畢到神璽之日宜祓除其祠而於奉鎮祭者永世五穀豊穣家内安全子孫長久諸願成就可有守護者也

　　　関東廿八ケ国稲荷総司妻恋御社

　　　神官触頭神主斎部宿祢守義印印

文久三癸亥年八月生日足日

これは一八六三年（文久三年）のもので、妻恋稲荷の勧遷状としてはもっとも新しい時代に属する資料といえるが、その文面は今までみてきたものとほとんど同じである。願主名は「武州多摩郡木曾矢部村、願主鈴木正五郎」となっている。

九、まとめ

妻恋稲荷の分社は、このほかにもたとえば茨城県北相馬郡守谷町・埼玉県大里郡川本町・東京都台東区松が谷・同北区中里・神奈川県愛甲郡愛川町・長野県諏訪市などにもあるようで、くわしくは調べていないがかなりの数にのぼるようである。いずれにしても、近世にこの神社からさかんに神階・神璽の分与がおこなわれていて、「関東総社・総司」を名のるだけのネットワークを実際に形作っていたことを知ることができよう。伏見や豊川などに比べればその展開状況はせまくて小規模なものであるとはいえ、その実質的な内容形態や総社としての機能にちがいはなく、広域神の本末関係や分霊・勧請のありかたを考えていく際には、このような「ミニ総社」の存在までをもみていかなくてはならないであろう。湯島の一角に鎮座した小さな神祠が、さまざまな伝説のよりどころとなり、時々の時代状況にあわせて縁起の洗練化をおこないつつそれに対処し、自らの正統性を補強し、多くの分社をも生み出して「関東総社」としての地位を獲得するまでに至った発達史の痕跡は、再びかつての小祠にもどってなお湯島の裏通りにひっそりと鎮座する今の妻恋神社のありようからは見出しえないが、そこにはこの神社の生々流転の盛衰史がきざみこまれているのである。

注

(1) 長沢利明、一九八九「地名に残る鎮魂の賦」『歴史読本・臨時増刊』三四巻一二号、新人物往来社、二三四頁。
(2) 文京区役所（編）、一九六八a『文京区史』二巻、同区役所、七八二頁。
(3) 内藤　誠、一九〇三「正月の式勤士録所載」『風俗画報』二六二号、東陽堂、一八頁。
(4) 久野俊彦、一九八五「日本大学総合図書館黒川文庫蔵『寺社縁起集』解題・目録（上）」『東洋大学大学院紀要（文学研究科）』二一集、東洋大学、一八四頁。
(5) 小野　桂（編）、一九三五『湯島一丁目と附近の今昔誌』、湯島一丁目町会、五五頁。
(6) 文京区役所（編）、一九六八b『文京区史』三巻、同区役所、八七二〜八七四頁。
(7) 本郷区役所（編）、一九三七『本郷区史』、同区役所、一二二八頁。
(8) 宮尾しげを（監修）、一九六九『東京名所図会・本郷区の部』、睦書房、三三一〜三三三頁。
(9) 長沢利明、一九八九「神社の宝船——東京都台東区五條天神社・文京区妻恋神社・港区麻布十番稲荷神社——」『東京の民間信仰』、三弥井書店、九六〜九九頁。
(10) 志氏神社社務所（編）、発行年不詳『志氏神社略記』、同社務所、一頁。
(11) 下吉田連合青年会（編）、一九四七『郷土調査集成』、同会、六頁。
(12) 富士吉田市史編纂室（編）、一九八九『社会実態調査（富士吉田市史資料叢書5）』、富士吉田市教育委員会、二〇一頁。
(13) 山中共古、一九八五「影守雑記」『山中共古全集』二巻、青裳堂書店、二二三四頁。
(14) 長野原町誌編さん委員会（編）、一九七六『長野原町誌』下巻、長野原町。
(15) 長谷川宏、一九七九「稲荷社本末関係の一例——桶川市宿カサモリ稲荷——」『埼玉民俗』九号、埼玉民俗の会。
(16) 井田 実、一九八七「江戸期における市内の稲荷信仰をさぐる」『富士見市史研究』二号、富士見市、七一～七三頁。
(17) 岩槻市史編纂室（編）、一九八二『岩槻市史（近世史料編Ⅳ）』、岩槻市、七七二頁。
(18) 埼玉県神社庁神社調査団（編）、一九八六『埼玉の神社（入間・北埼玉・秩父）』、埼玉県神社庁、一〇四五頁。
(19) 府中市史談会（編）、一九八二「府中市内屋敷神調査報告」『府中市立郷土博物館紀要』八号、府中市教育委員会。
(20) 東大和市自主グループ郷土史みちの会（編）、一九八四『東大和の屋敷神』一集、東大和市教育委員会。
(21) くにたちの暮らしを記録する会（編）、一九八六『国立の生活誌Ⅳ——谷保の暮らしの諸相——』、国立市教育委員会、七六～七七頁。

いもあらいの神——千代田区太田姫稲荷神社

一、太田姫稲荷と小野篁

神田駿河台にまだ中央大学のあった頃、その正門の真向いが太田姫稲荷神社で、社頭にはつねに多くの学生たちが往来していた。大学が多摩に移転して、あたりは少々さびしくなったが、神社はあい変わらずそこにある。とはいえ、この神社もまた、ここに鎮座してからまだ六〇年しかたっておらず、それ以前は現在のＪＲ御茶ノ水駅付近の神田川土堤上にあり、そこが総武線の線路敷設用地となった一九三一年に立ちのかされて現在地（千代田区神田駿河台一の二）に移転したのである。江戸切絵図などを見ると、土堤上にある猫額大の社地が表示されているし、『新撰東京名所図会』には玉垣で囲まれた当時の境内のようすがくわしく描かれている。

この神社は、小社ながらも大変に由緒のある神社で、まずたいていの江戸地誌にはこれが載せられているし、その歴史も非常に古く、江戸の稲荷の草分けともされてきた(1)。『武江年表』には一六一五年（元和元年）に駿河台に当社建立とあるし、一六四八年（慶安元年）にも社殿再建立の記事があるから、確かに古い稲荷社ではある。しかし、社伝によれば神社の開創はさらにさかのぼった一四五八年（長禄二年）のこととされ、太田道灌《どうかん》が江戸城内にこれをまつったのが始まりといい、のち家康の江戸入りとともに駿河台土堤上に移されたというのであるが、道灌はまた山城国一口里《いもあらいのさと》からこの神を勧請したともいわれている。その一口のもとの本社は小野篁《たかむら》がまつったものだともいう。とはいえ『南向茶話』などには道灌の伝承に対する疑問が述べられていて、江戸における創建年にしても、先の『武江年表』に記された駿河台土堤上への鎮座年をそれにあてるのが現実的な解釈であろうが、清水晴風氏の『神田の伝説』などでもその見方がとられている(2)。

それはさておき、小野篁や太田道灌の登場するこの神社の社伝・縁起にはひとつの興味深い伝承が含まれていて、注目すべき内容を持っている。それは何かというと疫神の出現およびそれとの遭遇に関わる伝承なのであり、その疫神の姿を刻んだ神像がこの神社の御神体となっていて、太田姫稲荷神社は本来疫神をまつった神社ということになるのである。

こころみに、近藤義休の『新編江戸名所図誌』をみると当社の由緒・社伝を次のようなストーリーで述べている。すなわち、まず当社の神体尊像は小野篁公自刻の神像であり、篁公は承和年中、隠岐国への配流の途次、海中より出現した老翁神と遭遇する。翁は「われは洛陽東寺太田姫の神也。疱瘡を救はんと託して海中に入ぬ」と告げる。篁公はこの神の姿を刻して山城国一口里にまつる。長禄二年、太田道灌はこれを江戸城内に迎えたが、家康入国後は駿河台の昌平橋際に移された。さらに後、若林兼次という武士の老母がつねにこの社を信心して孫の疱瘡を快癒させ、広く世に知られるところとなった、というのが縁起のあらましである。

二、「いもあらい」の地名と社

小野篁が最初に疫神をまつったという山城国一口里の「いもあらい」とは、もちろん「疱瘡《いも》を洗い落とす」の意味をもあらわし、上記の縁起の末尾には「世に疱瘡をいもといふも一口里より起るの語なりと云々」と説明されていた。いもあらいの社とは疱瘡よけを祈願する疫神の社ということになる。『江戸砂子』の太田姫稲荷の項には「社説云、神体ハ小野篁の作にて山州淀一口《いもあらひ》村より太田道灌当城にうつす。始は本丸にありていもあらひ稲荷と云」とあるほか、神田川に架る昌平橋も「始ハ一口《いもあらひ》橋と云。（中略）いもあらひ稲荷あるゆへに一口はしと云と也」とあり、『江戸名所図会』にも同様な記述がある。

さらに、社前の坂道は鈴木淡路守の屋敷のあった関係で淡路坂と呼ばれていたが、これももとは一口《いもあらい》坂であり、『燕石十種』所収の『駿河台志』には「昌平橋を一口橋といひ、淡路坂を一口坂といふ。みな此社の故なるべし」とある。山城国一口里より迎えられた疫神社を一口《いもあらい》稲荷と呼び、そのかたわらにあった橋を一口《いもあらい》橋（のちの昌平橋）、坂を一口《いもあらい》坂（のちの淡路坂）と呼んでいたことは、あらためてこの神社の存在の大きさを物語るものである。

ところで東京都内にはほかにも一口坂と呼ばれる坂がいくつかあり、たとえば千代田区富士見の法政大学の脇を通る、新見附交差点と靖国通りとを結ぶゆるやかな坂道は今日一口《ひとくち》坂と呼ばれているが、それは明治以降の発音で、もとは一口《いもあらい》坂と呼んでいた。四谷牛込の外濠掘削工事の際、人夫の間で天然痘が流行したので山城国一口里から一口稲荷を勧請してまつったのが坂の名の起こりだとする説などもあって大変興味深い(3)が、今そのあたりに神社のようなものはまったく見あたらない。港区六本木の芋洗坂も、ここで芋を売ったのでこの名がついたと『江戸惣鹿子名所大全』や『新撰東京名所図会』に説明されているものの、これまたもとは一口《いもあらい》坂であったことだろう。坂の下には朝日稲荷もまつられていた。このほかにも『江戸惣鹿子名所大全』には台東区谷中の「いも坂」（感応寺裏手の坂）、『新撰東京名所図会』には文京区小石川の、坂ではないが「一口《いもあらい》」の地名（別の資料では「芋洗」）がとりあげられており、『御府内備考』にも台東区下谷旧三之輪町の「芋洗」の小地名、文京区小石川旧護国寺領東青柳町の「芋洗橋」などが記載されている。

丹羽基二氏によると、『平家物語』『源平盛衰記』『東鑑』などには一口《いもあらい》という武将の姓が出てくるそうであるが、この苗字を名のる一族は今でも京都におり、今はこれを一口《いちぐち》と読み、その遠祖の出身地は京都府久世郡久御山《くみやま》町であるという(4)。いうまでもなく同町は先の山城国一口里にあたり、そこは小野篁が最初に疫神の社をまつった地とされているのである。江戸と京都とをつなぐ「いもあらい」の神に関する伝承の糸をたどりつつ、双方の神社の関係者らが近年ひさかたぶりの対面を果たしたということは後述するとして、江戸・東京に「いもあらい」の地名がいくつか残されていること自体、ここでの太田姫稲荷神社のような、古い関西系の伝承を帯びた疫神社が方々にまつられていたことを物語るものと、とりあえず思われるのである。

さらに、太田姫稲荷神社というまったく同じ社名を名のる小社が都内にはもうひとつあって、駿河台の太田姫稲荷神社の古い分社と思われるのであるが、くわしいことはよくわかっていない。その小社とは千代田区麹町一丁目にある太田姫稲荷神社であって、麹町の新宿通り沿いに近い地下鉄有楽町線麹町駅前の、住友銀行の前の路傍にある小さな社殿がそれである。この神社は一九七二年に発足した麹町一丁目太田姫稲荷神社保存会の手で現在管理され、町内の鎮守ではないものの広くこのあたりの家々や商店によって信心されてきた。戦前は有名人の信仰も集め、当時の信徒組織であった太田姫稲荷祠維持会の寄進者芳名録などをみると、横綱双葉山・菊池寛・六代目菊五郎・水谷八重子らの名がみえて興味深い。この頃には祭のたびに駿河台の本社から石河宮司がきて神事をおこなっており、今では平河天神の神職がこれを兼務するようになったが、最近では駿河台の本社の祭に麹町の世話人らもよばれるようになってきており、本社と分社との関係が密接になりつつある。麹町の分社の例祭日は毎年初午日で今では四月初午日に変更されている。駿河台の本社のそれは五月一五日で一年おきに本大祭をやり、間の年は単に例祭と呼ばれている。本大祭（近年では一九九六年）の年には五月一五日が宵祭で神事、翌一六日に神輿の渡御をおこなうことになっていて、町会をあげての盛大な祭となっている。

麹町の太田姫稲荷がいつ頃からまつられてきたのかはまったくわからないが、当地は外濠内側の武家地であったからおそらく武家屋敷の屋敷稲荷が維新後も地元民の手で維持され、今に至ったのではないかといわれている。現在、神社の世話人をつとめておられる麴町の渡辺修氏や村上発氏らのお話によると社殿はかつて麴町二丁目にあり、関東大震災による焼失後の一九二七年に当地に移して再建されたとのことで、その後、今次大戦下にも社殿は一度焼失している。また古老から聞かされたという大変興味深い話として次のような伝承をうかがうこともできた。それは、かつて太田姫稲荷と称する神社は江戸市中の四ヵ所にまつられていて、江戸城の四方の鬼門よけとされていたということで、そのひとつが駿河台、もうひとつが麴町、さらにもうひとつが今の東京駅のあたりにあったというがすでにその場所はわからない。そして最後のひとつが富士見の一口坂にまつられていたらしいというのである。渡辺氏らが富士見地区の古老から聞いた話では、明治の頃にたしかに一口坂の上の方に小祠が存在したとのことであるが、それが太田姫稲荷であったか否かはわからないという。

これらの伝承が事実だとすれば、富士見の一口坂は駿河台の一口坂とまったく同じ意味を持つことになり、そこにはともに「いもあらいの神」がまつられていたことになる。また四つの太田姫稲荷はたしかに江戸城の四周を囲む形になるのであるが、伝承を裏づける証拠は残念ながら残されてはいないのである。

三、疱瘡よけの神

さて、太田姫稲荷神社の由緒・縁起には実にいろいろなものが出回っており、その内容にも多少の異同があって、たとえば太田道灌が山城国からこの社を移した理由として道灌の娘が疱瘡にかかり、その平癒を祈って分霊を勧請したところ快癒し、以後江戸城内にながらくこれをまつるようになったとするものなどもみられる。しかし、先の『新編江戸名所図誌』などにはそのような説明はみられない。そこで比較的古い形の縁起と思われる先の『駿河台志』所収の縁起全文を次に引用してみたいが、神田史蹟研究会版の名著『神田文化史』などにとりあげられている略縁起[5]も、ほぼこれを踏襲したことが明らかである。

抑当社太田姫稲荷大明神は人皇四十三代元明天皇の御宇和銅年中に神現鎮座也。往昔敏達天皇六代の皇孫参議右大弁小野篁承和年中の頃為讒者《ざんしゃ》隠岐国へ配流の時海中より白頭翁稲を荷ひて来て曰。汝聞寒凍飢渇の愁ひは貴賤の差別にあり助之可哀は疱瘡の病苦也為救之此島に現して意趣を示す我は是洛陽東寺の鎮守太田姫命なりとて海底に入ぬ。篁は神現を拝し則彫刻し奉るの霊像也。其後太田備中入道道灌持資此霊像を敬拝す。霊験正に尊して数度軍功を得給ふ。然るに道灌康正長禄の間に武州豊島郡江戸城郭を築き此時神霊白狐と現し告て曰く。山城国一口の里にすむ事年久し疱瘡火難を退て国家長久なり汝我を請ずるに依て武運を守り福徳自在に成就せんと夢中の託によって持資倍信仰有城内鬼門に安置すと云々。物変り星移て社壇破壊におよぶ。一とせ若林兼次二三子を持り。一同に疱瘡あり愁あらん事を悲しみ老母此稲荷に信心をはこび度々白狐の霊験を蒙る。因茲《ここにより》慶安元子年九月当社建立有今に至る迄信心厚き輩には加護ある事敢て疑ふべからず。誠に無双の霊像なり。豈是《あに》を敬ざらんや。

縁起の内容は先の近藤義休による記述とほぼ同じである。『駿河台志』には、このほかにも駿河台への移転時における太田姫稲荷神社の諸状況に関するくわしい記述があり、たとえばその移転は一五九〇年（天正一八年）八月のことで、最初の移転先は若林与右衛門兼次の拝領屋敷地内であったが兼次の子、八右衛門は屋敷内に霊社を置くことの不浄をあらためるべく、一六四八年（慶安元年）に駿河台土堤上に社を移したという。その頃、日々社前に参詣して法楽を続ける観卜という修行者があり、若林家ではこの僧を別当に任じて境内に住まわせた。観卜の子は襲名して二世となり、その庵は松竜山安重院岡林寺を名のるようになった。一方、若林八右衛門の子某は幼少より病弱で武家の務めを果たせず、栄源を名のって観卜の後継三世になったという。

ところで、おもしろいことに若林家の屋敷地の東隣に住んでいたのが大田南畝《なんぽ》であり、南畝は一八一二年（文化九年）にここに入居して、そのすまいを帷林楼と号し、当地で没した。[6] 南畝は安重院の僧侶とも会っており、『壬申掌記』にそのことが記されている。また、松浦静山も太田姫稲荷を訪れており、安重院の僧侶との面会記が『未刊甲子夜話』（第一・巻八）に収められている。

さて、太田姫稲荷神社は別当安重院の手で長らく祭祀されてきたのであったが、市中では「いもあらい」の神として広く親しまれていた。その信仰のあり方は当然のことながら疱瘡疫病よけの祈願を中心とする疫神信仰を特色としており、境内末社の疱瘡神社では毎月一八日に月並神楽がおこなわれ、社前には明和大火の後に神田須田町の三河屋善助という人物が、娘の疱瘡快癒の礼として奉納した手水鉢があったと、先の『駿河台志』には記されている。

四、縁起絵巻のこと

今日の太田姫稲荷神社は神田駿河台の西町会（一〜二丁目）および東町会（三〜四丁目）、さらに神田錦町一丁目の全部と小川町の一部の計四百戸を氏子とする鎮守神となっているが、旧社家（石河家）が絶家したので現在では神田須田町の柳森稲荷神社の柳原義雄宮司が社掌を兼務しておられる。社殿は明和の大火や一八六六年（慶応二年）・一九二三年（大正一二年）の火災などでたびたび全焼しており、[7]記録類はほとんど残されていないが、ただひとつ近世期のすばらしい縁起絵巻が今に伝えられていることは特筆に値する。『新撰東京名所図会』にある「只縁起一巻あり。奥付もなければ年代すらも知れ難けれども二百年以前のものならんとのこと」とはこれをさすものと思われる。この絵巻の内容については今までいかなる資料にもとりあげられず、区教委の方でもいまだに調査がなされていない。

筆者が調べてみたところでは、絵巻に述べられた当社の縁起は他のどの縁起類よりもくわしい内容となっているが、そのおおすじは今までみてきたものとほぼ同じである。ただし、太田道灌の姫君が疱瘡の病に苦しみ、その平癒祈願の使いを山城国一口里につかわして霊験

写真16　太田姫稲荷の縁起絵巻

を得、それを機会に一社を勧請・建立したとするくだりなどもそこにはあって、この点については今までの縁起類にほとんどみられなかった部分である。唯一この伝承を紹介していた『新撰東京名所図会』の編者らは、おそらくこの絵巻を参照したものと思われる。また、絵巻に描かれた絵もなかなかに見事なもので、ここには二場面を取り上げてみたが（写真16）、上図は隠岐へ向う小野篁の一行が嵐の海上で疫神と対面するシーン、下図は太田道灌と病床にふせる姫君のもとに一口里から御幣をたずさえた使者の帰着するシーンをそれぞれ描いている。

五、老翁神の出現

ここで筆者が特に強い関心をいだくの

は疫神の出現に関する具体的な描写のありかたについてなのであって、人々が疫神というものをどのような神としてとらえ、いかなるイメージのもとにそれを具象化していたかということをそこから知ることができるのである。先の縁起絵巻の図には、さかまく波濤の上に出現した老翁神の姿が明確に描かれているが、その全身は純白に浮かびあがり、何とも異様な姿のもとにとらえられている。老翁神は篁に対し、世に才識秀れた汝はほどなく赦されて都に帰れるであろう、しかし疱瘡をわずらう兆《きざし》がみえるのでわが身を写してまつるがよい、さすればその憂なかるべしと告げるわけであった。先にとりあげた古い縁起にあっては、この疫神は稲束を荷なう白髪の老翁神で自ら洛陽東寺の鎮守太田姫命と名のっていたが、東寺南大門の稲荷社にまつられている神は弘法大師が出会ったという稲を荷なった老翁神としてよく知られ、東寺七不思議のひとつに数えられている。

ここで思い起こされるのは、やはり近世江戸の疫神信仰を代表する釣船清次の信仰に関する疫神の出現伝承である(8)。そこでは江戸八丁堀の漁師であった釣船清次が一七九〇年（寛政二年）五月二四日、品川沖の嵐の海上でにわかに出現した疫神に遭遇するという話が語られており、太田姫稲荷における小野篁の伝承と大変よく似ていることが興味深いが(9)、そこでの疫神は身の丈六尺余の頭髪逆立った異形の神としてとらえられている。ついでながら述べておくと、東北地方では未曾有の大洪水をさして古くから「白髭水」と呼ぶ風があり、たとえば青森県岩木川下流地域を例にとると一〇八七年（寛治元年）、一六八〇年（延宝八年）の大災害をそのように称しているが(10)、白髭の老翁神がその直前に現われて災異の発生を人々に知らせたという伝承にもとづいている。[11] 東京の虎ノ門金刀比羅宮でも、一九二三年の関東大震災の時に本殿上空の雲上に大幣を持った白髭の老翁神が出現したといわれており、[12] よく似た伝承といえる。さらに、新宿区若葉の東福院という寺院にまつられていた出世弁財天（火防せ弁天ともいう）は、古来火事があると異人空中に現われて火を消し、あるいは風位を変えるとの奇瑞を示す、との伝承を持っている。[13] 関連する事例といってよいであろう。これらの伝承の場合は疫神というよりも水神・天神系のいわゆる自然神の出現伝承と解釈されるが、自然神や御霊というものはいろいろな点で疫神とよく似た伝承基盤・信仰形態のもとにとらえることができるわけで、何かしらの共通の考え方がそれぞれの伝承の基底に流れているのではなかろうか。

要するにこれらの神々は、嵐や洪水などの天変地異とともに出現し、人々はこれに遭遇して何らかの宣告を受ける。その神は白髪白髭の老翁や異形の姿をしており、必ず男神である。そしてここでの小野篁や釣船清次の場合は神との遭遇を介して疫病よけの秘法を伝授され、その神をまつった疫神社の創始者となっていくのである。

六、一口の里の豊吉稲荷

さて最後に、最近の興味深いエピソードをひとつ紹介して補足としよう。それは太田姫稲荷神社とその本家とされる京都一口の稲荷社との交流が近年実現したということで、関係者によるとその一口の本社とは今日の京都府久世郡久御山《くみやま》町一口《いもあらい》にある豊吉稲荷神社であるという。ことのきっかけは次のようなものである。一九八三年、太田姫稲荷神社の氏子家のある娘さんが京都の宇治市の出身者と結婚することになり、両親が宇治市に住む先方の家族にあいさつにおもむいたところ、隣町の久御山町に一口という所があり、そこに古い稲荷社のまつられていることを知ったという。このことは太田姫稲荷神社の柳原宮司に伝えられ、久御山町の稲荷社は小野篁が山城国一口里にまつったと縁起に述べられた太田姫稲荷の本社のことではあるまいかということになった。柳原宮司はこの年、さっそく久御山町に出向かれ、一口の豊吉稲荷神社に参拝して地元の氏子らとも会見された。翌一九八四年には久御山町教育委員会町史編さん委員会の一行七名が上京して、今度は太田姫稲荷神社への参拝を果たされ、こうして本社・分社の双方の関係者が太田道灌による勧請以来、実に五三〇年を経て再び友好関係を結ばれたそうである。

一口の豊吉稲荷神社は境内地一〇坪足らずのごく小さな社にすぎず、それが太田姫稲荷神社の本社であることを証明する資料類は何も残されてはいないが、その崇敬者にあたる旧家には次のような勧遷状が伝えられていて、みての通り、これは一八六五年（慶応元年）における京都伏見稲荷からの神璽の授与証文である。

正一位豊吉稲荷大明神安鎮之事

右雖為本宮奥秘依格別之懇願大祀式修封之　厳璽今授与之訖　礼祭永慎莫怠慢仍而証書如

件

日本稲荷総本宮愛染寺（印）舜雄（花押）

慶応元乙丑歳九月吉辰

山城国一口村中

小野篁そして太田道灌とともに語られてきた「いもあらい」の神の伝承が東京の駿河台と京都の一口とを結ぶ糸となり、それをたどりながら久しい年月の流れをこえ、遠くへだてられた地にあるふたつの社とそれを守る人々との交流が、思いがけない偶然の契機を介して生み出されたことは神のみちびきともいえようか。縁起伝承は現代の世にまで生きていたのである。

注

（1）文京区役所（編）、一九六八『文京区史』二巻、同区役所、七七八頁。
（2）清水晴風、一九一三『神田の伝説』、神田公論社、三六頁。
（3）村上　直、一九八二「富士見散策・一口坂」『法政』九巻四号、法政大学、三六頁。
（4）丹羽基二、一九八二「人名と地名のかかわり」『日本の地名――歴史・風土の遺産――』、講談社、二一三～二一四頁。
（5）中村　薫、一九三五『神田文化史』、神田史蹟研究会、一七七頁。
（6）朝倉治彦、一九七〇『東都歳事記（解説）』一巻、平凡社、一六七頁。
（7）坂田熊吉、一九六五『駿河台史』、坂田熊吉、五〇～五一頁。

(8) 長沢利明、一九九一「釣船清次の礼拝所」『杉並郷土史会会報』一一〇号、杉並郷土史会、一～三頁。
(9) 長沢利明、一九八九「釣船神社の系譜――東京都中央区新富町――」『東京の民間信仰』、三弥井書店、六一～六二頁。
(10) 長沢利明、一九八七「青森県岩木川・馬淵川災害史（上）」『法政大学大学院紀要』一九号、法政大学大学院、六九・七六頁。
(11) 丸山顕徳、一九八七「白髭水」『日本伝奇伝説大事典』、角川書店、四七二頁。
(12) 虎ノ門金刀比羅宮（編）、一九八二『虎ノ門金刀比羅宮縁起の栞』、同宮、七頁。
(13) 新宿区立図書館（編）、一九七一『四谷南寺町界隈』、同館、一七頁。

針供養と奪衣婆――新宿区正受院

一、針供養の寺

二月八日と一二月八日は、いわゆるコト八日《ようか》行事のおこなわれる日である。かつては農村部と同じように、江戸市中においても魔よけの目籠を戸口につるす習俗の広くおこなわれていたことが、江戸時代の随筆や歳事記から知られるのであるが、今日ではまったくそれを見ることができない。現代のコト八日行事として、なおさかんにおこなわれているものは針供養の行事である。折れた針をとっておき、コト八日の日にそれを豆腐やコンニャクにさして供養をするというこの行事は、主として婦人たちがおこなうものであるが、和裁・洋裁学校などでも盛大にこれがおこなわれるようになってきた。東北地方や関東ではおもに二月八日、関西や九州では一二月八日、九州でも鹿児島県だけはなぜか二月八日に針供養をおこなう形がみられるが、島根県の一部では二月、一二月のそれぞれの八日に「八日吹き」といって、お焼きの餅を針箱に供える習俗がみられるという(1)。

東京においては、したがって二月八日に針供養をおこなうのが一般的であった。また、この行事はどちらかというと家ごとの祭ではなく、近所どうしや組ごとに婦人たちが祠堂や集会所に寄り集まっておこなうものであり、もしそこに淡島堂でもあればそこが儀礼の場となったにちがいない。寺院の付属堂宇が針供養のいとなまれる場となり、この民間行事が寺院活動と結びついていくという例も時にはみられた。たとえば浅草の金龍山浅草寺（台東区浅草二の三の一）の境内には和歌山県の加太から分霊した淡島堂がまつられていて、婦人病平癒の神、手芸や裁縫などの上達の神として信仰されており、二月八日の針供養祭には二〇丁分の大豆腐が用いられ、五〇〇〇人もの参詣客でにぎわうという(2)。また、世田谷の八幡山森巌寺（世田谷区代沢二の二七）にも淡島明神社が古くからまつられていて、婦人病や女性の諸芸をつかさどる神として信仰されており、二月八日の針供養がやはり盛大におこなわれている。

針供養の寺として知られるもうひとつは、ここでとりあげる新宿の正受院（新宿区新宿二の一五）であるが、浅草寺や森巌寺におとらぬ盛大さで二月八日の針供養がおこなわれており、テレビのニュースなどでもしばしばこれがとりあげられている。この寺の針供養はまた、淡島信仰とはかかわりがなく、境内にまつられた奪衣婆《だつえば》の信仰から発達したものであるという点でもきわめて異色で、興味深いものを持っている。

二、正受院と奪衣婆

正受院は山号を願光窟明了山といい、あるいは明了山願光寺と号することもあったようである。太宗寺・成覚寺とともに内藤新宿にあった浄土宗の寺院のひとつで、『江戸惣鹿子名所大全』や『江戸砂子』などには「明了山正受寺、浄土宗、本町」と記されている。開創は一五九四年（文禄三年）、開山は正受乗蓮上人と伝えられるが、『御下屋敷諸説記聞』（諸説雑記の部）という資料によれば「古蹟の御改有りし時、少しも旧くより有し様に言なせしにあるべし。思ふに此の寺も寛永の末などに至りて一つの庵を取立しものなるべし」とあって、おそらくはこの説が正しいものと思われる。とはいえ、幕府編集の『御府内寺社備考』には寺伝のままに記載がなされていて、「明了山願光寺正受院、増上寺末、四谷内藤新宿、境内古跡拝領地九百弐拾八坪、当寺起立之義は文禄三甲年之由ニ御座候。開山信蓮社教誉正受乗蓮慶長八卯年三月八日寂」とある。

現在の正受院の伽藍配置でみた場合、本堂と庫裡は境内の西よりに立っているが、そのさらに北よりに――すなわち山門をくぐってすぐ右側の位置に――ひとつの祠堂があって、その中には大きな木造座像の仏が安置されている。これが本尊の阿弥陀如来よりもよく知られた正受院の奪衣婆像なのである。この奪衣婆は、咳をなおす願かけに霊験あらたかな仏としてさかんに信仰されてきたもので、門前市をなすほどの参詣客のにぎわいのあまり、寺社奉行による一時開帳禁止の沙汰が出されたこともあるくらいだった。

この奪衣婆像は、片ひざを立てた像高七五センチほどの比較的おだやかな表情をした木造漆塗座像で、一九五二年に新宿区の指定有形民俗文化財に指定されている（写真17）。その指定調書[3]や『四谷区史』[4]などをみると、この奪衣婆像がまつられた時代を嘉永年間（一八四八〜一八五三年）としており、それはおそらく『東京府豊多摩郡誌』の記述に引用された、『益池直博筆記』などの記事にしたがったものと思われるのであるが[5]、像の底裏の嵌込板の墨書に「奉為当山第七世念蓮社順誉選廓代再興者也、元禄十四辛巳年七月十日」とあるので嘉永年間より一世紀以上も前からこの寺に安置されていたことが明らかである[6]。なお、七世住持の念蓮社順誉上人還阿選廓和尚は一七一三年（正徳三年）に没しているが、それは奪衣婆を再興した一七〇一年（元禄一四年）の一二年後のことであった。

写真17　正受院の奪衣婆像

寺の言い伝えによると、この奪衣婆像は小野篁の作といい、田安徳川家の屋敷から掘り出された土中出現仏であるという。その縁によるものか否かは不明であるが、正受院と田安徳川家との関係には深いものがあり、大正時代まで同家子孫から使いが出て寺に付け届けをさせていたという。先の『益池直博筆記』には、奪衣婆の土中出現について次のように記されている。

右に付千駄ヶ谷町植木吉蔵と申者之内々御紀被仰付、穿鑿仕候処、昔四谷大木戸当時田安殿御用屋敷前は、間部幷久世下屋敷の由、右左右大名両家にて生子抔病死致候得ば下屋敷へ葬候由、然処田安殿御用屋敷に相成りし節替葬致候得共、数ケ年骨取掘残も有之候に付、屋敷奉行か高橋某、残りの骨をほりいだし候節、脇より何か木像ほりいだし洗見候、処数カ年土中に有之候と見え不中、朽もいたし不中、何か老婆之形の木像、高橋某宅へ差置候処、何となく気味悪敷、幸に大久保辺の者貰度旨申聞候に付、早速木像遣し候処、宅へ差置候得共何か気味悪敷、正受院へ納申候が右の脱衣婆也、小野篁作と申せども相分り不中、右之段町奉行申出候由、

これは、正受院の奪衣婆まいりがあまりに盛況なので公儀の取り調べを受けた際に、千駄ヶ谷の植木吉蔵という者が陳述したという内容を記したものであるが、田安家の屋敷地から出土した木像は、それ以前の間部家あるいは久世家の所有地時代に土中に埋められたものであったらしい。像を掘りだした高橋某からこれを譲り受けた大久保の住人が、何となく気味が悪いのでこれを正受院に納め、それは嘉永年間のことであったというのであるが、前述したようにこの像はすでに元禄の頃から正受院にあったはずである。一方、この話とは別に、正受院の奪衣婆にまつわる次のような話も伝えられている。

新宿北裏正受院に在る三途川の老婆の像は、右の高力家の先祖なる者の妻女の像であるとも云ふ。其説に曰く、昔高力氏の祖図らず山賊の住家に宿りし処、一婦人あって密かに此事を告げ、間道を教へて遁《のが》れ去らしめた。山賊の頭後に之を知って其婦人を殺さうとしたが、平生手下の者を親切に世話して居た為に、彼等山中で殺したと頭を欺いて遁して遣っ

た。其婦人めぐりめぐって後に高力と再会して夫婦となる。大恩ある婦人のこと故、其像を造って祀って置いたが、あまりに姿が怖しいので之を菩提寺なる正受院へ納めたのが、いつの時代よりか霊験ある奪衣婆としてはやり出したのである云々。[7〜8]

ここでいう高力氏とは四谷の有力家であった。文政年間（一八一八〜一八二九年）頃の話といい、「山賊から人助けをした女」の話として、かつて柳田国男氏もこれをとりあげている。

三、奪衣婆まいりの隆盛

このようにして正受院に安置された奪衣婆像は、以後民間信仰の対象として深く庶民生活の中に位置づけられていくことになるが、そのきっかけとなったのは、江戸市中に広く流行した藪入りの閻魔まいりであったろう。『東都歳事記』の正月一六日の項には、閻魔の斎日のおこなわれる江戸市中六六ヵ所の寺社名があげられているが、正受院もそこに数えられている。そこには「同所（四谷内藤新宿）裏通正受院、幷《ならびに》奪衣婆」と記されているが、「幷奪衣婆」とあるから当然閻魔像もあったことになる。そもそも本来、閻魔と奪衣婆とは一組のセットになっていなければならないはずで、現在の正受院に奪衣婆像のみがまつられているのはやや変則的な形ともいえるわけであり、正受院に近接する新宿太宗寺の閻魔堂には大きな閻魔像――「つけひも閻魔」の伝説でよく知られている――と奪衣婆像とが安置されていて、これもまた多くの藪入りの参詣者を集めていた。

もちろん、かつての正受院には閻魔像が存在した。『御府内寺社備考』には、正受院の境内堂宇として九品仏堂があったことを記しており、「九品仏堂、間口三間半、奥行弐間半。九品仏像安置、内中品上阿弥陀如来壱体長ケ六尺、木像定朝二十四世源佐々木内匠作。三途川姥、座像丈弐尺五寸、小野篁作。地蔵菩薩立像弐体。千手観音立像。聖徳太子立像。閻魔王座像」とある。図面によるとこの九品仏堂は山門を入って左手の位置にあり、現在の奪衣婆堂とは正反対の場所に立っていた。九品仏堂内の閻魔王につかえる奪衣婆は、ここでは三途《しょうづか》川姥と記されているが、閻魔王よりも先にその名が記されており、また堂内の中央に奪衣婆像があって、他の仏はそれをとり囲んで脇にあったというから、ここでの奪衣婆は閻魔をしのぐ地位を与えられていたのである。また、『東都歳事記』に記された「江戸山の手四十八所地蔵尊参」の第四番に「新宿北裏正受院の地蔵」とあるのは、九品仏堂内にあった地蔵尊をさすものと思われる。

九品仏堂は一九二三年の関東大震災にはまったく損傷を受けなかったが、一九四五年三月の空襲時には猛火に焼かれ、奪衣婆像のみは地下室に保管されていたので難をのがれたものの、[9]他はすべて焼失した。さらに同年五月の空襲では本堂庫裡も全焼し、この時には本尊阿弥陀如来像と奪衣婆像のみが運び出されたとのことである。このようなわけで、奪衣婆像は今のように、たった一体のみ残されて堂内に納まっているのである。

さて、正受院においては「閻魔様よりも格が上で偉かった」といわれる奪衣婆に対して成立した、特別な信仰が引きつがれてきた。毎月六の日（六日・一六日・二六日）の縁日は、奪衣婆まいりの日であり、多くの参詣者がおとずれた。六の日が縁日とされた理由は、六道を済度するとの意にちなんでいる。『東都歳事記』には各月六日の行事の項に「四谷新宿後正受院、脱衣婆参、百万遍修行、十六日幷廿六日も参詣あり」とあり、『武江遊観志略』にも「毎月六日、四谷新宿正受院脱衣婆《せうづかばば》参。十六日、廿六日とも」とある。『東都遊覧年中行事』には次のような記載がみられる。

> 今日（正月六日）、四ツ谷新宿、江戸より右の後、正受院脱衣婆《せうづかばば》初参り、毎月（六の日えん日）、正月六日百万遍あり。按《あんずる》に件の脱衣婆を安置する正受院より出す老婆王の御影をみれば、此婆王は小野篁が作とあり、小野の篁朝臣は博学秀才、嵯峨天皇弘仁十三年文章生となり、位階追々進みて従三位に叙せられ、文徳天皇の仁寿二年十二月廿三日薨《こう》ず。時に五十一、しかれば老婆王の木像は千年前の物なるべし。竊《ひそか》に謂《おもへらく》、俗説に小野の篁、地獄に通ひしといふに拠れば、脱衣婆の像を作りしといふは由緒あるに似たり。此婆王、文化の頃より流行《はやり》出して利益をうけし人多く、今猶参詣の香花たゆる日なし。

ここでは正受院における六の日の奪衣婆まいりがはやりだした時期を文化年間（一八〇四〜一八一七年）頃としているのであるが、次に掲げる『武江年表』の天保年間の項をみると、その時期を文政年間（一八一八〜一八二九年）頃としており、大きなずれはない。

> 文政の頃より四谷新宿の北正受院に安んずる所の奪衣婆へ、口中の病を祈りて参詣の者多かりしが、嘉永の今に至り弥《いよいよ》盛になり、諸願を祈り日参百度参の輩多し。

『東都歳事記』や『武江遊観志略』『東都遊覧年中行事』『武江年表』などはいずれも一九世紀にまとめられた資料で、一八世紀以前の歳事記類にはこれに関するいっさいの記述がみられないことから、文化・文政の頃より始まったとする見方は当を得ている。嘉永年間に奪衣婆がまつられたとする先の説は、後述するように、その時期に奪衣婆まいりが爆発的に流行したことをいっているのかもしれない。

四、「咳の姥神」の信仰

正受院の奪衣婆まいりは、もともとは閻魔まいりや六道済度の信仰を基盤としながら成立していったにちがいないが、いつしかそれが子供の病や咳ふうじの祈願に重点をおくものに変質していったのは興味深いことである。なぜならば、これはかつて柳田国男氏がとりあげた「咳の（あるいは「関の」）姥神」・「関のおば様」の信仰[10]の問題と深くかかわるからであり、各地の路傍にまつられていた石の姥神——それは咳などの子供の病をなおす神であった——が木像や仏教でいう奪衣婆・しょうづか婆などにも拡大解釈されていった一例と思われるからである。『東京名所図会』の編者らが「抑々奪衣婆は閻魔王と同じく仏教に於て勧懲の具に供したる仮説のものなるに、これに疾病の平癒、貨財の利益なるを祈るは笑ふべきことにて、迷信も亦甚しといふべし。東京にも此の如きの類尠《すくな》からず」[11]などとこれを批判しているけれども、民間信仰の論理のもとでこのような解釈がなされていくことはむしろ自然なことであり、奪衣婆が「咳の姥神」ととらえられたことにさして矛盾がないどころか、逆に老婆神を子供の守護神と位置づけていったことに、きわめて深層に近い民俗心意が発露していて、その意味では決してでたらめなあてはめではなかった。

いずれにせよ、正受院の奪衣婆をめぐるこのような信仰は江戸時代末期に爆発的な隆興をみせ、ついには公儀のとがめるところとなったようである。先の『益池直博筆記』にはそのあたりの事情を先の引用文とあわせて次のように記している。

嘉永元年頃より四谷内藤新宿太宗寺裏正受院に有之候し脱衣婆、前々よりは咳の願ばかり掛候処、近年は諸病金子などの願掛候処、願通りに利益有之、追々群集なし毎日奉納の御膳抔、正月寺へ申込頼候得ば、二月末に相成不申ては上兼候位に支ける。金子余分に出候得ば頼候日にも講中之者上備へ候よし風聞有之、線香芳礼わた売候事おびただし。（中略）正受院御吟味有之、寺社奉行へ届無之奉納致石灯籠、新宿飯盛名面抔切付有之候故取こわしに相成、寛永二夏より冬迄参詣止に相成冬に至り住持に非分儀無之、全く世話人悪敷由にて御免に相成、如元参詣申候、其後は参詣も相減じ候得共、又々嘉永三春より追々六の日は別而群集致申候。奉納の綿を高料に売候に付停止に相成申候。

これによると、咳ふうじの姥神がしだいに諸病平癒・金もうけの祈願対象となり、奉納物の綿の値を世話人らがつりあげたり、いろいろ不祥事もおきたので、一八四九年（嘉永二年）およびその翌年に参詣禁止の措置がとられたということである。

奉納物の綿というのは祈願成就の礼まいりに納める綿のことで、この綿を奪衣婆像の上にかけて着せてやるのである。この頃、奪衣婆の堂内にはあふれるほどの真綿の山が詰めこまれており、それればかりでなく、豪華な御膳料理なども、ひきもきらず供え続けられたので、寺ではそれを一日につき三〇膳までに制限していたともいう。また、それらの奉納物を換金し、大きな利益をあげていたかどで、一八四九年（嘉永二年）四月一三日、住持一同は寺社奉行脇坂淡路守に召し捕られ、以後奪衣婆への参詣が禁止されたとも伝えられているのであるが、摘発のきっかけとなったのは、この奪衣婆の御利益をとりあげた宣伝芝居「御利生拳」が市村座で上演されたためであったという[12]。

さて、正受院の奪衣婆像には今でも何枚もの厚い真綿が布団のようにかけられており（写真17）、ためにこの奪衣婆は「綿のおばあさん」と呼ばれている。奪衣婆に綿を着せるというのは半裸姿の姥神を思いやってのことであろうが、同様のケースは他にもみられる。たとえば中野区大和町にある泉光山蓮華寺（日蓮宗）にある石の姥神はたくさんの真綿を抱いており、咳ふうじの願かけをする際にその綿をもらって子供の首に巻き、炒豆と番茶を供えたという。咳がなおれば新しい綿を姥神に奉納するわけである。[13] 正受院には次のような伝説も伝えられている。

昔、新宿あたりをねぐらにしている乞食がいた。ある冬の夜、野宿しようにも寒いので布団のかわりになるものを探した。正受院の前を通りかかると九品仏堂内の奪衣婆がぶ厚い綿をかぶってあたたかそうだった。乞食はそっと忍びこんでその綿を盗み、よそへ持っていってそれをかぶって寝た。すると夢枕に恐い形相の奪衣婆が立ち、「どうだ。盗んだ綿布団はあたたかろう」といった。乞食はおどろいて罪を悔い、翌日、その綿を返しにいったという。

戦災にあうまでの正受院では、江戸以来のやり方で奪衣婆への咳ふうじの願かけがおこなわれていた。経験者の談によると、そのやり方は次のようなものであった。

まず、この奪衣婆は咳ふうじはもちろんのこと、子供のカンの虫をなおす虫ふうじの神、あらゆる子供の病を治す子育ての神であり、「綿のおばあさん」・「子育て老婆尊」とよばれていた。かつての九品仏堂は甲州街道に面して北向きに立っており、堂の背後に堂守のすまいがあって参詣者の世話をしていたという。北向きの神仏の持つ強い神通力は各地の事例にみとめられるところである。[14] 参詣者は奪衣婆を拝み、その時に寺からシャモジを一本受けてくる。これは飯を盛るのに用いる普通の木のシャモジであるが、このシャモジに願文を書い

図15　まじないのシャモジ（左が表、右が裏）

て願をかけるのである（図15）。願文は、表側中央に咳ふうじであれば「咳御免」、虫ふうじであれば「虫御免」と大書きし、その左に子供の生年月日、右に名前を書く。四方にはよく祈禱札などに用いられる四本のヒゲ状の呪印を書き、シャモジのつけ根部分には「口」の字を書く。口内の咳や虫をふうじるの意である。裏側には梵字「カ」の音を書くが、これは子育ての地蔵菩薩の種字をあてたものであろう。

願かけのシャモジは、「口」の字の所に釘を打って家の戸口に打ちつけておくが、病が治ればこれをはずし、礼の綿とともに奪衣婆に納めて礼まいりをする。若月紫蘭の『東京年中行事』にも、このシャモジの願かけが紹介されているが、[15]それによるとシャモジの中央に書く字は「目木大明神」であったという。シャモジを用いたまじないは各地の民間信仰事例の中にもよく見られ、群馬県桐生市相生町や同県吾妻郡東村箱島などでは、シャモジに子供の名や生年月日・年齢を書き入れて米櫃の中に入れておき、百日咳の予防の祈願をしたという。[16]

五、今日の信仰と子育講

戦前の奪衣婆まいりはまことに盛況であり、九品仏堂内には参詣者の納めたシャモジと綿とがうずたかく積みあげられていたそうであるが、特に明治時代末期における百日咳の大流行の時には門前市をなしたといい、幕末の黄金時代が再現されたもののようである。「正受院の線香の煙が四谷見付まで流れていってぷんぷんとにおった」などという話も聞かれたのである。もともと正受院という寺院は檀家数がそれほど多くはなく、どちらかといえば「参詣寺」の性格を持っていたわけで、寺院の経営にあたり、奪衣婆まいりの果たした貢献度はきわめて大きなものがあった。住職のお話によると、戦前の寺の収入の半分は奪衣婆まいりにかかわる寄進に頼っていたそうである。

しかし、その奪衣婆信仰も、医学の発達した今日では往時の盛況さを失いつつあり、後述する針供養の信仰がそれにかわっていくようであるが、それでも昔を知っている人々が今でも時おりシャモジを受けにくることもあるそうで、寺では常に準備しておくという。このような人々はみな都内に住むお年寄りたちであり、孫の咳がとまらないので昔を思い出し、祈願にくるというケースが多い。また、病気の子供の頭に観世縒《かんじよ》りを巻き、それを奪衣婆の仏前にある木魚の割れ目の中に納めていく人もまれにはいる。子供についた悪い虫を小縒につけて送るという意であるが、かつて仏像の開眼時に勧進に参加した人々が、自らの名を書い

図16　奪衣婆の護符

た紙を小縫にして胎内に納めたという古い風習にもとづくものであろう。これなどはシャモジの祈願と同じように戦前の願かけの形を残すものであるが、その頃には小さな奪衣婆の護符を寺で出しており、子供にのませたという。なお、現在出している護符は奪衣婆の姿をえがいた木版札（図16）である。

　ところで、戦後における正受院の奪衣婆信仰の再興にあたり、大きな役割を果たしてきたのは子育講の人々である。子育講は、地元新宿在住の信者を中心に組織された団体で、子育ての奪衣婆を信心しつつ、戦災で焼失した正受院の復興に尽力した人々で構成されている。今でも約八〇名の講員がいて、毎月六日には寺に集まり、奪衣婆を拝む法会をおこなっている。終戦直後の世話人らは新宿二丁目在住者を中心とした佐藤精三・長崎武文・山本一郎・成田一雄・大友保・岩本健一・川村儀満・佐藤あさを・花上勝造・小林しづの各氏らであったが、一九六二年時の名簿をみると、溝呂木鶴吉（講元）・山本朝吉（副講元）・小倉亮（同）の各氏以下、世話人として尾沢憲次・平木福三郎・大久保クマ・山本なを・吉原君江・若林タケ・伊藤麻尾・川村しげ・小林静の各氏の名がみえる。今ではこれらの人々の多くは物故者となってしまった。

六、和裁業者と針供養

さて最後に針供養行事についてふれておくことにしよう。咳ふうじの祈願対象として江戸以来継続されてきた奪衣婆信仰がしだいに往時の活気を失なっていき、追いうちをかけるように戦災焼失の災禍にあって、もはやこの信仰も完全に消えさってしまうのではないかと思われた頃、針供養祭の催しが正受院においてはじめられることとなり、それを契機とした奪衣婆信仰の再興が企図されたのである。

具体的にみれば、東京都内の和裁関係業者らが組織していた東京和服裁縫組合が中心となって、正受院の境内に針塚を建立したことがそのきっかけとなっている。同組合では、以前から業界の発展を祈願するシンボルとしての針塚を都内に建てたいという意向を持っていたが、正受院がそれをひきうける形で一九五七年二月八日、広く関係業者の寄進をあおいで針塚が建立されたのである。針塚の碑文に刻まれた「針塚建立由来」には次のように記されている。

東京和服裁縫組合は明治十八年に結成せられ其の後全国連合会として非常な発展をとげて参りましたが戦乱に依り組合員も減少し放棄の止むなき状態になりました。然し乍ら終戦後伝統を誇る優美な和服は再び愛用される様になり業界に於ても東京和服裁縫組合が母体

となって通産大臣認可に依る社団法人日本和裁技術士会の創立を見るに至ったのでありま
す。茲《ここ》に於て東京和服裁縫組合は過去の種々の偉業を記念すると共に針に感謝し先人の芳
名を刻して其の徳を永遠にたたえんが為に由緒ある子育老婆尊像安置の名利正受院境内に
針塚を建立した次第であります。

昭和三十二年二月八日

東京和服裁縫組合

つまり、東京の和裁業者が作っていた東京和服裁縫組合が全国組織である社団法人日本和裁技術士会へと発展改組されたのを機会に、斯業の繁栄と裁縫針への感謝の意を表して針塚がまつられたということになる。この時の東京和服裁縫組合の理事長は御園生覚吉氏、組合長は岩本喜三郎氏であり、新結成の日本和裁技術士会の会長は浜市太郎氏、東京支部長は森岡東吉氏であった。これら役員はすべて東京在住の老舗の和服仕立屋の主人たちである。参考までに、一九五七年の針塚建立時におけるおもな寄進奉納者の一覧表を掲げておくと表2のようになる。これをみると、当時の和裁関連業者の組織実態、老舗の分布状況がよくわかるが、東京の中心地域に多く分布する仕立屋のほかに、針問屋・へら屋なども加わっていることが興味深い。関係団体としては、先の和裁組合・技術士会の両団体が各支部を含めて総参加しているほか、この両団体を母体に組織されている針塚保存会、新宿糸綿寝具商工進和会、東京刺しゅう協同組合の名もみえる。綿と寝具の商工会が加わっているのは奪衣婆の奉

納綿にちなみ、刺しゅう業者組合は、やはり刺しゅう針の縁によるものであろう。また、洋裁業関係者は奉讃団体にほとんど加わっていないが、その後、東京ブラウス・髙島屋デパート・検針器メーカーなどが針供養祭の時にたくさんの提灯を奉納するようになってきた。さらに、関係団体名にある新宿太宗寺通交共会・三睦会などはこの地区の商工会・町内会である。奪衣婆の信心講である子育講も当然のことながらここに名をつらねている。

　ところで、いったいなぜに奪衣婆堂の隣に針塚が建てられたのか、咳ふうじの奪衣婆信仰がどうして針供養と結びついていくのか、といった疑問が当然わいてくるのであるが、その理由は何とも判然としない。正受院の二一世住職であった原口徳正師（現渋谷区清岸寺住職）や関係者の談によると、針塚建立以前から奪衣婆に針を納める習慣があったといい、奪衣婆堂の前に置かれている石造の百度箱に古くから古針・折針を納める婦人たちがいたという。また、戦災焼失直後におけるバラック建ての仮御堂でささやかに針供養をおこなっていた時代もあったそうで、戦前の一八八五年頃からこれをおこなうようになったともいわれており[17]、要するに針塚ができたから針供養がはじまったのではないとのことであった。三途川で亡者の衣服をはぐのが奪衣婆の

写真18　針塚

表2　針塚を奉納した和裁業者および団体

区　分	所在地・住所	業者名（屋号）
和裁業関係者	東京都千代田区神田	福原杢之助
	〃　〃　〃	星野茂
	〃　中央区築地	中村高次郎
	〃　〃　銀座	平塚泰三
	〃　〃　日本橋人形町	中田稔
	〃　〃　日本橋	御園生実
	〃　港区	松本忠次
	〃　〃	木村勝（針問屋住吉屋）
	〃　新宿区新宿	加藤与市
	〃　〃　〃	平原善三
	〃　〃　〃	浅野永作
	〃　〃　〃	長岡勇治
	〃　〃　〃	今関祐道
	〃　〃　〃	武藤孝次郎
	〃　〃　四谷	湯上末蔵
	〃　〃　荒木町	田中恵三郎
	〃　〃　戸塚	加曾利久
	〃　文京区小石川（旧竹早町）	尾崎義孝
	〃　〃　〃　（旧初音町）	渡部義
	〃　〃　根津	鈴木真寿太郎
	〃　〃　〃	佐藤善治（白木屋）
	〃　台東区上野	草川良之助（泉村屋）
	〃　〃　〃	松山市太郎（藤屋）
	〃　〃　柳橋	戸塚忠蔵
	〃　〃　浅草	（白鳥）
	〃　墨田区向島	鈴木通
	〃　〃　〃　（旧寺島町）	興津佳平
	〃　大田区	森岡東吉（尾張屋）
	〃　〃　蒲田	稲毛康利
	〃　世田谷区大原	桜井忠
	〃　〃　〃	豊田勘七
	〃　〃　三軒茶屋	時田猛男・時田時治
	〃　中野区	平井健治
	〃　〃	吉野新（三崎屋）
	〃　〃	高木日出男（玉屋）
	〃　〃	野沢皓平（針糸屋野沢）
	〃　〃	（みさを針本舗）
	〃　〃	（鷹野へらや）
関係団体	社団法人日本和裁技術士会（東京支部・千代田地区・日本橋地区・京橋地区・文京地区・市ヶ谷地区・下谷地区・浅草地区・新宿地区・港地区・墨田地区・世田谷地区・千葉県支部・神奈川県支部・山梨県支部・愛知県支部・京都支部・大阪支部・兵庫県支部） 東京和服裁縫組合（千代田支部・新宿支部・浅草支部・下谷支部・港支部） 新宿正受院針塚保存会・新宿糸綿寝具商工進和会・東京刺しゅう協同組合・新宿太宗寺通交共会・三睦会・子育講	

仕事であり、したがって衣服・着物・縫針という連想が生じたものであったのか、あるいはおもに婦人たちに信仰された奪衣婆であったために、御堂につどう女衆がそこで針供養をいとなむ風が生まれたものであったのか、推測の域を出ないが、いずれにしてもこの行事を受け入れて定着させていくに自然な何らかの素地があったのであろう。淡島信仰とまったく関わりのない、「奪衣婆の針供養」がそのようにして成立していったわけである。

七、今日の針供養祭

針塚の建てられた一九五七年以来、正受院では毎年二月八日に盛大な針供養祭がおこなわれている。山門には和裁業関係者や地元商工会関係者の奉納したたくさんの提灯が飾られ、境内にはあふれるほどの参拝者が集まって、針塚の前に置かれた大豆腐に針をさし、奪衣婆に参拝していく（写真19）。参拝者は圧倒的に女性が多く、老いも若きも古針の紙包みを手に持って豆腐にさす順番待ちの列に加わるのである。大豆腐はみるみるうちに剣山のごとくになり、通常の縫針にまじって豆腐の上に花をそえる待針のつまみのカラフルな色どりが映える。大豆腐のかたわらにブリキの一斗缶がいくつも置かれ、針の回収箱にされているが、ここにもおびただしい針の山が築かれる。針供養の日以外の通常時に折針を納めたい人々のために、針塚の台座には「御針受」といって小さな穴がうがたれており、ここに針を入れられるようにもなっている。なお、納められた針や大豆腐はその後どのようにとりあつかわれ

写真19　大豆腐に古針を刺す参拝者

るのかというと、豆腐については供養ののちに境内の土中に埋められ、古針はクズ鉄業者にひきとってもらっているという。

この針供養祭は、今では関係三団体の共催の形で催されている。三団体とは、第一に針塚保存会（つまりは東京和服裁縫組合および社団法人日本和裁技術士会）、第二に新宿二丁目町会、第三に子育講である。中でも大きな役割を果すのは針塚保存会の人々で、和裁関連業者のかかえる針子や寄宿生、和裁学校の生徒らもこの日は和装姿で多数奉仕に出る。奪衣婆堂につめて参拝者の世話をし、後述する針供養行列で奪衣婆像を運び、また参拝者に針供養札（図17）を授与するのはみなこれらの若い女性たちである。針供養札というのは、この日に限って授与される着物型の変わった札で、針塚保存会の人々が一年間かけて一〇〇〇枚ほど作るものである。和裁業にちなんで和服を形どった包みの中には、奪衣婆の御姿と奉納綿が少量、そして針が一本納められている。

地元の子育講員や、各地の御詠歌講などもこの日にはやってきて、奪衣婆の前で御詠歌を

唱じる。それは次のようなものである。(18)

（針供養御詠歌）

一、ありがたや　きょうは老婆尊の　針供養　そろうて詣らむ　古針あつめて

二、針はこぶ　手にも誠を忘れずば　おのずと通う　み仏のみち

（針供養の歌）

一、年に一度の針供養　ふりそでに薄衣《うすぎぬ》つけたあでやかさ　コチャ　裃行列稚児ぞろい　コチャエコチャエ

二、新宿針塚針供養　あな尊《とう》と子育て綿の老婆尊　コチャ　皆で古針納めましょ　コチャエコチャエ

三、おみくじ引きましょ縁結び　願かけて添われるその日を楽しみに　コチャ衣裁《きぬた》つ技《わざ》をみがきましょ　コチャエコチャエ

針供養祭のおこなわれる二月八日の前日には本堂で法要がなされ、和裁関連業界の物故者の氏名を住職が読みあげて供養をする。針塚保存会の世話人らもこれに出席するが、特にこの業界の指導者であった小見外次郎の偉業をたたえて報恩感謝する法要もなされる。

小見外次郎は一八七一年に富山県に生まれ、一八八三年に郷里の麻生和裁所に入門、上京して高木彦次郎に師事して越後屋呉服店井筒屋の仕立職人となった。のち一九〇九年三越本

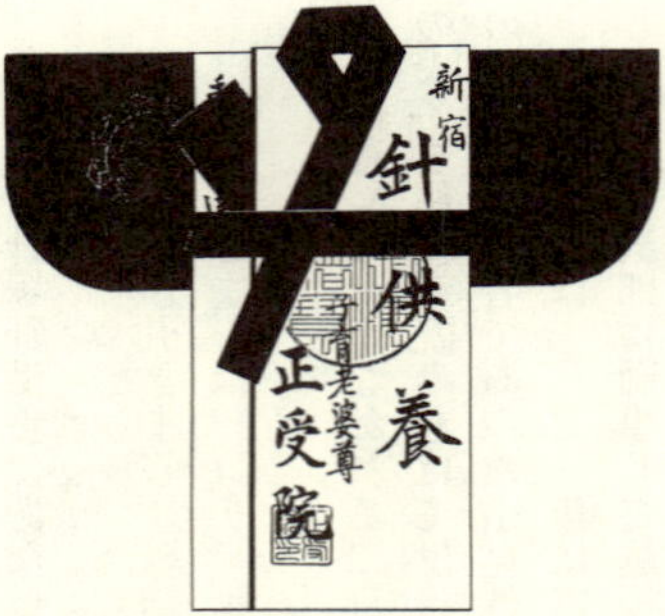

図17　針供養の札

店裁縫部主任、一九一五年大阪大丸百貨店専属裁縫部主任となり、多くの和裁士を育て、伊藤博文の着物を自ら仕立てたという。その卓抜した技術は一九六〇年に文化財保護委員会の注目するところとなり、無形文化財保持者に認定され、作品は東京国立博物館に保存されている。小見外次郎は、このように和服業界の振興に際して多大な功績を残した人物であったが、一九六三年に九三歳で他界した。業界では一九六九年二月八日にその胸像を正受院の針塚のかたわらに建立し、関係者は針供養祭の日にそこで法要をいとなむのである。なお、参考までに胸像の奉納時における寄進団体は次のようなものであった。まず社団法人日本和裁技術士会に属する各支部であるが、東京（千代田・文京・京橋・日本橋・浅草・下谷・新宿・港・江東・大田・世田谷の一一地区を含む）をはじめとする札幌・小樽・旭川・岩手・足利・長野県・長野県南信・山梨県・静岡県・愛知県・大阪府・兵庫県・福井県・香川県・徳島県・佐賀県の一七支部が名をつらねている。また埼玉県和裁教師会・松徳和洋裁専門学院・山口県和裁士組合・伊勢丹丹和会・三越裁縫部明成会なども加わっていて、先にかかげた一九五七年の針塚建立時に比べ、いっそうの関係団体の拡大・連携の結果がみられる。

　今ではこれら関係団体が共同して作った「合格針」というものを針供養祭の日に境内で頒

布することもおこなわれている。これは和裁士の昇格（一級・二級）試験を受ける針子や生徒が合格を祈願して買っていくものという。

さて、今日の正受院の針供養祭における最大のイベントは和服姿に着かざった若い女性たちによる針供養行列パレードである[19]。これは一九五七年以来おこなわれているもので、小さな奪衣婆像の厨子をかついで新宿二丁目周辺を巡行する行列なのである。この奪衣婆像は新潟県高田にある同宗の来迎寺から正受院に移された小像で、やはり綿布団を頭からすっぽりかぶった姿である。ちなみに一九八八年二月八日の行列順序は次のようなものであった。まず先頭に①先払・②金棒持ち・③高張提灯持ちが各二人ずつ立つが、いずれも地元の鳶職がつとめる。次に④鐃鉢《にょはち》（僧侶）・⑤仏旗（鳶職）・⑥のぼり持ちがきて、⑦稚児行列・⑧御詠歌講が続く。御詠歌講は京王観音講ともいい、京王線沿線の札所めぐりをしているグループである。次に⑨各組代表・来賓・組合役員がくるが、これは先の関係三団体の役員代表である。次が⑩女厄除百味講で、一九歳の厄年女子が一〇名ほど奪衣婆への供物（香・野菜・菓子など）を持って並ぶ。⑪楽衆（笙・法笛など）・⑫式衆（僧侶）・⑬香炉持ち・⑭導師（住職）がこれに続き、⑮奪衣婆御厨子となる。奪衣婆の厨子をかつぐのは女子一〇名ほどである。そのあとには⑯着物行列・⑰組合員・⑱和裁生徒・⑲一般参詣者が続く。行列のほとんどは和服姿の女性たちで、あでやかな振袖姿でゾロゾロと歩いていくので沿道の人だかりもなかなかのものである。行列コースは当日の午後一時頃に正受院を出発して靖国通りを西に向い、三光町交差点を南に折れて新宿通りに出、新宿御苑沿いを東にいって再び寺にもどるというものである。要するに地元の新宿二丁目の隅から隅をぐるりと回るコースとなっている。

八、まとめ

今日、針供養の寺として知られる正受院は、かつて咳ふうじの奪衣婆のある寺として知られていた。そして、針供養とはいっても、その信仰は淡島信仰にもとづくものではなくて江戸以来の奪衣婆信仰が特異な発展をとげたものなのであった。考えてみれば、信仰のありかたこそちがうものの、奪衣婆そのものに対する民間信仰は一貫して現代にひきつがれてきているわけであり、文化年間以来二〇〇年近い庶民信仰の根幹はゆらぐことがなかった。しかし、その二〇〇年間の信仰の歴史のうちには、咳ふうじの願かけの大流行、公儀による開帳禁止、戦災焼失と信仰の衰退、そして針供養仏としての再興といったperiodめまぐるしい変転がみられた。今日おこなわれている盛大なイベントもまた、信仰の現代社会への生き残りとそれへの積極的な適応のひとつの形をあらわすものかもしれない。この信仰史のプロセスの中で、奪衣婆と針供養という、およそ連関を有しえないふたつのキーワードが結びつくという現象も生み出された。それは、民間信仰の持つ豊かな創造性をいいあらわすものでもあっただろう。

注

(1)牧田　茂、一九七二『神と祭りと日本人』、講談社、一六頁。
(2)やまひこ社（編）、一九八七『東京御利益案内』、リブロポート、六三〜六五頁。
(3)新宿区教育委員会社会教育課（編）、一九七九『新宿区文化財』、同委員会同課、三九頁。
(4)四谷区役所（編）、一九三四『四谷区史』、同区役所、六〇六頁。
(5)豊多摩郡役所（編）、一九一六『東京府豊多摩郡誌』、同役所、一九三〜一九四頁。
(6)新宿区教育委員会（編）、一九七八『新宿区文化財総合調査報告書』四巻、同委員会、一五七頁。
(7)新宿区教育委員会（編）、一九七七『新宿区文化財総合調査報告書』三巻、同委員会、二〇一頁。
(8)山中　笑、一九一五「四谷旧事談」『郷土研究』三巻七号、郷土研究社、三四頁。
(9)平州伸一、一九七九『史跡撮りある記・新宿』、創和出版部、二八頁。
(10)柳田国男、一九六四「日本の伝説」『定本柳田国男集』二六巻、筑摩書房、一三七〜一四五頁。
(11)宮尾しげを（監修）、一九六九『東京名所図会・西郊之部』（復刻）、睦書房、一二六頁。
(12)池上三十三、一九三七「太宗寺と正受院」『江戸と東京』三巻四号、江戸と東京社、一四〜一五頁。
(13)森田金蔵・森田金吉、一九八二『杉並とその周辺の昔話』、清水工房、四七頁。
(14)長沢利明、一九八七「地蔵と方角」『民俗』一二八号、相模民俗学会。
(15)若月紫蘭、一九六八『東京年中行事』二巻、平凡社、二九七頁。
(16)群馬県史編さん委員会（編）、一九八二『群馬県史』資料編二六、群馬県、三七二頁。
(17)新宿区教育委員会（編）、一九七〇『新宿と石造文化』、同委員会、九一頁。
(18)原口徳正、一九六八『正受院寺誌』、正受院、一五〜一七頁。
(19)松尾博厚、一九七七『東京の祭り』上巻、通産新報社、六六〜六七頁。

身代り地蔵の巡行——杉並区東運寺

一、東京の巡行地蔵

地蔵尊の納められた厨子を背負って家から家へ、あるいは村から村へと移し運び、そのつど宿を変えて祭祀をおこなうという、いわゆる回り地蔵・巡行地蔵の習俗が今でも残っている地方があり、テレビのニュースなどで時おりはそれを見ることがある。家々・村々を回る仏は地蔵ばかりとはかぎらず、庚申・弁天・不動・観音などさまざまなものがあったようであるが、もっとも多いのはやはり地蔵尊である。これらの巡行仏の実態については、各地の民俗調査が進むにつれ、今日ではかなりくわしく知ることができるようになった。

こころみに、おもな事例を若干とりあげてみると、まず大友義助氏の調査された山形県金山町の「めぐり地蔵」があり、ここでは春秋の彼岸中日と一〇月一〇日の年三回、宿を変えながら地蔵を村々に回すという形でそれがおこなわれている(1)。福島県下では長沼町滝新田・郡山市館などの「巡り地蔵」が知られ、大森志郎氏(2)・鹿野正男氏(3)がこれを紹介されたが、いずれも元文〜天明年間頃から巡行が始められたことが明らかになっている。関東地方では埼玉県熊谷市円福寺・深谷市国済寺の巡行地蔵を大島建彦氏(4)が、吉見町無量寺の巡行地蔵を榎本直樹氏[5]がそれぞれ紹介された。神奈川県下では計三三例もの回り地蔵の存在が確認されているとのことであるが、三輪律子氏によれば①複数村落巡行型・②単一村落内巡行型・③それらの中間型の三タイプに分類されるという[6]。特によく知られているのは、最上孝敬氏のとりあげられた川崎市増福寺の巡行地蔵や、中郡を中心とした徳本上人像の巡行の事例[7]、中島恵子氏の調査された藤沢市用田の子育て地蔵の巡行[8]や、横浜市真福寺のいわゆる「下田の地蔵」の巡行[9~10]の事例である。関西地方については奈良市[11]をはじめ、多くの巡行地蔵の事例が確認されているようであるが、習俗自体の分布の西限は近畿地方であるとのことで、長崎県、高知県下でもかつてはおこなわれていたものの、早くに廃れてしまったようである[12]。それらを含めて全国の事例を詳細に検討された松崎憲三氏の研究[13]や、古くは川村杳樹《ようじゅ》（柳田国男）氏の研究[14]を忘れることはできない。

さて東京都内に目を転じてみると、どのような巡行仏の事例がみられるであろうか。筆者の知るかぎりでは主として八例が存在するもののようであり、簡単な一覧表を掲げておくことにしよう（表3）。これらのうち、①〜⑤については中島恵子氏が詳しく調査されたものであるが、①の狛江市泉龍寺の地蔵尊は、北多摩・埼玉県南西部地方の広い範囲を巡行していたもので、特に有名である。安永年間、この地蔵尊の所有権をめぐって、末寺の真福寺（神奈川県横浜市）や保国寺（同県伊勢原市）との間に紛争が起きているが、真福寺・保国寺もまたそれぞれ巡行地蔵を持つことで知られた寺院であった。狛江市内には泉龍寺のほかにも巡行仏があり、それは②の玉泉寺の社母子尊および不動尊で、明治時代に狛江市・世田谷区・神奈川県川崎市の周辺を回っていた。③の町田市妙全院の糸引観音は中将姫伝説をともなっており、養蚕農家による信仰を特に集めていたものらしい。④の世田谷区浄真寺（九品仏）の事例は、同寺開山の珂碩上人像が巡行するもので、旧東京市中・多摩地域を含む広い信仰圏を持っていた。⑤の世田谷区用賀の観音院の事例では十一面観音を巡行させており、今でも一部で巡行がおこなわれている。⑥・⑦については大島建彦氏が紹介されたもので、新宿区宗円寺と台東区浄名院の石地蔵の巡行事例であるが、いずれも石占の要素をともなっていることが特徴的であり、浄名院のものは若月紫蘭の『東京年中行事』にもとりあげられている。

これらのほかにも、たとえば多摩地域を中心にいくつかの巡行仏の存在が知られている。国分寺市などでは、「お手の観音」と呼ばれた仏がかつて回っていて、八王子市大塚の清鏡寺のものだといわれているが、詳しいことはよくわかっていない(20)。武蔵野市吉祥寺本町の光専寺にも「簞笥地蔵」と呼ばれる巡行仏があって、簞笥を改造した厨子の中にその地蔵を納め、信徒の家々を巡行させていたのであるが、明治時代の中頃までそれが続けられていたという。この地蔵尊は市指定の文化財にもなっている(21)。

さて、都内のおもな巡行仏一覧表の、最後の⑧は新たな事例で、杉並区東運寺の巡行地蔵であるが、ここではこれについてやや詳しくとりあげてみよう。この事例はいわゆる「身代り地蔵」の伝説をともなっており、また第二次大戦後の比較的新しい時代にはじめられたケースとして、それなりに興味深いものを持っている。

表3　東京都内のおもな巡行仏

No.	巡行仏	通称	寺院名	寺院所在地	巡行年代	巡行地域	祭日・縁日	出典
①	地蔵尊	子育て地蔵・和泉の地蔵さん・世田谷の地蔵さん・宿送りの地蔵さん	泉龍寺（曹洞宗）	狛江市元和泉	江戸時代中期～一九四二年	埼玉県入間市・所沢市周辺および都内北多摩地域周辺（明治～大正時代）	毎月二四日	注(15・16)
②	社母子尊・不動尊	おしゃもじ様	玉泉寺（天台宗）	狛江市東和泉	江戸時代末期～明治時代	狛江市内・世田谷区・調布市・武蔵野市・神奈川県川崎市周辺		注(15)
③	観音	糸引観音	妙全院（曹洞宗）	町田市広袴	江戸時代～明治時代・昭和時代（戦前）	町田市・多摩市・稲城市・神奈川県川崎市周辺	四月一八日	注(17)
④	珂碩上人像	珂碩様・九品仏様	浄真寺（浄土宗）	世田谷区奥沢	明治時代末期～昭和時代初期	現都区内および西郊・北多摩地域周辺		注(15)
⑤	十一面観音	お観音様	無量寺（浄土宗）	世田谷区用賀	江戸時代～一九四〇年頃（戦後復活）	世田谷区・調布市・狛江市周辺	毎月一八日	注(15)
⑥	地蔵尊	どぶ地蔵・着せかえ地蔵	宗円寺（浄土宗）	新宿区市谷柳町	江戸時代末期～昭和時代初期	現都区内	毎月二四日	注(18)
⑦	地蔵尊	おうかがい地蔵	浄名院（安楽律宗）	台東区上野桜木	明治時代～昭和時代（近年）	現都区内・神奈川県横浜市	毎月二四日	注(19)
⑧	地蔵尊	身代り地蔵・釜寺の地蔵さん	東運寺（浄土宗）	杉並区方南	一九五三年～一九七〇年頃	杉並区南西部および中野区・渋谷区の一部	四月二三日・一〇月二三日	本書

二、釜寺の歴史と身代り地蔵

東運寺は東京都杉並区方南二の五の四にある浄土宗の寺院で、山号を念仏山という。江戸時代から明治時代にかけては小さな堂庵にすぎず、念仏堂と呼ばれていた。この念仏堂については『新編武蔵風土記稿』に次のような記述がみられる。

念仏堂。年貢地五間に六間程、小名方南にあり。二間四方。本尊弥陀の立像一尺八寸、脇士観音勢至共に木像長七寸。外に地蔵の像あり。銅仏にて長三寸二分。此堂は正保元年一安といへる僧開基せりと。天和二年七月十五日示寂。荏原郡中目黒村祐天寺の持なり。

一九二二年、この念仏堂に現在の台東区下谷から移転してきた東運寺が合併し、念仏山東運寺となったわけである。しかし、地元の方南町ではこの寺をさして東運寺と呼ぶ人は少なく、「釜寺《かまでら》」という通称の方が通りがよいし、入り口のバス停の名前も「釜寺」となっている。なぜこの寺を釜寺と呼ぶかというと、この寺の本堂の屋根の上にのせられた大きな釜が遠くからもよく見え、寺のシンボルになっているからである（写真20）。一九一六年刊の『東京府豊多摩郡誌』にはまだ東運寺の名は見えず、念仏堂と記されているが、「大字和田四百四十番地にあり、浄土宗、境内三百十九坪、屋上に釜を載するを以て釜寺の名あり(22)」とあ

写真20　東運寺と本堂屋根上の大釜

って大釜のことをふれている。それでは、なぜにこの寺の屋根上にこのような大釜をのせておくのかということになるが、そこで出てくる寺の伝説が身代り地蔵および安寿《あんじゅ》と厨子王《ずしおう》の物語にかかわるものなのである。あの有名な山椒太夫《さんしょうだゆう》の物語において、釜ゆでの私刑を受けんとする厨子王丸の危機を救った守り本尊の身代り地蔵がこの寺に伝えられ、それにちなんで本堂の屋根上に大釜をのせて目印とするようになったというのがその伝説である。つまり、屋根上の大釜は厨子王丸がほうりこまれそうになった大釜をあらわすものなのであり、厨子王の所持した身代り地蔵の小像は先の『新編武蔵風土記稿』に「銅仏にて長三寸二分」と記された地蔵尊をさしているのである。寺で出している『釜寺東運寺身代り地蔵尊縁起』には、これらのいきさつについて次のように説明しているので紹介しておこう。

そもそも釜寺本堂に安置し奉る身代り地蔵菩薩の由来をたずねるにあの有名な厨子王丸安寿姫の肌身はなさず持っていた守り本尊たる小さい地蔵菩薩の木像こそ釜寺の地蔵尊である。今より昔四百年世は挙げて血なまぐさい戦国の時代天正元年に西国備前の高僧願誉一安上人と申す方がこの地蔵尊像を背負ってはるばる関東へ行脚して来てたまたま当所大宮八幡宮社に足をとどめて参籠しこの尊像を奉安して日々の供養をおこたらなかった。当時この大宮八幡は神仏混淆で大宮寺と称し近県に稀れな大寺であった。一安上人はこの地蔵尊の霊験あらたかなくさぐさの物語りを人々に告げたところ忽ち近郷近在にその名はひろまり参詣する人日に日に加わって利益を受ける人の信仰と礼拝は世の語りぐさとなった。その頃この方南にも信者日増しにふえ中でも方南の大地主鈴木伊兵衛という者あって信心深く大宮寺に日参してこの身代り地蔵尊の功徳に浴し大いに喜んで自分の家屋敷一切を供養して寺に造りかえここにその地蔵菩薩の尊像をむかえ一安上人を開基として念仏堂と号した。これが釜寺のはじめである。爾来《じらい》四百有余年一日の如く今日につたわり武州方南釜寺の名は江戸近郊の名所の一つとなった。少くも北は田無青梅より南は馬込六郷辺にいたるまで知らぬ人とてはなく明治初年までは毎月二十三日、四日には縁日が行われ門の内外にぼろ市がたち参詣の人々も多かった。その後住職に不徳の者が出て寺の宝物等は失われ寺は荒廃果てはいずこへか出奔して行方知れずになってしまったこともあって寺は衰運に傾いたが信仰あつい方南の人々の護持によって細々ながらようやくその形体をたもってい た。ところが幸い大正十一年東京入谷の東運寺を合併し本堂庫裡山門集会所等百坪以上の殿堂を新築しここに念仏山東運寺と称し精誉桂巌師を中興開山として釜寺は再び世に生き一層有名となり身代り地蔵尊の御影のうつしや御守りを頂きに来る人もまた昔の如くなり寺の前のバス停留所は釜寺前と呼び大東亜戦争の際など出征軍人その他が毎日参詣し御守りを頂くもの多く町も店などふえて大いににぎわうようになった。

この縁起の執筆者は現住職の大村興道師であるが、先代住職の桂巌師のまとめた縁起書に加筆をされたといい、その桂巌師はまた寺に伝わる古い縁起の版木（一七〇一年版という）をおこして寺の由緒を整理されたとのことである。釜寺はもともと本寺である目黒祐天寺の隠居寺であり、元禄年間に祐天寺から移ってきた祐梵上人がその版木を自ら彫ったといわれているが、今次大戦中の空襲による出火でその版木も焼失したものの、さいわいにして桂巌師が内容を筆写しておられたという。安寿と厨子王の守り本尊である地蔵尊像は、ほかならぬ厨子王丸自身の手によってこの地にまつられ、その時から堂の屋根上に大釜をのせるようになったとする俗説も一部には聞かれるもの(23)の、それは正しい寺伝ではない。ここに引用した縁起にもあるように、地蔵尊像をこの地に運んだのは備前国の僧侶である一安上人で、一五七三年に——先の『新編武蔵風土記稿』にしたがえば一六四四年に——丹後国の地蔵寺からそれを移したといわれている。一安上人が地蔵尊像を仮安置した大宮寺とは、今日の杉並区大宮にある大宮八幡宮の社前にあった別当寺をさしているが、神仏分離の後に廃寺となり、廃仏棄釈のあおりを受けて多くの仏像や仏具・釣鐘などが持ち出され、地元の有力家などには「大宮寺」と刻印された什器や半鐘などが今でも伝えられている。また、『新編武蔵風土記稿』には大宮寺について「降幡山妙雲院と号せり。新義真言宗にて中野宝仙寺の末なり」と記されている。

さて大宮寺に仮安置された地蔵尊像は厨子王丸を守った身代り地蔵として近在に知れわた

り、多くの参詣者を集めたとのことであるが、これを見て方南村の地主鈴木伊兵衛が自らの所有地を寄進提供して念仏堂を建て、身代り地蔵は独立した堂庵を持つことになり、その時から厨子王丸の釜ゆでの危機を救った故事にちなんで屋根に大釜をのせるようになったという。この鈴木氏の子孫については東京上野のある商家（青果商）がそれにあたるともいわれるが、はっきりしない。また、鈴木伊兵衛が念仏堂を建立したのがいつ頃のことであったのかは必ずしも明らかにされていないが、現在境内にある鈴木伊兵衛寄進による三界万霊塔に「元禄十六年二月十五日」の紀年があること、(24)一時戦時供出されていたものの一九六五年にもどされた当寺の半鐘に「当院者武州多摩之郡方南村於一安仏所候、中興四世幡可和尚奉寄進、元禄二己巳年」の銘があること、などからその開山時期を一七世紀末〜一八世紀初頭頃と推定することができよう。

開山後の念仏堂は釜寺とも呼ばれ、身代り地蔵を信仰する広い範囲からの信者を集めておおいににぎわったということであるが、江戸市中からも甲州街道を経て参詣におとずれる人々が多かったようである。甲州街道ぞいの釜寺参道入り口にあたる現在の大原交差点には大きな石地蔵が立っており、その高い台座には「念仏堂道」と彫られていて、参詣者の道しるべとなっていた。(25)この石地蔵は今では釜寺の門前に移されているが、並んで立っているセメント造りの地蔵も伊豆の長八の流れをくむ左官職人が漆喰をセメントにかえて作りあげたものといい、台座には「釜寺近道」と彫られていた。これもまた道しるべの地蔵を移したものなので、このような道標が各所に立っていたものを戦後の道路改良などで移転したのである。

境内にはそうした石地蔵がいくつか残っており、その願主名をみると先の地主鈴木伊兵衛の末裔・一族と思われる鈴木文左衛門・同長兵衛（一七四四年建）などの名が見えるのである[26]。街道筋の各所にこのような道標を兼ねた石地蔵が立っていたということは、地元地域を越えた広い範囲からの――特に江戸市中からの――参詣者が多くいたことを物語っているが、屋根上の大釜も参詣者への目印としての意味を持っており、甲州街道を東から来て釜寺参道を右に（北方向に）折れると、かなり遠くからでも屋根の大釜が見えて釜寺がそこにあることがわかったという。

明治維新後の釜寺は一時衰微したものの、日清・日露・第二次大戦と戦争が起こるたびに多くの参詣者を集めた。これは出征兵士が身代り地蔵の守札（図18）を受けて身体安全と弾丸よけの祈願をしたためである。一九二二年には、縁起の中にも述べられていたように、東京下谷地区の区画整理にともなって東運寺が当地に移転し、念仏堂（釜寺）と合併することになり、「東運寺」の寺号が継承された。合併時の念仏堂は無住であったので、その時の東

図18　身代り地蔵の守札

運寺住職（桂巌師）が中興開山一世となった。今次大戦下では空襲を受けて新生東運寺はことごとく祠堂を焼失したが、終戦後の一九五二年には四六坪の本堂、五八坪の庫裡が復興された。[27] 本堂の屋根上に新たに安置された大釜は杉並区和泉四丁目の鈴木睦清家より寄進されたもので米一俵炊きの大釜である。同家では江戸時代から餅つき用の蒸し釜にこれを使っていたが、関東大震災の時には釜寺に集まった避難民への炊き出しにも用いたという。

三、安寿・厨子王伝説と身代り地蔵

以上が釜寺のおおざっぱな沿革史であるが、寺の草創以来、つねに大きな位置を占めてきたのはこの寺にまつられた身代り地蔵の存在である。この地蔵尊が安寿と厨子王を守ったというその利益にあやかり、自らの身にふりかかる大難をのがれることを祈願する多くの人々の信仰によって、この寺はささえられてきたのである。

ところで、「身代り地蔵」と称される地蔵尊自体は釜寺以外でも、いろいろな所でまつられている。東京都内でいえば、文京区駒込浅嘉町の常徳寺や港区元赤坂の豊川稲荷東京別院（妙厳寺）の境内に身代り地蔵があり、地蔵ではないけれども練馬区高野台の長命寺には身代り閻魔があり、『異本武江披砂』には江東区亀戸の普門院にある身代り観音のことがふれられている。[28] また、『東都歳事記』には港区三田の長松寺・新宿区原町の専念寺の身代り地蔵および港区麻布飯倉の順了寺・同区芝二本榎の相福寺・品川区大崎の正福寺の女体身代り地蔵などがとりあげられていて、このようなものが各所にあったことがうかがえる。東京以外では、たとえば群馬県高崎市上小塙町の烏子稲荷神社に、身代り達磨というものがまつられているし、[29] 山口県萩市の報福寺の身代り地蔵の場合は、継子いじめの伝説をともなっているとのことである。[30] このような何らかの由来伝説が、それぞれの身代り仏に付随していることはおおいに予想されることであって、中にはここでの釜寺の例と同様に、安寿と厨子王の伝説とともに語られてきた身代り地蔵がほかにもあったかもしれない。とはいえ、今のところ、山椒太夫説話の関連する身代り地蔵の存在は釜寺以外には見出せないので、ここでの事例は大変に興味深いものを持っている。そこで、もう一度、『釜寺東運寺身代り地蔵尊縁起』に目をむけて、その伝説のくわしい内容を検討してみよう。そこには次のような内容が記されている。

釜寺とは通称にして本堂の屋上に大きな釜がのせてあるからである。さてその因縁はかの厨子王丸と姉の安寿姫が人買いにかどわかされて母や侍女とわかれわかれになり丹後の由良の浜の悪者山椒太夫という豪族の家に売られ昼は野ら仕事や山仕事に追立てられ夜になると二人で抱き合っては泣きくらし希望の無い毎日を送り迎え死んでしまおうとしたこともたびたびであった。その他色々ざんこくな仕打ちで幾たびか殺される様な目にあって来たが何時もこの地蔵さんを念じては色々な霊験を受けて危難をのがれた。或る日厨子王丸がほかのやっこ達の見せしめにと大釜の熱湯の中にほうり込まれた時いずこともなく一人の坊さんが現われて厨子王丸を抱き上げて姿を消した。それは日夜はだ身離さなかった御守りの地蔵さんであった。これを因縁として方南念仏堂の屋上に大釜をのせて象徴したと言いつたえられている。

　このように、ここでの安寿・厨子王伝説のストーリーは、きわめておおまかではあるが、説経節や浄瑠璃あるいは歌舞伎などで演じられるごく一般的な山椒太夫の物語とほとんど大差はなく、佐渡や津軽などに伝承されてきた物語の古型的要素や地方色はみられない。身代り地蔵の霊験も厨子王丸が釜ゆでにされそうになるというシーンでのみあらわれるのであるが、この場面こそは釜寺の信仰の原点をなし、仮にこのシーンを欠落させた森鷗外の『山椒太夫』に拠ったならば、屋根上の大釜は存在しなかったはずである。いずれにせよ、寺の縁起の成立に際しては近世芸能・文芸からきた知識がそのままとりこまれたもののようであるが、中世にさかのぼる一安上人の行脚の頃からこの伝説がこの地に定着していたと寺伝のままに考えてみるならば、それは大変に興味深い問題であり、かつて柳田国男氏が考証されたように[31]、「産所」あるいは「算所」に住む山伏・陰陽師・唱導師集団の語部によってこの一種の長者伝説が当地にもたらされたことを示すものかもしれない。

　住職の大村興道師によるならば、当寺に伝わる安寿・厨子王伝説はもちろんすべて史実ではないであろうが、さりとてまったくの作り話とも思われないとされ、往時は山椒太夫のような人買いがいたであろうし、そこに仕える奴婢らが野良仕事の後に大釜でわかした湯で足を洗ったことから、その煮えたぎる湯の中につっこむぞと、服従せぬ奴婢をおどして見せしめにしようとしたことが物語発生のきっかけではないかと想像されるそうである。厨子王丸は守り本尊を小さな厨子箱に納め、それをツトに入れて腰か肩にしばりつけており、まさに大釜の中に放りこまれようとしたその時に、ポロリと小像がころがり出てきたので主人もそれに免じて許し、逃してやったのではないか、この話が後世脚色されて物語が作られたのではないか、とのことであった。

さてその身代り地蔵の小像であるが、通常は秘仏であって年二回の大祭縁日（四月二三日・一〇月二三日）以外は開帳されない（写真21）。寺が戦火を受けて以来、火災をおそれて耐火建築の庫裡内に安置されているが、祭日には本堂内陣左手に移して開帳される。内陣の中央には本尊の阿弥陀如来像が二体並んで立っているが、一体は旧念仏堂の本尊、もう一体は旧下谷東運寺の本尊である。旧東運寺からは本尊のほかにも多くの什物が引き継がれているが、そのひとつに「鐘冠《しょうかん》薬師」と呼ばれる懸仏の薬師如来（室町〜江戸時代中期の作という）もあって、供えた茶を目につけると眼病が治るといわれ、信仰を集めていた。これは、もと江戸城大奥の天璋院篤姫《てんしょういんあつひめ》の侍女、徳姫の所持仏で実家へ下った折に旧東運寺に納めたものといい、宮尾登美子の『天璋院篤姫』にも登場する。別名「鉦冠り薬師如来」などとも呼ばれ、『新編武蔵風土記稿』や『新撰東京名所図会』などにも詳しく記載された、非常に有名な薬師仏であった。これらの諸仏に対し、いうまでもなく身代り地蔵の小像は旧念仏堂時代以来、釜寺に伝えられてきたものなのである。ただし、『新編武蔵風土記稿』にはこ

写真21　身代り地蔵尊

れについて「銅仏にて長三寸二分」と記されていたものの、今これを拝観させていただくと像高一〇センチほどの木像なのであり、現在の身代り地蔵は一安上人由来の地蔵尊そのものではないようである[32]。作仏は仏師によるものではなく、素人造りであるが、彫刻にはすばらしいものがあり、特に顔面部の表情などは美術的にも高く評価されよう。

戦時中の本堂焼失の際には、あやうくこの地蔵尊も灰になるところであったが、当時の住職夫妻による決死の搬出で難をのがれている。現住職はその時戦地におられ、先代夫妻が寺を守っていたとのことであるが、一九四五年五月二五日の空襲による焼夷弾が寺に落ち、境内は全焼となった。夫妻は燃えさかる炎の中、本尊を背負い、身代り地蔵と鐘冠薬師は小さいので懐中に入れて逃げた。しかし、すでに寺の一帯は火の海で絶体絶命の状況にあり、夫妻は自らが焼け死んでもせめて地蔵尊のみは焼け残るようにと、とっさに小像をかたわらの防火用水の中に沈めたという。鎮火後の焼け野原に夫妻がもどってみると、用水槽の底に残るわずかな水の中に地蔵尊が裏がえしになって浮いていた。夫妻はあらためて地蔵尊の霊力に感じいったということであるが、今拝見しても地蔵の背中部分はまっ黒に焼けこげて炭のようになっており、その跡をとどめているのである。この戦時中の逸話にもとづき、地蔵尊が夫妻の身代りになって代受苦を受け、背中が焼けこげたために、身代り地蔵と呼ばれるようになったとの説もあるが[33]、もちろん釜寺の身代り地蔵の歴史はもっと古いものである。

四、身代り地蔵の巡行

前おきが長くなったが、次にこの釜寺すなわち東運寺にかかわる巡行地蔵のことを述べておこう。安寿と厨子王の伝説とともに古くからこの寺に伝えられ、広く信仰されてきたところの身代り地蔵はまた、巡行仏としての形をとってなされる民間信仰の対象でもあったのである。

釜寺のひざもとにあたる杉並区方南町の家々では熱心に身代り地蔵を信仰しており、地つきの檀家が世話人となって、家から家へと身代り地蔵の分身を申し渡し、これを拝することが近年までおこなわれていたのである。地蔵の分身は「釜寺のお地蔵さん」と呼ばれ、その厨子を泊める家を御宿《おやど》といい、檀家・非檀家を問わず広くその巡行を受け入れていた信者の家々を地蔵講・和讃講と呼ぶこともあった。地蔵を家から家へ回すことはぞくに「御巡行」

写真22　巡行地蔵の厨子

といったが、背負いの付いた厨子（写真22）を背負ってこれを運び、宿には一晩ずつ泊めて次に回したのである。宿には近所の家々も集まって地蔵を拝んだが、年寄がそこで和讃や御詠歌を唱和することもあった。「はるばると、ここにたづねて釜寺の、釜のゆかりぞとうとかりける」という釜寺の御詠歌を宿でも唱じた。宿となった家では一定の奉納金を納め、そこでの参拝者の納めた賽銭とともにそれを次の宿に申し送っていき、年二回の大祭の費用とした。大祭縁日は四月二三日と一〇月二三日で、春の大祭には地蔵も寺にもどってくる。祭日が近づくと、世話人は今どこに地蔵が泊まっているかを調べ、日程を調整して祭の当日に最後の宿の主人・住職・伴の僧・御詠歌隊・世話人らが行列をし、鈴を鳴らしながら盛大に寺入りをした。これを「送り込み」という。

巡行地蔵は秋の大祭後に寺を出て巡行し、翌春の大祭縁日に寺にもどってきたことになるが、いわゆる「回りっぱなし」の巡行仏ではなく、先の狛江市泉龍寺・世田谷区無量寺などの場合と同じで送り込みのあるタイプに属する。なお、通常二四日であることが一般的な地蔵の縁日がここでは前日の二三日とされているが、これは他所の地蔵の祭と重ならないように配慮したためという。この日、寺にもどってきた地蔵の厨子は、本堂内陣の右側に安置され、本尊をはさんで左側には本体の身代り地蔵の厨子が置かれてともに開帳される。二体の阿弥陀の両側に二体の地蔵尊が並ぶ形になる。住職・信者一同はその前で法要をいとなみ、それが済むと祝宴となった。この祝宴をハチハライといっていた。

ところで、先の山形県金山町や福島県長沼町の事例がそうであったが、地蔵を納めた厨子の引き出しなどには香炉・花立てなどの仏具とともに、巡行時のきまりごとや由緒縁起書・付属備品目録・宿の記録帳面などが納められており、これらいっさいをまとめて申し送る形がよくみられるのであるが、ここでの例にあっても同様である。たとえば、まず次のような宿あての文書がそこに納められていた。

『釜寺身代り地蔵尊御巡行の御宿のすすめ』

東京都杉並区方南町釜寺の身代り地蔵菩薩はあの厨子王丸安寿姫の守り本尊でこの二人の姉弟が人買いにさらわれて母子が別れ別れになってしまって丹後の国由良の浜辺でごうよく非道な大悪人の山椒太夫に売られてひじょうな苦労をして何回も殺されかけたのにいつもこの守り本尊の身代り地蔵さんのおかげで助かったのです。安寿はかわいそうに死んでしまいましたが厨子王丸はのちせいじんして大名となり山椒太夫一族を亡ぼし佐渡で母親をさがし出してつれて帰えり段々出世したがこれらはみな身代り地蔵尊のお守りくださったおかげです。皆さん信心深くしてこの霊けんあらたかな地蔵菩薩を拝礼してお守りくださるようお願いして下さい。きっとお守り下さいます。釜寺の釜は厨子王丸がころされかかった時の釜の因縁によるものです。南無身代り地蔵大菩薩。南無阿弥陀仏（後略）。

武蔵方南釜寺東運寺住職大村桂巌（興道）敬白

この文書は標題に「御宿のすすめ」とあるように、巡行地蔵を一晩泊める御宿をひき受けることを寺からすすめるための文書で、先代住職である桂巌師の書かれたものである。ここに記された安寿と厨子王の伝説は、先に紹介したものとほぼ同じ内容となっている。さらに、地蔵を泊めた宿の記録帳も厨子とともに申し渡していったが、これは俗に御宿帳と呼ばれ、一九六一年一一月吉日～一九六二年四月二三日分、一九六二年一〇月吉日～一九六三年四月二三日分、一九六三年一一月吉日～一九六四年四月二三日分の三冊が今に残されている。いずれも一〇～一一月の巡行開始時から翌年四月二三日の大祭縁日の送り込みまでの宿名が記録されており、そこには宿となる家への注意心得や決まりごとも記されていて、次のようになっている。

釜寺家内安全無病息災身代り地蔵尊御宿帳
自昭和三十六年十一月吉日・至昭和三十七年四月二十三日。
お願い
一、お宿は一晩にて次のお宿へお送り下さい。もし次のお宿を見付けにくい折は最寄りの世話人にご相談下さい。

一、お宿をなさった方は月日ご住所芳名をご記帳下さい。

一、ご奉納やお賽銭はご記帳の上送り込みの日、昭和三十七年四月二十三日にご持参、法要にご参列下さい。

一、四月十五日のお宿の方は最寄りの世話人までその旨ご連絡下さい。

備品、ローソク立一ケ、花立一ケ、線香立一ケ、高月一ケ、茶湯器一ケ、仏飯器一ケ、鑿《りん》一ケ。

杉並方南町釜寺地蔵講総代世話人、鈴木睦清・三枝元治・塚元文弥・細野一善・細野金右衛門・細野英二・鈴木伊三郎・横尾銀次郎・川島銀次郎・川島増次郎・細井忠次郎・岩崎新太郎・岩田泰治・小宮山修平。

ここには一九六一〜一九六二年時における地蔵巡行の決まりごと、備品目録、世話人名が記されている。宿の心得としてあげられている①一晩交替での地蔵の申し送り、②御宿帳への記帳、③奉納金・賽銭の大祭日における寺への持参、④大祭直前の宿担当家の世話人への連絡、の四点は巡行にあたっての基本的ルールであり、当時の実態を知るうえで興味深い。最後の④については寺への送り込み行列の準備を物語るもので、四月二三日の祭日のほぼ一週間前の四月一五日にその準備をおこない、この時点での宿担当家が送り込みの時に厨子を背負ったものであろう。なお、通常時であっても宿から宿への厨子の移動にあたっては、当日とその前後の宿担当家の人々が行列を組んで厨子を背負っていったという。

ところで、この釜寺の地蔵巡行は大戦後にはじまったものであり、古くからのものではない。それは新しく生み出された巡行仏の一事例として位置づけられうるものである。しかし、その前史として、地蔵の掛軸を宿から宿へ巡行させることは古くからおこなわれていたようであり、そのような掛軸が今でも地元の旧家に残されている。たとえば、方南町の川島銀次郎家にある江戸時代中期頃の地蔵掛軸もそうしたもので、少なくとも幕末〜明治期にはこれを宿にかけて拝む講がなされていたことが明らかであり、その軸には「弘法大師御作、対王丸身代地蔵尊、武州多摩郡和田村方南念仏堂」などと記されているのである。厨子王丸が「対王丸《つしようまる》」と記されることは別段おかしくはないが、「弘法大師御作」とあるのは初見であり、もともと浄土宗の寺院がほとんどなく、中野宝仙寺や旧大宮寺を中心とする真言密教系の勢力の強かったこの地域においてはむしろその方が自然である。かの一安上人もその旧大宮寺に逗留していたのであった。

念仏堂時代・東運寺時代を通じて、釜寺の年間最大の行事は秋の十夜法要で、これが一〇月二三日の地蔵縁日とあわせておこなわれており、戦前はまことに盛大な祭であったという。寺では昼も夜も法要がなされ、境内には芝居小屋や夜店が立ち並び、参道にはボロ市が立ったという。しかし、前述のように戦中に寺が空襲で焼失し、この祭もおこなわれなくなった。あまりに寂しいので寺の復興の成った一九五三年から、かわりに身代り地蔵の巡行がはじめられたのだという。翌一九五四年の四月二三日の大祭日に記された『巡行地蔵尊賽銭奉納帳』を見ると計一八五戸の宿担当家の名が記録されており、送り込みの時点で集まった賽銭の総額が三万三三八五円と記されている。また、送り込みの祝宴の収支記録も別に残されている。それは次の通りであった。

巡行地蔵送り込み春御十夜支出帳、昭和二十九年四月二十三日、釜寺。支出控。弁当二三〇ケ一万四千九百五十円・供物二三〇ケ三千四百五十円・もりそば四五ケ九百円・寺茶菓子千円・宿茶菓子五百円・僧侶礼一人五百円・手伝礼一人七百円・揚物七百五十円・酒二升千四十円・代書代二百四十円・手数料百円・茶飲場礼二百円・御盛物百円・茶百円・煙草百円・其他雑費五百円・御経料二千円・御厨子代七千円。収支計算表。収入金三四、三三〇円。支出金二七、三三〇円。残高金七、〇〇〇円。残金は巡行厨子お寺様にて立替金に充当支払ふ。故に残金なし。

ここにあるように、四月二三日の地蔵大祭もまた「春十夜」と呼んでいたようであるが、送り込み後の祝宴は「十夜講」とも呼ばれた。この時の収入残金七〇〇〇円を要して巡行用の厨子が新調されたこともわかり、今寺にあるものはこの時に作られたものである。

五、巡行の実態

一九五三年にはじまった身代り地蔵の巡行は、地元方南町のあつい信仰にささえられて盛大におこなわれるようになった。表4にみるように、巡行開始時の一九五三年秋から翌年春に至るまで一八五戸もの家々が宿をひき受け、巡行範囲も方南町を越えて広く隣接町内にまでおよんだ。宿となる家は釜寺の檀家・非檀家を問わず、また地つきの家々であろうと新入世帯であろうと、まったくその資格を問わなかったので、誰でも希望すれば地蔵を自宅に泊めることができた。わざわざ寺へ行かなくても、いつでも身代り地蔵を、しかも自宅で拝むことができるということで、その自由な運営方式とともに非常に好評を博し、深く地域に受け入れられていったようである。

地蔵の巡行は、原則として秋の大祭縁日で十夜法要の日である一〇月二三日をすぎた頃に釜寺をスタートして開始され、毎日宿をかえて年を越し、翌年四月二三日の大祭縁日（春十夜）に送り込みがおこなわれて、再び寺に帰るという方式がとられていた。地蔵は夏の間は寺におり、晩秋から翌春にかけて——すなわち約半年間にわたって周辺地域を回っていたことになる。しかし、残念なことに、この身代り地蔵の巡行はわずか二〇年ほどで中止されてしまう。その理由は、東京オリンピックにともなう首都の大改造の一環として、環状七号線道路の大動脈がこの地域を縦断し、地域の分断や多くの移転世帯を生み出したためである。

それと同時に沿線の開発も進み、地蔵の送り込みの大行列などをやれる状態ではなくなった。こうして一九七〇年頃に巡行が休止されてしまったのである。その結果、秋の大祭・十夜法要もおこなわれなくなり、春の大祭縁日のみに寺で身代り地蔵の開帳をおこなうことになった。その後、西郊地区の浄土宗寺院の集まりである「新宿組」（杉並の東運寺のほかに新宿の太宗寺・正受院・成覚寺などが加わっている）で申し合わせて、七月の新盆前におこなっていた施餓鬼法要を五月二三日に移し、その日に身代り地蔵の開帳をおこなう形にあらためられて今日に至っている。ここにおいて本来の地蔵の縁日（四月・一〇月の二三日）と十夜法要はまったく消滅したことになる。

　釜寺の巡行地蔵は、おそらく都内ではもっとも新しくはじめられた事例といえるであろうが、ごく短期間で衰退したという意味でも他に例をみない。しかし、短期間とはいえ、それ

巡行期間	宿ののべ戸数	奉納金・賽銭総額
一九五三年一一月～一九五四年四月	一八五戸	三万三三八五円
一九五四年一一月～一九五五年四月	一一九戸	一万九三三〇円
一九六一年一一月～一九六二年四月	一一四戸	一万八五五〇円
一九六二年一〇月～一九六三年四月	一〇七戸	一万六一六四円
一九六三年一一月～一九六四年四月	一四一戸	二万五五〇〇円

表4　巡行の実態

はかなり盛大なものであったわけで、それを一気に休止にまで追いこんだ開発影響の社会的インパクトは相当なものであったにちがいない。なおさかんに巡行がおこなわれていた時期の実態を若干みておくためには、先にふれた「御宿帳」の記録がよい資料になるであろう。一九六二年時を例にとると、そこには次のように記されている。

杉並区方南町釜寺地蔵講総代並世話人、鈴木睦清以下十三名。
十月十八日、奉納金百円、賽銭五十円、ローソク一箱、方南町四四六、馬橋鍵次郎。
十月十九日、奉納金百円、賽銭五十円、線香一箱、方南町三四一、細野とく。
十月二十日、奉納金百円、賽銭五十円、方南町四四八、岡本昭慈。
十月二十一日、奉納金百円、賽銭五十円、方南町四四四、細野英二。（以下略）

この年は秋の大祭縁日に先立つ一〇月一八日に早くも地蔵の巡行が開始され、毎日交替で宿を移動していくようすが記されており、宿ごとに奉納された金品が記帳されている。ここにある馬橋家・細野家などは釜寺の門前にある家々で、巡行のスタートにあたってはまずこれらの家に立ち寄るのが通例となっていた。これら家々も今日では細野家をのぞいてすべて他地域に移転してしまっている。

この「御宿帳」の記録をもとに、実際にどのような巡行経路がとられていたのかを復元してみる作業も興味深いものがあるが、図19～21は一九六一年～一九六四年の巡行コースを図示してみたものである。まず一九六一年一一月〜一九六二年四月についてみてみよう（図19）。釜寺を出発した地蔵は、まず信者の多いひざもとの地区を巡行しているが、今日の町名表示でいうところの杉並区方南二丁目・和泉四丁目地区にあたる。次に巡行コースは南にむかい、方南一丁目・和泉一丁目を回ったのち、甲州街道を越えて一部は渋谷区笹塚一丁目地区にも達している。こうしてもっとも南に下った頃に四月の大祭が近づき、一気に寺までもどるという道順がとられている。次に一九六二年一〇月〜一九六三年四月についてみてみると（図20）、はじめて寺の北側地区にまで巡行範囲が拡大され、中野区南台四丁目や成田西一丁目方面にも達している。地蔵は方南二丁目から堀ノ内一丁目・和泉三丁目地区などを経て、その後は前年と同様に南下コースをたどり、和泉四・一丁目および方南二・一丁目地区を回って渋谷区笹塚一丁目に達し、寺にもどる形になっている。さらに一九六三年一一月〜一九六四年四月についてみると（図21）、また多少の変動がみられ、巡行コースは寺から和泉四丁目・方南二丁目を経て例年のように南下していって、方南一丁目・和泉一丁目方面を回っているが、この年は地蔵は甲州街道を越えず、和泉一丁目から寺にもどっており、宿となった家の戸数は実に一四一戸にも達したのである。

このように、釜寺の身代り地蔵の巡行範囲は主として杉並区の南西部（区内方南・和泉・堀ノ内地区）にかぎられ、一部は中野区・渋谷区内にも拡大されてはいたものの、もともとの中心地区からははずれている。先の狛江市泉龍寺や新宿区宗円寺・台東区浄名院などの巡行地蔵のそれに比べれば、ここでの地蔵の巡行範囲はきわめてせまく、局地的なものにとど

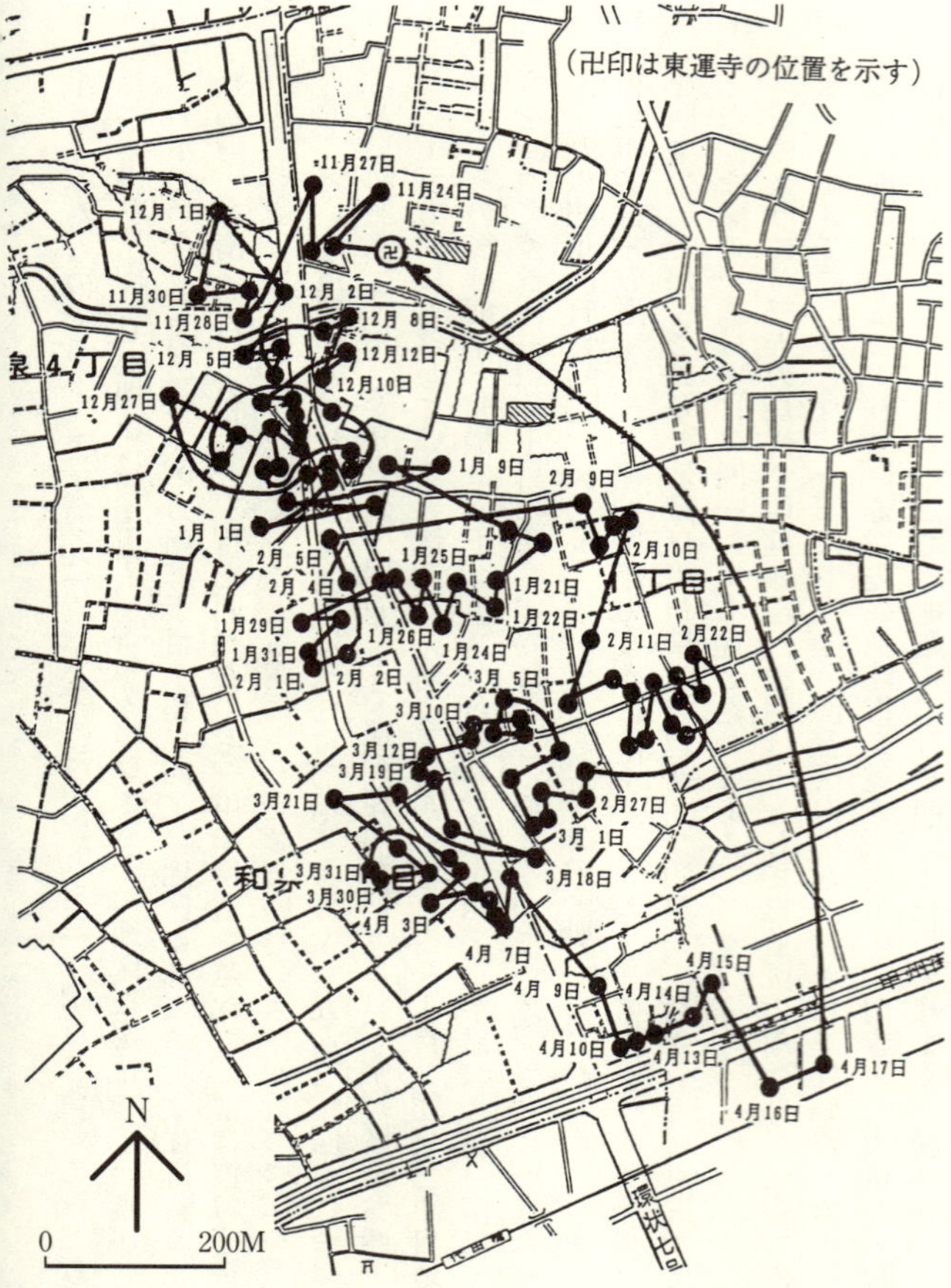

図19　身代り地蔵の巡行経路（1961年11月〜1962年4月）

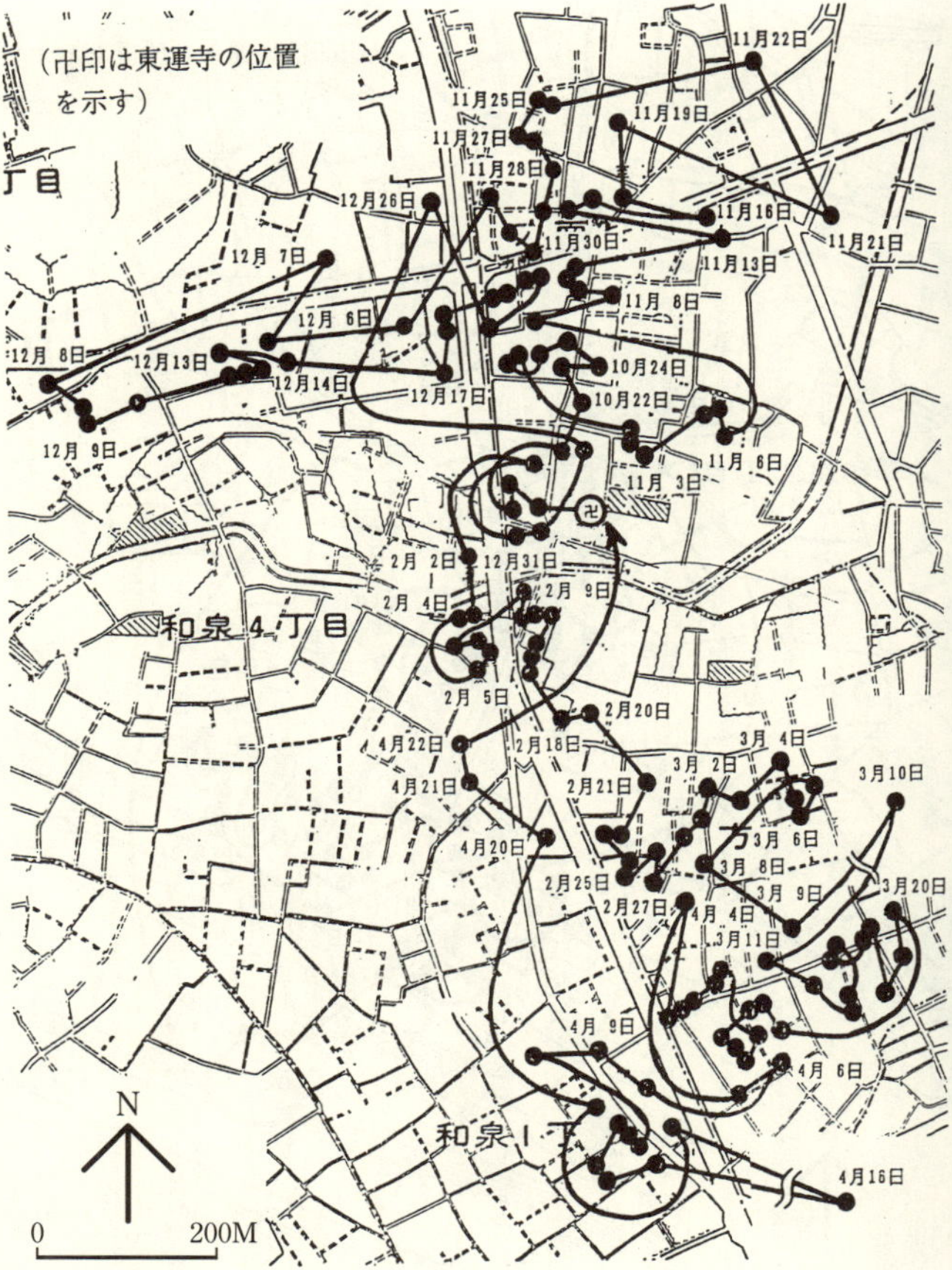

図20　身代り地蔵の巡行経路（1962年10月〜1963年４月）。３月10日は中野区南台方面、４月16日は杉並区成田西方面に移動しているので略式に表示した

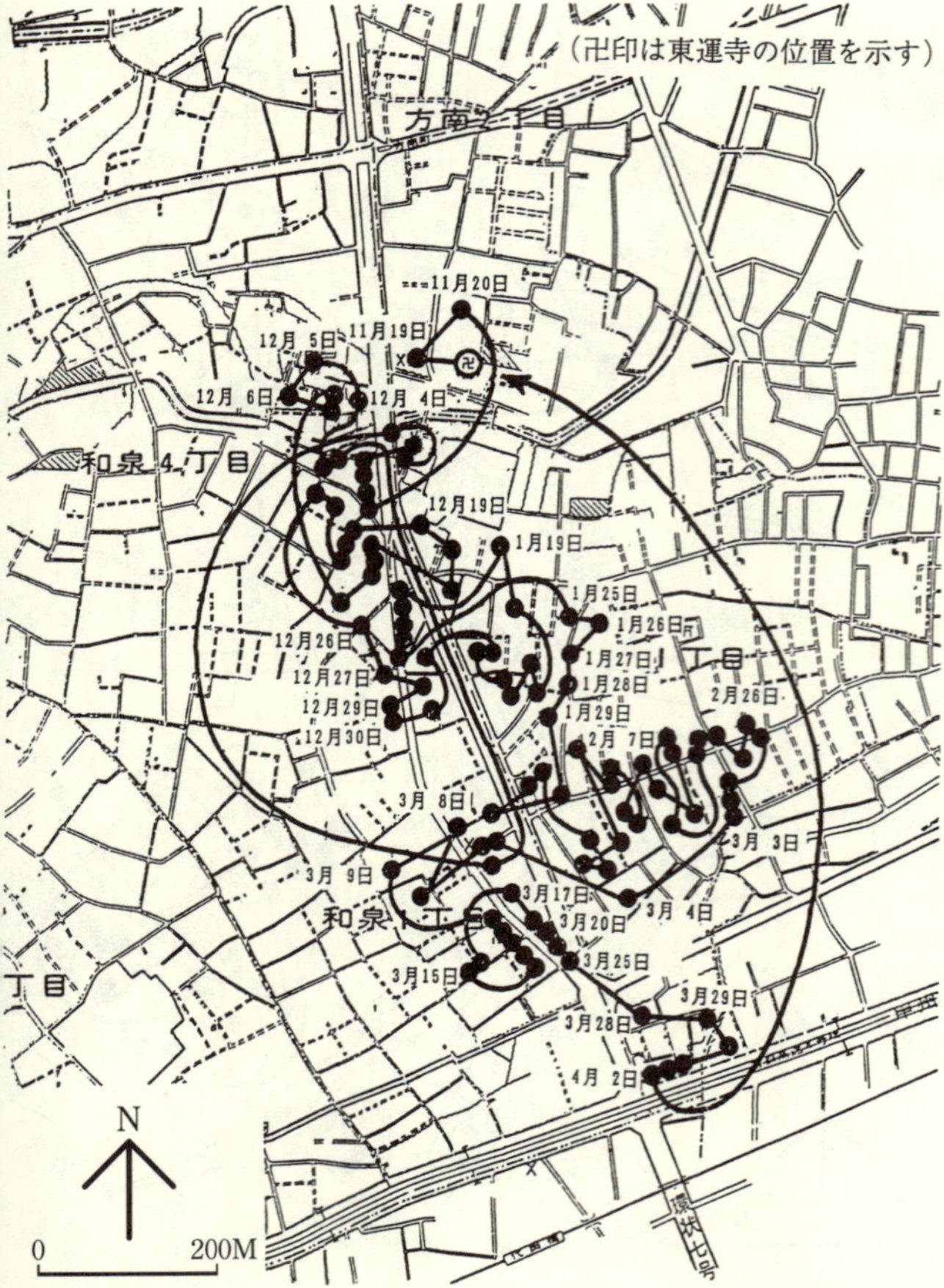

図21　身代り地蔵の巡行経路（1963年11月～1964年4月）

まるものの、その地域的範囲の中ではくまなく家々を回る傾向がみられ、またその家々の資格（檀家・非檀家あるいは旧家・新入世帯の区別）を問わぬものであったことが特筆されよう。これはいうならば、密集市街地におけるきわめて都市的で現代的なあり方を示すものであったかもしれない。

最後に、もうひとつ補足しておくと、なぜ戦後期に至ってこのような地蔵の巡行が釜寺でおこなわれるようになったかということについてであるが、詳しい事情は不明であるにせよ、釜寺東運寺の本寺が目黒の祐天寺であって、念仏堂時代から本寺との深い関係が維持されてきたことがおそらくそのヒントとなるであろう。かつて祐天上人が全国を行脚して地蔵信仰を広めたこと、神奈川県川崎市増福寺の巡行地蔵の発生に関しても祐天上人の関与が語り伝えられていること(34)、などもそのヒントを補強するものといえよう。また、本寺の影響下で末寺が巡行仏をはじめるというケースはおおいにありうることで、先の狛江市泉龍寺と神奈川県横浜市真福寺との関係もそうしたものなのであった。祐天寺と釜寺とのかかわりの中から、新しい巡行地蔵が生み出されたものとここでは推測される。古くから釜寺に伝えられた霊験あらたかな地蔵尊がそこにあり、しかもそれが安寿と厨子王の物語を帯びて信仰される身代り地蔵であったことは、巡行仏の成立に際して決定的な条件をなしたにちがいない。

注

（1）大友義助、一九八二「山形県金山町のめぐり地蔵について」『日本民俗学』一四四号、日本民俗学会。

(2) 大森志郎、一九七二「巡り地蔵尊縁起」『西郊民俗』六一号、西郊民俗談話会。
(3) 鹿野正男、一九七五「郡山周辺の地蔵の伴う行事」『西郊民俗』七一号、西郊民俗談話会。
(4) 大島建彦、一九七三「熊谷周辺の巡行地蔵」『西郊民俗』六三号、西郊民俗談話会。
(5) 榎本直樹、一九八四「埼玉県比企郡吉見町久保田の巡行地蔵」『西郊民俗』一〇九号、西郊民俗談話会。
(6) 三輪律子、一九八七「神奈川県の廻り地蔵」『日本民俗学』一七〇号、日本民俗学会。
(7) 最上孝敬、一九七一「武相の巡行仏について」『西郊民俗』五七号、西郊民俗談話会。
(8) 中島恵子、一九七五「藤沢のまわり地蔵」『西郊民俗』七〇号、西郊民俗談話会。
(9) 中島恵子、一九七六「下田のまわり地蔵(1)」『西郊民俗』七七号、西郊民俗談話会。
(10) 鈴木重光、一九三三「『相州内郷村話』補遺(五)」『郷土研究』七巻一号、郷土研究社、八六頁。
(11) 松崎憲三、一九七四「奈良市の廻り地蔵」『西郊民俗』六八号、西郊民俗談話会。
(12) 真野俊和、一九八〇「地蔵信仰・観音信仰」『歴史公論』六巻三号、雄山閣出版、九六〜九七頁。
(13) 松崎憲三、一九八五『巡りのフォークロア』、名著出版。
(14) 川村杳樹、一九一四「廻り地蔵」『郷土研究』二巻三号、郷土研究社。
(15) 中島恵子、一九八七『狛江市の巡行仏――狛江市の民俗Ⅲ――』、狛江市教育委員会。
(16) 中島恵子、一九七五「泉竜寺のまわり地蔵(1)〜(3)」『西郊民俗』七一〜七三号、西郊民俗談話会。
(17) 中島恵子、一九七九「中将姫伝説と巡行仏――東京都町田市広袴の糸引観音――」『西郊民俗』八九号、西郊民俗談話会。
(18) 大島建彦、一九七九「宗円寺の巡行地蔵――東京都新宿区牛込柳町――」『西郊民俗』八八〜八九号、西郊民俗談話会。
(19) 大島建彦、一九八一「浄名院のうかがい地蔵――東京都台東区上野桜木――」『西郊民俗』九七号、西郊民俗談話会。
(20) 国分寺市教育委員会文化財課(編)、一九九五『国分寺の民俗・五――本多新田・恋ヶ窪村の民俗――』、国分寺市教育委員会、一八四〜一八五頁。
(21) 三吉朋十、一九七二『武蔵野の地蔵尊(都内編)』、有峰書店、二三八〜二三九頁。

(22) 豊多摩郡役所（編）、一九一六『東京府豊多摩郡誌』、同役所、八八四頁。
(23) 杉並区企画部広聴課区資料室（編）、一九八一『杉並区内の名勝・旧跡』、同区資料室、八頁。
(24) 森　泰樹、一九七五『杉並歴史探訪』、杉並郷土史会、二三七頁。
(25) 森　泰樹、一九八〇『杉並の伝説と方言』、杉並郷土史会、一九七頁。
(26) 井口金男、一九七三『杉並の石造物――民間信仰――』、杉並区教育委員会、四四～四五頁。
(27) 杉並区役所（編）、一九八二『新修杉並区史・資料編』、同区役所、一〇四頁。
(28) 山中共古、一九一五「江戸の地蔵」『郷土研究』三巻五号、郷土研究社、三一〇頁。
(29) 高崎市（編）、一九九五『上小塙町の民俗――市域北部の民俗とその変化――』、同市、一五八～一五九頁。
(30) 山田角人、一九一五「長門萩の話」『郷土研究』三巻九号、郷土研究社、五五八頁。
(31) 柳田国男、一九一五「山荘太夫考」『郷土研究』三巻二号、郷土研究社。
(32) 杉並区教育委員会（編）、一九七五『杉並の仏像Ⅰ』、同委員会、四四～四五頁。
(33) 三吉朋十、一九七二、一四八頁。
(34) 松崎憲三、一九八五、九六～九七頁。

飛行機の神

かつて民間信仰の対象とされた市中の小さな神々は、今日の高度情報化社会の渦中にあっても、その信仰の担い手たちを失ってしまったわけではない。そこには現代社会の生み出す新たな祈願と利益のニーズをいちはやく受け入れ、神々自身もまた時代に遅れまいと大胆にも新分野に進出して近代化につとめ、守備範囲をひろげたり、「専門店化」をはかろうとする動きさえみられるのである。民間信仰の現代化、祈願の多様化の時代におけるご利益のテーマは、もはや家内安全・五穀豊穣・商売繁盛・疾病平癒といった、いってみればありきたりな項目のみにとどまってはおられず、社会の新たな需要にもこたえていかなくてはならない。受験戦争が天神信仰を復活させ、交通戦争とモータリゼーションが自動車の安全祈願という形で神社の収益増に貢献したことはその端的な一例でもあろうが、時には深刻な現代社会の危機をも反映しつつ、ギャンブル必勝・非行防止・誘拐防止・不倫および浮気防止・離婚達成・精神疾患の平癒といった、極端な祈願項目をひき受ける神々までが生み出されもしたのである。(1)

ここでとりあげる「飛行機の神」も、かつてであれば考えられもしなかった、きわめて現代的なご利益をつかさどる神として位置づけておくことができる。ここでの「飛行機の神」

とは、飛行安全・海外旅行安全の神として、あるいは航空機産業関係者の守護神として信仰されている神または仏なのであり、当然のことながらその信仰の発生は、古い時代にさかのぼるものではない。しかし、そのような神が筆者の知るかぎり、東京都内に一一ヵ所も存在するということは、まことに興味深いことである。以下にそれを若干紹介してみることにしよう。

一、下谷の飛不動尊

まず最初にとりあげておくべき「飛行機の神」は、何といっても台東区竜泉三の一一の一の飛不動尊《とびふどうそん》ということになろう。正式には竜光山三高寺正宝院という寺院なので、「神」とはいえないが、本尊の不動明王が飛行安全に絶大なご利益を発揮する「飛行機の仏」として信仰されており、それはもちろん飛不動尊という本尊の通称およびそれにまつわる伝説に由来する。

寺伝によれば正宝院の創建は一五三〇年（享禄三年）とのことであり、開基は正山律師で当地で本尊不動明王を感得し、天台修験道場を開いたという。はじめ聖護院末に属し、のちに近江園城寺末となったが、現在は天台宗単立寺院となっている。たびたびの火災焼失にあっているが、一九七一年に再建された現本堂の中央には秘仏の本尊不動明王坐像が安置され、その右手に阿弥陀如来、左手に恵比寿大黒がまつられ、この恵比寿は下谷七福神のひとつに数えられている。本尊および寺院の通称である飛不動の名は、すでに一六六一～一六七二年（寛文年間）頃の『新版江戸大絵図』にも出ているし、『日本国花万葉記』や『江戸砂子』にも記載がみられるが、そもそもなぜそのような通称が生まれたかというと、次のような伝説が語られてきたためである。

　正宝院が創建されてからまだ間もない頃、当院の住職が修行のために大和国大峯山にしばらく出かけることになった。住職は自らの護持仏として本尊の不動明王像を背中に担ぎ、大峯山中にそれを奉安していたが、修行の終わった時、不動明王像は空に飛び立ち、一夜にして江戸に飛び帰って多くの人々にご利益をさずけたという。「大峰の山をとひ来てちりひちの身を守りたまふ不動明王」――この飛不動尊御詠歌にもよまれた空飛ぶ不動様の伝説は、二村邦夫氏による江戸伝承童話集にもとりあげられ[2]、多くの人々の知るところとなっているが、いつしかこの飛不動が「飛行機の神」として――すなわち飛行安全のご利益をもたらす仏として信仰されるようになっていったのは、もちろんこの伝説にちなんだわけである。

　寺では現在さまざまな飛行安全・航空安全の祈禱札や護符・御守を出しているが、航空業界関係者や海外旅行に行く観光客らがさかんにそれを受けにくる。もっとも人気のあるものは「飛行護《ひこうまもり》」という護符で（図22）、小さなパッケージの中に納められており、海外旅行時に背広の内ポケットにでもこれをしのばせておけるようなコンパクトさで、旧来の御守袋よりはいかにもしゃれている。また、キーホルダー形の御守もあって、これにはプラモデルのような小さなジェット機のミニチュアがついていて子供が喜びそうである。さらに飛不動の姿をえがいた絵馬も人気があり、本堂前に納められたそれをみてみると、「今年もみんな安全にフライトできますように」とか「アメリカから無事に帰ってこられますように」という願文が記されていて、飛行機の乗務員やこれから海外旅行に行く人々が奉納したことがわかる。時には「外国に行くお父さんが飛行機事故に遭いませんように」とか「無事ニューヨークから帰国できました。どうもありがとうございました」などというのもあり、家族の祈願や礼まいりにくる人もいるのである。

住職の近藤泰嘉師によれば、このような形での信仰がはじまったのは一九七〇年頃のことで、空飛ぶ不動様をまつっているのに航空安全の祈禱をしてくれないのかと参拝者に言われ、結構そういう要望が多いので「飛行護」を出すようになったという。当初は知る人ぞ知るという状態で、航空会社のパイロットやスチュワーデスらが祈願にくる程度であったが、海外旅行ブームの到来とともに広く知られるようになり、国内線・国際線を問わず旅客機に乗る人々が無事帰れることを祈って御守を受けにくるようになって、多い時には一日に一〇〇〇人もの参拝者がくることもあるといい、今まで日没とともに閉めていた山門を午後七時まで開けておくようになったほどという。まことに皮肉なことに、

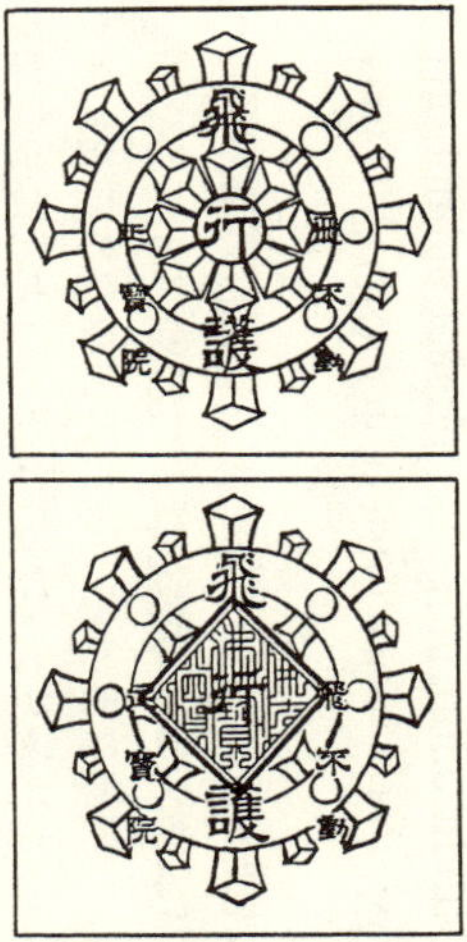

図22　飛不動尊の「飛行護」

飛行機事故が起こるたびに参拝者がふえるそうで、特に一九八五年の御巣鷹山における日航ジャンボ機の墜落事故以来、爆発的に増加したそうである。一九八六年にはアメリカのサンフランシスコの新聞にこれが紹介され、海外でも知られるようになったが、外国人むけに次のような英文解説が「飛行護」にも添付されていてユニークである。

THE HISTORY OF TOBIFUDO——FLYING GOD——
The temple legend says that once upon a time the principal image of Flying God was enshrined in Mt. Ominesan at Yamato province. The God, however, flew across the distance back to Tokyo in a single night and offered divine favors to people around. This amulet originates in this history of the Shobo-in temple, praying for a safe airride and a protection from all evil.

通算フライト二万五四〇八時間の日本最高記録の保持者である元全日空機長のベテラン・パイロット、森和人氏も飛不動の熱心な信者であり、現役時代にはクルーバッグに御守をしのばせ、退職後も年一回は参拝に訪れたという(3)。また、寺では正月・五月・九月の各二八日に例大祭護摩法要をおこなっており、この時に飛行安全祈禱もあわせておこなっている。

二、日本橋髙島屋ほかの飛不動尊分院

正宝院の飛不動尊の人気は近年ますます高まりつつあり、旅行業代理店の業界関係者などはまずたいてい飛不動尊の存在を知っているし、営業所内に受けてきた航空安全札をまつっておく所もみられる。チケット業務の窓口従業員などは客の方からよくたずねられるそうで、正宝院からまとめて受けてきた「飛行護」を常備しておき、客に分けている所もみられる。そして、ついには正宝院から本尊の身代り不動像を移してフロア内に安置し、これを下谷の本寺からの分院として、訪れた客が直接参拝できるようにした所まであらわれるに至った。

そのような意味での、飛不動尊の熱心な信奉者の筆頭にあげられるのは髙島屋デパートである。中央区日本橋二の四の一にある日本橋髙島屋には飛不動尊の分院がまつられていて、誰でもそこへいけば気軽に参拝することができる。それは本店ビルの七階にある旅行サロンの一角にまつられていて、海外旅行業務をあつかうサービスカウンターの脇に安置された厨子御堂の中に小さな不動明王像が立っている。この像は正宝院に古くから伝えられた本尊の分身で、一九七三年頃に寺からここへ移されたものである。御堂の正面には仏具や香炉、祈禱札や護符なども用意されていて、小規模ながらも「飛不動正宝院髙島屋分院」を名のっている。例の「飛行護」や、本寺でも出していない特別な航空安全札も常時用意されていて、

海外旅行者はここでチケットの購入手続きをすませたのち、旅行安全を祈願して守札を受けていくのである。旅行客へのサービスの一環としてまつられた飛不動尊の分院はまことに評判がよく、今では髙島屋デパートの横浜店ビルの六階旅行サロンにも分院がまつられており、毎月一〇日前後には正宝院の近藤住職が両分院を訪れて法要をおこなっている。

飛不動尊の分院はもう一ヵ所、都内台東区谷中二の一八の九にある江戸千代紙屋の老舗、「菊寿堂いせ辰」の店内にもまつられている。この店はさまざまな江戸趣味の木版画や染紙・千代紙・紙細工製品などを売る店としてよく知られており、これらを求めに来る客がずいぶん遠方からも訪れてにぎわっているのであるが、初夢の枕の下に敷く宝船絵の昔なつかしい一枚絵なども、ここへいけば今でも入手することができる。[4] 一九七五年頃のことであったが、都内渋谷のあるデパートで、紙細工製品などの展示即売会の催しがおこなわれたことがあり、この店から出品された張子人形は、谷中七福神や台東区内のおもな寺社の本尊・神々を形どったもので、好評を博したという。その中には下谷の飛不動尊の人形もあり、高さ五〇センチほどの紙張子人形に着色をほどこして、不動明王の尊像が特別に製作された。催しの終了後、これを処分するのは惜しいので店内に祭壇を設け、そこへ張子の像を安置して来店者が気軽に拝めるようにした。もちろん「飛行護」もつねに用意され、月に一度は正宝院の住職が経をあげにやってくる。一時的な「出開帳」のつもりが、そのまま「分院」になったのだという。

「菊寿堂いせ辰」の店主、広瀬辰五郎氏の談によると、この店を訪れる客の中にはこれから海外旅行・出張に出かける予定の人々が多いそうで、外国人に大変人気のある江戸千代紙をみやげに持っていってやると、ことのほか喜ばれるので買いにくるのだという。そこで、そのついでに店内分院の飛不動尊に海外旅行安全を祈願しつつ、「飛行護」を受けていくということになる。この店に飛不動尊がまつられることとなった背景には、そのような潜在的ニーズが存在する。

　このように、飛不動尊の出張分院は各所に設けられており、その評判と人気の高さをよく物語っている。しかもその分院はデパートのビルや商店の中などに設置されていて、いかにも現代的・都市的な祭祀スタイルがみられ、海外旅行安全の守護神としていかにもふさわしい。考えてみれば、東京都心部の業務地域には、さまざまな現代の神々がビルの谷間や屋上に鎮座ましましているのであり、ビル街は決して民間信仰不毛の地ではなく、たとえば銀座八丁神社めぐり[5]などにみられる通りである。以下に述べる他の「飛行機の神」もまたそうであるように、そもそもが現代という時代を象徴する神仏であるがゆえに、そのような現代的な祭祀スタイルがいかにも似つかわしく、それがまた評判を呼ぶわけである。

三、虎ノ門の金刀比羅宮

　次にあげられるのは港区虎ノ門一の二の七にある金刀比羅宮である。地下鉄虎ノ門駅近くのオフィス街に鎮座する「虎ノ門のこんぴらさま」として、たいていの人が知っている立派な神社であるが、一六六〇年（万治三年）に丸亀藩主京極高和が讃岐象頭山の金刀比羅大権現の分霊を江戸の藩邸内に迎えたのが開創という。毎月一〇日の祭日には邸内を開放して市民にも参拝を許し、大変な盛況さをみせていたようである。歌川広重の『江戸名所図会』にもそのようすがえがかれ、「虎の門の外なる金毘羅大権現は象頭山《ぞうずさん》の写《うつし》にして月毎の十日には縁日と称て出《で》商人《あきんど》の見勢《みせ》多く参詣の老若男女門内押合ひ群集をなす。利益を蒙るものも多し」と記されている。『絵本江戸土産』なども「讃州丸亀の神社をこの所に摸《うつ》す。霊験ことに新たなりとて毎月十日参詣 夥《おびただ》し」とある。明治維新後のいきさつについては、たとえば『東京名所図会』に次のように述べられている。

> 金刀比羅宮は琴平町十四番地に鎮座す。虎の門外に在るを以て世俗虎の門の金毘羅と称せり。当社の由緒は詳らかならざるも讃岐国象頭山金毘羅大権現の模にて旧丸亀藩主京極家の邸内に勧請したるなりき。其頃には平時固く門扉を鎖し衆庶の参拝を許されず。開扉するは大中月次祭日に限りたりとなむ。維新の際藩邸は上地となり宮柱のみ此地にとどまりぬ。明治二年神仏混淆の禁令を布かるるや金毘羅大権現は神なりとの故を以て金刀比羅神社と神号を明かにせり。明治六年府社に列せらる。今金刀比羅宮と称しぬ。

このような経過をたどって今日に至った金刀比羅宮なのであるが、それがなぜ「飛行機の神」として近年信仰されるに至ったかが次の問題となる。それは、この神社の祭神である大物主神（相殿として崇徳天皇もまつられている）が主として海陸安穏・海上守護・大漁満足の神としてあがめられてきたことにもとづいている。香川県の本社がそうであるように、特に漁民・海運業者らの信仰があつかったことは東京の分社にあっても同様で、千葉県銚子市の銚子大漁講をはじめとする約八百もの講社が大戦前には参拝にきており、縁日当日の都電虎ノ門駅の乗降客数は二三万人にも達したとのことである(6)。

漁民の神・船の神――総じて海の神としての金刀比羅権現の神徳は、航海安全・海上守護さらには交通安全・陸海路の守護という方面にも拡大され、「陸海路」が「陸海空路」となっていくのも予想される現代化へのアレンジといえる。こうして金刀比羅宮は陸上・海上・航空の三領域を管轄する交通安全の神となっていった。金刀比羅宮のおもな祭日は毎月一〇日、大祭は一〇月一〇日となっているが、このほかにも道の神を饗応して旅路の安全を祈願する、神社の神事としては今日珍らしいものとなってしまった、いわゆる道饗祭《どうきょうさい》の祭事(7)が毎年六月三〇日におこなわれていることも、おおいにうなずけることではある。

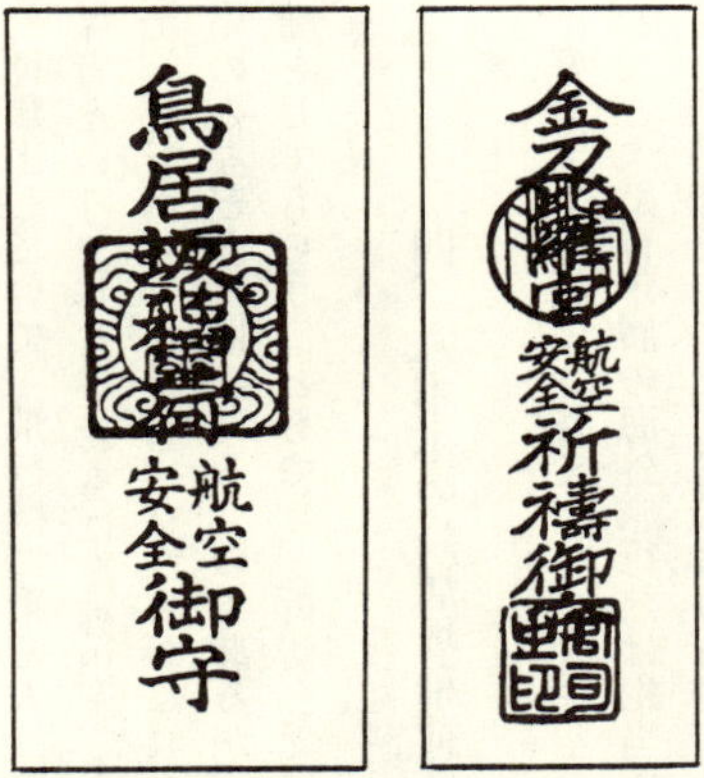

図23　航空安全の御守（右は金刀比羅宮、左は鳥居坂稲荷のもの）

さて金刀比羅宮では現在「航空安全守」を

二種類出していて、飛行機に乗る人は事故にあわぬようにとこれを受けていく。航空業界関係者というよりも、おもに海外出張・海外旅行にいく人々が主たる信仰者となっているので、ビジネスマンや若い女性らがこれを受けて身につけていくことになる。極端な飛行機嫌いの人なども時にはいるものであるが、そのような人は依頼すれば特別に神社で旅行安全祈禱をしてもらうこともでき、祈禱を受けた人には旅行安全札なども授与される。

四、六本木の鳥居坂稲荷

好景気や円高にささえられ、今や空前の海外旅行ブームの時代となったが、特に学生やOLなど未婚青年層の海外旅行熱は相当なものであり、パスポートを持っていない者の方が珍らしい時勢となった。そのような若者たちの集まるファッショナブルな街に、海外旅行安全をつかさどる神が、これまたファッショナブルなよそおいで、この街のムードにふさわしい形をとり、新たに鎮座することになったというのも、自然ななりゆきであったかもしれない。「いまもっともナウな街の一つ、六本木の真ん中に、二〇〇年も前からこのあたりの武士の邸内にまつられていたという鳥居坂稲荷がある。別名を『飛行機稲荷』といい、空の旅の安全を保証してくれるとかで、若い人にも人気がある。近くのブティックで航空安全祈願のお守りを売っている」[8]とガイドブックにも紹介されている港区六本木五の一六の鳥居坂稲荷——通称を飛行機稲荷という——がまさにこれにあたるわけである（写真23）。

写真23　鳥居坂稲荷（飛行機稲荷）

この稲荷は六本木の繁華街の一角、鳥居坂の付近にあるが、通りからはよくみえず、あまり目立たない。なぜなら、それは鳥居坂ガーデンという集合店舗内の中庭テラスの中にあるからであり、中庭に入ってみれば真赤な鳥居とま新しい社殿があざやかに映えて周囲のビルやウインドウ、小庭園の植栽ともよくマッチし、何となくしゃれた雰囲気をかもしだしていてこの街のムードを少しもそこねていない。ここにはアイスクリーム店やフラワーショップ・フランス料理店・ビアガーデンなどのテナントが入っていて、これらの店舗に囲まれた中庭に稲荷があるので、店の客らも気軽に参拝することができ、よく親しまれたお稲荷さんとなっているのである。この稲荷は、天明年間にこの地に館をかまえていた武田一族の子孫、源義仲（その遠祖は源義勝という）がまつったものといわれ、ＮＨＫの大河ドラマ「武田信玄」の放映された時には、信玄とゆかりのある稲荷ということで、特に多くの参拝者がみられたのである。鳥居坂稲荷で出している縁起書は稲荷の由緒について次のように述べている。

この鳥居坂稲荷は、今から約二百年

前の天明の大飢饉の際に、飢饉の終結と豊作祈願のため、農業信仰と深い縁起のありますお稲荷様が武田信玄公の末裔によってこの地に奉祀されたことに始まります。「風林火山」の旗幟を靡かせて、甲信の山野から関東、東海にまでその勇武さを示しました甲斐源氏武田家五百年の誇り高い歴史は、天正十年（一五八二年）勝頼《かつより》自刃によりその幕を閉じました。然し乍《なが》ら、信玄公は、よく領内の人心を収め、神仏への帰依深く戦国大名として文武両道に秀でた類い稀な政治家でありましたが、その治政のうちでも特に農業の振興策は特筆すべきものであり、彼の兜の水月はお稲荷様の使者の狐であるという稲荷信仰を表わしたものとも伝承されております。信玄公の末裔達は信州や西多摩更に江戸に分散して武田氏再興の機会を窺っておりましたが、時は流れ、天明四年（一七八四年）、十代将軍家治《いえはる》から特に世禄と渋谷 笄 橋《こうがいばし》の地に邸地を賜わった野沢某は信玄公八代の子孫であり、父義雄の遺志（信玄公の孫義勝以来の武田氏再興）を継承、遂に歴代の宿願を達成しました。笄橋の地から更にこの六本木に移住した天明八年（一七八八年）、以前から祀られていた稲荷の小祠を復興したのです。天明の大飢饉では、江戸でも打ち壊しや一揆が起きたと言われますが、当時の六本木一帯には農家も数多くありましたので、このお稲荷様は人々の厚い信仰を受けていたのであります。その後の時代の変遷で、社祠は荒廃しましたが、昭和四十九年（一九七四年）、当敷地の整備を行った際に、信玄公との由緒を刻んだ天明九年（一七八九年）の石碑を築山の一隅から発見しましたので、この謂れあるお稲荷様を再建して「鳥居坂稲荷大権現」（飛行機稲荷）として祭祀を篤くして今日に至っております。茲《ここ》に、信玄公の遺徳を偲びながら、参拝されます皆様の航空安全、商売繁盛、学業成就、家内安全等と子孫の御繁栄を祈願申し上げる次第であります。

ここにも触れられているように、鳥居坂稲荷が現在のような形でまつられるようになったのはごく近年のことであり、今の鳥居坂ガーデンの経営者である天宝社という企業がこのあたりの土地買収をし、取得した旧武家屋敷の跡地の整地作業をおこなったところ、築山の一部から古井戸の石囲や石碑が出土したことがそのきっかけとなった。港区教育委員会の調べたところによると、その屋敷地の位置を一八六二年（文久二年）の切絵図で照合してみると、有馬家・野沢家の旗本屋敷の位置と一致するそうであるが、それ以前の、つまりここでいう天明年間の状況についてはよくわからない。また、掘り出された石碑は今でも稲荷の祠前に置かれているが、土木機械による損傷をかなり受けており、碑文を完全に読みとることができないものの、かろうじて次のように読むことができる。

我高祖源義勝者故武田家族乃産□□野沢邑古以野沢為氏□□□□□□□于麻谷龍岡後四代父義雄巳雖有上進志年満八十不幸不遂宿志而卒其後天明四甲辰年五月七日予歳五十有六新蒙台命得上進幸奉処于世禄之別而終得継慈父之宿志矣同年十一月十七日於渋谷笄橋賜里弟時佐野某之邸舎以予祖先地同六丙午年十二月晦日以笄橋之弟共作交□之約因以開□而得易焉同八戌申年七月□□移住于□□□□□春秋祭祀以□□□□

天明九巳酉年正月
源義仲

要するに、武田家の血をひく野沢氏が宿願かなって幕府への仕官がなり、渋谷笄橋の地に屋敷地を天明四年にたまわったが、その四年後に当地（六本木）に移って氏神祠をここにまつるようになった、というものらしい。碑文の内容は先の縁起の通りで、これをソースに縁起の書かれたことがわかるが、これだけの断片的な記事からよくぞあれだけの縁起書をまとめあげたもので、まったく感服せざるを得ない。

武家屋敷の一隅にまつられていたという源義仲家の小祠を、二百年ぶりに再興するという形で鳥居坂稲荷がここに鎮座することになったわけであるが、その発案者は鳥居坂ガーデンおよび天宝社の菊池仁社長であった。先の石碑がこの地から掘り出されたのは一九七四年のことであったが、その四年後の一九七八年二月に現在の鳥居坂ガーデンがオープンし、その中庭テラスに稲荷がまつられ、芝愛宕青松寺の住職をまねいて盛大な鎮座祭典法要がいとなまれた。その際に菊池社長は昨今の海外旅行ブームや国際化時代の到来にちなんで、この稲荷の別称を「飛行機稲荷」とし、正式名称を鳥居坂稲荷大権現と定められた。祭日は毎年の初午日とし、青松寺の住職をよんで仏式に法要をおこなっているが、ために稲荷神社とせず稲荷大権現とされたわけである。このようにしてここにもひとつ、飛行機にちなむ現代の神が出現したのであったが、その存在が口コミでひろがり、多くの人々が参拝に来るようになった。鳥居坂ガーデンのテナントに入っている入り口のフラワーショップでは、航空安全の御守を出しており、海外旅行にいく人々はここでそれを受けていくのである。六本木という場所柄、芸能人やタレントも多く訪れ、なかなかのにぎわいをみせている。

五、新橋の航空神社

飛行機の性能が飛躍的に向上し、大量輸送の時代を迎えた今日にあっても、なお墜落事故は起こる。フェイル・セーフの安全システムを備えたジャンボ機でさえ、わずかな金属疲労がひきがねになって、あの日航機の大惨事をひきおこしたわけであり、巨大な金属のかたまりが空を飛ぶこと自体がそもそも不思議で、重力の普遍法則にさからった運動形態に基本的な無理があるのだ、という素朴な印象が完全に除去されたわけではなく、飛行機嫌いの人々も依然として多い。ライト兄弟がはじめて空を飛んだのは一九〇三年のことであったから、飛行機の歴史はたかだか八〇～九〇年にすぎず、その安全性の一層の向上と進歩の実現にはなお多くの時間を要することであろう。

都内港区新橋一の一八の一にある航空会館ビルの九階屋上には、日本の航空機開発史のうえで犠牲となった航空殉難者、そして戦時中の航空戦没者、さらには航空業界の功労者らの霊をまつる航空神社という小祠が鎮座している（写真24）。また、この航空会館ビルは、かつて「飛行館」とよばれた建物のあった地に建っており、このあたりの住居表示変更以前の地名は田村町といったのであるが、「田村町の飛行館」といえば業界関係者ならば誰でも知っている民間航空産業の聖地もしくは発祥の地なのであり、その屋上にまつられた航空神社は業界全体の発展を祈願するための象徴的意味をも持っている。飛行館が当時の田村町一の三の一に建てられたのは一九二九年のことであるが、その運営主体は一九一三年に発足した帝国飛行協会であり、一九四〇年にこれが大日本航空協会と改称して大戦後は日本航空協会（財団法人）となって今に至っている。

そして、その飛行館の屋上に航空神社がはじめてまつられたのは一九三一年一一月七日のことであった。その鎮座祭は大変に盛大なものであり、航空機への深い関心を持ち、「空の宮様」とよばれ、帝国飛行協会の総裁にも就任していた梨本宮守正王をはじめ、逓信・陸軍・海軍の各省三大臣代理らも出席し、式場上空では陸海軍機や各新聞社機が編隊飛行を披露したとのことである。社殿は明治神宮造営時の残木を用いて新築され、神体には一九一二年以来の航空殉難者三二五名の霊璽簿が納められたという。参考までに、その時神前において読まれた祭辞を紹介しておくと次の通りである。

写真24　新橋航空会館屋上の航空神社

人類地上ノ文化ハ時代ノ推移ト共ニ大空ニ展開シ航空ノ事業ハ現代生活ノ魁ヲ為スト共ニ其発展ハ人文消長ノ標識ヲ為ス。而《しか》モ人ハ自ラ飛翔スルヲ得ス。如何ニ精巧ナル機器ノ製作ヲ見ルトモ死ヲ賭シ険ヲ冒シテ試乗操縦スル敢為ノ士出テスンハ飛機今日ノ進歩発達ハ得テ望ムヘキニ非ス。航空驚異ノ盛観ハ一ニ先人辛苦ノ賜ニシテ人類ニ与ヘラレタル鵬ノ大翼ハ正シク先覚者カ尊キ犠牲ノ血ト肉トニ育成サレタルナリ。顧ミレハ明治末期ノ航空事業ハ殆ト児戯ニ類シ何等好奇ノ具ト違ハス。帝国飛行協会茲《ここ》ニ見ル所アリ。大正ノ初其ノ業ヲ起シテヨリ専念斯道ノ開発達成ニ務メ知識ノ普及趣味ノ喚起営々トシテ唯タ其ノ及ハサランコトヲ恐ル。爾後二〇年ノ歳月ヲ閲シテ幸ニ今日ノ隆運ヲ見ルニ至リシト　雖《いえども》此事業ヲ見ルハ職トシテ斯道先達ノ献身的努力ニ負フ。即チ航空ノ技愈々発達シテ殉職受難ノ士ノ偉勲ヲ憶フコト益々切ナルモノアル也。本会曾テ祭粢《さいし》ノ壇ヲ設ケテ各霊位ヲ慰ムルノ挙ニ出ツ。時偶航空神社ヲ建立シテ各霊位ヲ奉祀セントスルノ議アリ飛行館屋上ヲ清メテ社殿建立ノ工ヲ起スヤ用材ノ一部トシテ明治神宮ノ御用材ヲ拝受シ又鳥居用材トシテ特ニ同神宮苑内ノ神木ヲ賜ハル。今ヤ工ヲ竣工昭和六年十一月七日ヲト《ぼく》シ茲ニ靖国神社賀茂宮司司祭ノ下ニ厳ニ鎮座ノ式典ヲ修ム。畏クモ総裁梨本宮守正王殿下ノ御親拝ヲ　辱《かたじけな》クスルハ本会ノ至栄ニシテ又在天各霊位カ無上ノ冥福タルヲ疑ハス。祀ル所陸海軍民間三二五士各霊位　冀《こいねがわ》クハ永《とこし》エニ此殿堂ニ安居シ英霊限リナク我カ航空事業ヲ護リテ日進月歩ノ世運ニ協ハシメンコトヲ。本協会ヲ代表シテ斎戒沐浴恭シク茲ニ拝跪ノ礼ヲ捧ケ謹シミ虔ミテコレヲ祭辞トナス。

昭和六年十一月七日。

帝国飛行協会会長正三位勲一等男爵阪谷芳郎。(9)

航空神社鎮座の由緒と経緯は、この祭辞の中にあますところなく述べられている。また、ここにすでにあらわれているかすかな軍事色は、日本の軍国化とともにさらに強められていき、飛行機という乗物がすぐれた兵器ともなりうることの、宿命性からのがれることはできない。当初は業界の殉難者慰霊を中心にしてなされていた祭事も、しだいに戦没者の慰霊にかたむいていき、毎年の恒例祭には前年殉難者の新霊合祀祭・慰霊祭もおこなわれていたが、一九三七年以降は日中戦争拡大にともない、航空軍人戦没者の合祀が急増する。陸海軍からの通報には戦死者の氏名も省略され、単に柱数のみが霊璽簿に記載されるようになり、一九四三年にはついに柱数さえも不明となって「一括御霊代《みたましろ》」となった。翌一九四四年以降は例祭も中止され、そのまま敗戦となったが、占領軍GHQによる航空禁止令によって官民を問わず、いっさいの日本の航空産業は全面休止の時代を迎えた。そのような時代に戦没英霊をまつる神社の祭祀など、もちろん許されるはずもない。飛行館ビルもあわや接収されてしまうかと心配されたそうであり、「GHQから係官が二度、三度と調べに来る。屋上の航空神社など見つかったら、一も二もなく取り潰しにあったものを、五階の廊下に壊れたイス、机を積み重ねて『これから先は物置だ』と偽って見逃させ、とにかく建物の接収を免れた」(10)などというエピソードも聞かれるのである。

戦後の航空産業の復活にともない、協会も日本航空協会として一九五二年に再発足し、翌一九五三年には官民合同の航空神社祭が再開されたが、軍事色は一掃され、しかも靖国神社への自衛隊関係者の合祀をめぐる訴訟問題などにみられるような、さまざまな社会問題をも考慮して航空殉難者の合祀を中止し、新たに業界功労者の霊璽簿を合祀しなおす形で今日の時代と社会への対応をはかることとなった。一九六三年以降はほぼ毎年のように物故功労者の選定と合祀祭がおこなわれるようになり、殉難者の合祀は一九八四年から中止されている。一九七六年には老朽化した飛行館がとりこわされ、屋上の航空神社の御神体は一時靖国神社に移されていたのであったが、一九七八年には飛行館跡地に今日の航空会館ビルが建てられ、一九八三年にはその屋上に新しい航空神社の社殿も再建されて、御神体も靖国神社からもどされた。神社の再発足に際し、協会では①従来の慰霊から航空平安祈願へと祭祀のありかたを変更する、②今後の合祀者は功労者のみとする、③慰霊祭は通常の神社祭とは別個におこなう、といった基本方針を決め、次のような奉斎規定が定められることとなった。

航空神社奉斎規定

第一条　航空神社は、航空平安の守護神として奉斎する。

第二条　航空神社祭神は、次の諸神とする。①わが国航空創始以来の航空殉難者並びに功労者として合祀された諸神、②航空発展のため特に功労顕著であった今後の合祀者。

第三条　本神社の例大祭は、九月二〇日とする。合祀祭は五年毎とし、これを行う場合は例大祭と同日これに先立ち行う。

第四条　本神社祭神の遺族、その他祭神を崇敬する者をもって本神社の崇敬者とする。

（中略）

第九条　奉賛会は、崇敬者により構成され、航空の平安を祈念し、神社の奉賛と普及活動を行う。

第十条　本奉賛会会長は日本航空協会会長が兼ねる。総代会並びに奉賛会の事務局は日本航空協会内におく。

このようにして、新時代に対応した新たな祭祀のありかたが整えられることとなった。一九八〇年現在、航空神社への合祀祭神柱数の内訳は、民間航空殉難者六九四柱（一九一二～一九八〇年）、陸海軍航空戦没者五一七四柱（一九一二～一九四二年・調査不能一括合祀分を除く）、自衛隊および海上保安庁航空殉難者四〇五柱（一九五三～一九八〇年）、航空功労者九四柱（同）、計六三六七柱となっている。[11] 神社の例大祭日は毎年九月二〇日の航空記念日、月並祭は毎月第一火曜日とされ、靖国神社神職によっていとなまれている。神社は誰でも参拝することができ、航空会館ビルのエレベーターを八階でおり、非常階段の「参道」を通って屋上の社殿まで歩いていけるようになっている。九階の協会本部総務課にいけば航空安全札を受けることもできる。

六、四谷の航空神社

新橋の旧飛行館（現航空会館）ビル屋上にあった航空神社はまた、都内二ヵ所にその分社をも出していて、航空業界関係者のあつい信仰にささえられている。そのひとつはまず都内新宿区三栄町二五の「飛行館ハイツ」というマンションの敷地内に分祀され、やはりこれを航空神社と称していた。これをまつったのはこの飛行館ハイツの家主である柴原宏太郎氏で、港区赤坂に住んでおられる。柴原氏は自分の所有するマンションを飛行館ハイツと名づけ、そこに航空神社をまつったほど、航空業界にゆかりの深い人物である。すなわち、氏は今の日本航空（ＪＡＬ）の前身、大日本航空株式会社の元社員であり、戦前は北京・広東・香港・マニラ・ダバオなどの現地駐在員として活躍された。

戦前の日本の空は大日本航空一社が独占し、外地に三社の民間航空会社が配置されるという体制であったが、その大日本航空ももとは日本航空輸送株式会社といって純民間資本の会社であり、一九三八年に政府資金を受け入れ、半官半民の国策会社となっていった。もちろんそれは戦争協力のためであって、当時の航空業界は軍事と深く結びついており、大日本航空の社内組織も陸・海軍の各セクションに分割されていたという。「航空会社は軍事に結びついている。これらの路線を飛ぶ飛行機の座席の半数は陸海軍で年間予約されていた。（中略）パイロットも飛行機も服とマークを塗り変えるだけで戦闘員に早変りする」[12]といった状況であった。柴原氏も一九四二年、駐在先のダバオで陸軍に編入され、軍属の身分で派遣隊長となって基地の地上勤務に従事されたが、戦局不利となった戦争末期には多くの同僚社員の戦死に立ち会い、日航はえぬきの優秀な操縦士・乗員たちはついに基地へ帰投することがなかったという。

一九四五年、柴原氏は台北で終戦を迎え、同年九月に帰還されたが、大日本航空は占領軍に解散させられ、戦後は長く電力会社に勤務された。また、そのかたわら国学院大学に学んで神職の資格を得られ、戦死したかつての同僚社員らの慰霊を思いたたれた。おりしも一九五一年には民間航空が再開され、一九五三年には日本航空株式会社が新発足し、新橋飛行館の航空神社祭も復活した。そして、その飛行館が航空会館に建てかえられるに際し、いったんは靖国神社へ移されることになった屋上の航空神社の社殿を日本航空協会に頼んでゆずり受け、これを四谷の三栄町に柴原氏がまつりなおしたのが飛行館ハイツの航空神社となったわけである。社殿の移転にあたっては、クレーンで直接屋上から社殿をおろし、道路のすいている早朝にトラックでゆっくりと三栄町まで運んだそうだが、この輸送には二〇〇万円もの費用を要したとのことである。

御神体を靖国神社に移したあとの空の社殿には、新たに戦没者の霊璽簿と遺品（遺影・書状など）をまつりこみ、祭神を天照皇大神・天鳥船之命の二柱としたが、合祀戦没者は太平洋戦争中における民間航空殉難者三五〇名ほどのみに限定し、軍人は除外された。神社創建日は一九七五年一月一二日とし、例大祭日は終戦記念日の八月一五日とされた。神事は神職の資格を持つ柴原氏自身が奉仕され、たとえば次のような祝詞を読んでおられる。

民間航空戦没者慰霊祭祝詞

哀れ国破れて山河あり。人逝いて芳はしき名を遺すかも。終戦記念日の今日此の航空神社の御垣内の朝日の日向う処夕日の日隠る処を良き処と選び定めて大東亜戦争に身亡《みまか》りし民間航空戦没者数百柱の英霊の御前にそのかみの航空《そら》の友航空神社に仕へ奉る神職《かんづかさ》柴原宏太郎航空人を代表して今日の生日《いくひ》の足日《たるひ》の佳辰《よきとき》に慰霊の御祭仕へ奉らんと恐《かしこ》み曰さく。一億の国民《くにたみ》挙《こぞ》り皇国の命運をかけて戦ひし曩《さき》の大東亜戦争に於て哀れ久方の天津御空に或は戦場《いくさのには》に物量を誇る米軍に力尽き国の御楯となりて口惜しくも悲しく身亡《みまか》りし汝命達《みましみことたち》の御功を顕彰し慰霊の誠捧げんと拝み奉る真心を平らけく安らけく聞こし召して此の聖戦に身亡《みまか》り給ひし英霊は余す処なく相寄り相集ひ給ひて御前に捧げ奉る心づくしの種々《くさぐさ》の味物《ためつもの》をあな嬉しあなうむかしとも見なしまして御霊《みたま》は永久《とは》に鎮まり坐《ま》してこれより先も航空人《そらゆくひと》と航空界の守護神《まもりがみ》となり天翔り国翔りて守り導き給ひて争事なく禍事《まがごと》なく弥栄《いやさか》に先人達の遺し給ひし御心をうけつぎ世のため航空界のため忠に貞に仕へ奉《まひ》らしめ給へと謹み恐《かしこ》み恐《かしこ》み曰《まお》す。

個人のまつる神社だけあって、この祝詞にはなお戦時色が色濃く残されており、一方の新橋の航空神社が日本航空協会という公益団体の関与する関係上、軍事色を極力払拭してきたこととは対照的である。柴原氏はまた、「民間航空戦没者を偲ぶ会」をも組織して遺族らとも連絡をとり、時おりはフィリピンや台湾現地で慰霊祭を催しておられる。まったく柴原氏個人の尽力で今日にまで護持されてきたこの四谷の航空神社も、ある事情により一九八九年一一月に社殿が撤去されることとなり、御神体は今では柴原氏の自宅内に移されてまつられている。

七、羽田空港の航空神社・穴守稲荷

さて、航空神社のもうひとつの分社は、日本の空の表玄関であった大田区の東京国際空港(羽田空港)のターミナルビル屋上にかつてまつられていた。このビルの屋上は展望台となっていて一般にも開放されており、そこに立つと空港内を一望に見わたすことができて小学生などの団体見学者らでつねににぎわっていたものであったが、成田に新東京国際空港ができてからはさほどでもなくなった。展望台の一角には、かなり立派な造りの神社の社殿が二棟建っており、見学者らは、なぜこんな所に神社があるのだろうといった表情で社前を通りすぎていくのであるが、はなやかなユニフォームに身をかためた各社のスチュワーデスの一団がやってきて、フライト前の参拝をしている姿などを見れば、すぐにそれが飛行機の安全を祈願するための神祠であることが察せられるのである。二棟の神社のうちの一方はここでの航空神社の分社としての「羽田航空神社」、もう一方は羽田の穴守稲荷神社から分霊を移したもうひとつの分社なのである。まずその前者についてみてみると、社前の説明板には次のように記されている。

羽田航空神社由緒
ここ東京国際空港は大正四年民間飛行場として発足以来紆余曲折を経て今日我国空の表玄関として運輸交通の発展のため重要な使命を果しております。予てより我国航空界に携る人々の間において航空に最も縁の深いこの羽田の地に航空界発展の礎となられた諸々の御霊をお祀りし今後の航空界の躍進と航空安全輸送の御加護を祈念したいとの気運があり、この度東京国際空港ターミナルビル増改築工事を機縁として空港全域を見守るに最も相応しいこの場所を神域と定め昭和三八年七月十一日財団法人日本航空協会の航空神社より御分霊を勧請し奉斎申し上げて羽田航空神社を建立致した次第であります。なお毎年五月二十日を例大祭日と定め祭事を執り行います。敬白。

神社設立のいきさつは、まさにここに述べられた通りである。もうひとつの穴守稲荷の分社をもあわせ、これらの神社をここに勧請して管理をしているのは日本空港ビルヂング株式会社という会社であるが、この会社は空港ターミナルビルの経営主体であり、羽田空港のターミナルビルは当時の政府の財政難から公費で建設することができず、完全民営方式で建設・運営がなされることとなり、その事業者として一九五三年に設立されたのがこの会社である。(13) したがってビル内に営業所を持つ各航空会社・関連会社などのテナントからみれば、この会社は家主ということになる。

空港ターミナルビルは一九五五年に一期分工事が竣工して開館となり、八年後の一九六三年に二期分の拡張工事が終了して今日のような姿となったが、その時点にあわせて航空神社の分社が屋上に勧請されたわけである。その際に、羽田航空神社の祭神には羽田空港関係の航空殉難者のみをあてることとなったが、そこには事故にあった一般旅客犠牲者もが含まれていて、搭乗員の殉難者のみに限定した新橋の航空神社とは異なったやり方がみられた。例祭日も新橋の九月二〇日に対して、こちらは五月二〇日とされたが、やはり靖国神社の神職が奉仕する。神事には空港長・各航空会社社長・テナント各社・税関職員など六〇〜七〇人が出席して玉串を奉献するが、中華航空などの外国人総支配人も何人か参加して国際色豊かである。次に、もう一方の穴守稲荷の分社についてであるが、社前の説明板には次のような由緒が記されている。

穴守稲荷神社由緒
文政の頃当所開墾の際沿海の堰堤屢々《しばしば》風波濤害を蒙る。就中《なかんずく》東崎は濤波の衝突甚しく堤の腹部に一の空穴を生ず。海水これより浸入し内に溢れ農民防禦《ぼうぎょ》の術尽きて終に荒廃の地に復せんとす。故に農民等堤上に一の祠を勧請し祭る所稲荷大神を以てす。右風波の害なく百余町の沃地神速開墾の功を奏し初て百穀豊穣す。故に穴守稲荷神社と奉称す。爾来《じらい》近郷近在の崇敬を集め崇敬者は国内は勿論海外にも及べり。現ターミナルビル敷地一帯は元穴守稲荷神社の境内地にしてビル前の赤鳥居は往時を偲ぶことを得べし。昭和二〇年九月米軍進駐と共に飛行場拡張の為強制疎開となり当地より西方一千米稲荷橋畔に遷座す。依て昭和三〇年五月十七日当ビル落成と共に屋上に穴守稲荷神社の御分霊を奉斎す。敬白。

ここに述べられた由緒の前半は後述する羽田の穴守稲荷本社の縁起そのものであるが、要するに羽田東崎の堤防上にまつられた波除けの宮が穴守稲荷のそもそものはじまりであった。敗戦直後の一九四五年九月、飛行場拡張のため米軍による四八時間以内強制退去命令を受けて穴守稲荷神社は数百戸の旧羽田町住民とともに海老取川の西岸への退去を余儀なくされたのであったが、拡張後の空港内に残された旧一の大鳥居は今でも空港駐車場の中に立っている。この鳥居を撤去しようとするたびに不可解な事故があいつぎ、呪いの鳥居とか祟りの鳥居とか呼ばれてきたことはあまりにも有名である。そのわざわいや祟りが航空機の事故という形であらわれることのないように、との祈願を含めてのことか否かはわからないが、民間航空再開後の羽田空港内には穴守稲荷の分社がまつられることとなった。空港ターミナルビルの一期工事の終了時にあたる一九五五年五月一七日、穴守稲荷旧鎮座地に近いそのビルの屋上に分社は勧請され、その奉遷日にちなんで毎月一七日が月並祭のおこなわれる日となった。また、秋の一〇月一七日には例祭がおこなわれ、先の羽田航空神社の例祭と同じく空港関係者六〇～七〇人が出席して航空安全祈願がなされている。さらに毎年一月四日の仕事はじめには、両分社を毎年交替で当番社とし、その年の安全祈願祭を催しており、これには一般職員もくわわって計一〇〇人ほどが社前に参列する。これらの祭事はすべて穴守稲荷の宮司の奉仕によって挙行されている。

なお、参考までに両分社の奉賛団体を構成するおもな空港関連企業名を紹介しておこう。それは、日本空港ビルヂング・日本航空・全日本空輸・東亜国内航空・日本アジア航空・日本空港技術サービス・東京エアターミナルホテル・羽田会・全日空モーターサービス・東京空港サービス・国際空港事業・日本航空サービス・日本空港リムジン交通・日本空港自動車交通・日本空港商事・日本通運東京空港支店・日立運輸東京モノレール・東京国際空港燃料運営協議会・航空振興財団・航空公害防止協会・東京空港交通・国際空港上屋・東亜エアサービス・空港グランドサービス・空港歯科医院・空港診療所・京浜急行電鉄の主要二七社(事業所)であり、空港と航空輸送に関係する実にさまざまな業界分野からの参加がみられるのである。

八、羽田の穴守稲荷

ところで、ついでながらもうひとつとりあげておくと、羽田の穴守稲荷神社の分社は空港ターミナルビル屋上のもののほかに、もう一ヵ所存在する。それは羽田空港に隣接する三愛石油株式会社の社屋屋上にあるもので、これもまた穴守稲荷の本社から分霊されたものである。この三愛石油という会社は、羽田空港を発着する航空機にジェット燃料を供給する会社で、空港に隣接する燃料基地から地下パイプラインを通して駐機場に燃料を送るのがこの会社の仕事であり、このような給油システムをハイドラント方式とよぶが、今では世界中のほとんどの空港でこのやり方がとられている。社屋の建つ敷地は穴守稲荷の旧地からみれば、ちょうど参道正面にあたり、そのことにちなみつつ、かつまた給油事業の安全を祈願して穴守の分社をまつるようになったという。こちらの分社では毎年六月と一二月の二回、良い日を選んで例祭をおこなっている。

このように、空港関連企業にとって穴守稲荷は密接な関係を保持しつつ、深く信仰されているのであるが、次にこれらの分社を生み出した本社そのものについても若干みておこう。今日では穴守稲荷は大田区羽田五の二の七に鎮座しており、それは羽田の鎮守神としてはもちろんのこと、各地の講社からの広い信仰を集めているが、大戦前には爆発的な信仰ブームが起こり、典型的な流行神のひとつとして存在し続けたことはよく知られている。現在神社で出している由緒略記にみる神社の縁起には次のように記されている。

社伝に云う。文化元年の頃鈴木新田開墾の際、沿岸の堤防しばしば激浪のために害を被《こうむ》りたり。或時堤防の腹部に大穴を生じ、これより海水浸入せんとす。ここにおいて村民等相計り堤上に一祠を勧請し、祀る処稲荷大明神を以ってす。これ実に当社の草創なり。爾来《じらい》神霊の御加護あらたかにして風浪の害なく五穀豊饒す。その穴守と称するは「風浪が作りし穴の害より田畑を守り給う稲荷大神《いなりおおかみ》」という心なり。（中略）殊に当社は明治以来、大正、昭和を通じて、最も隆昌に到り参拝の大衆日夜多きを加え、境内踵《きびす》を接する如く、社頭又殷賑《いんしん》を極め崇敬者は、国内は勿論遠く海外にも及べり。然るに昭和二十年八月終戦にのぞみ米軍により羽田空港拡張の為、従来の鎮座地より敗戦と云う未曾有の出来事に四十八時間以内の強制撤去を命ぜられ、同年九月地元崇敬者有志の熱意の奉仕により境内地七百坪が寄進され、仮社殿を復興再建し、現在地に遷座せり。（中略）漸次昔日の面影をとりもどしつつある次第なり。(14)

ここに述べられた神社の沿革史の概略は、すでにみた通りである。もともとは地元農民の信仰する小鎮守神にすぎなかった穴守稲荷がいつしか商売繁盛をもたらす流行神としてもてはやされるようになっていったわけであるが、ここに飛行場が作られてからはそこに集う航空人たちの信仰をも集めるようになったようである。現在の羽田空港の前身である逓信省羽田飛行場が当地に設置されたのは一九三一年のことであったが、それに先立つ一九一六年には日本飛行学校と日本飛行機製作所とが穴守稲荷の旧地付近にすでに設立されていた。その設立者である相羽有氏の回想録によれば、一九一〇年代の羽田かいわいの様子は次のようなものであった。

いまの大鳥居駅のところに大きい赤色の鳥居があり、信者が寄進した大小の赤鳥居がトンネルのようにつづき、子供たちはおもしろ半分にくぐって行った。穴守のお稲荷さんは、粋な商売や芸人たちの信仰を集め、参道の両側には料亭や土産物屋が軒をならべ、夜ともなれば芸能人の名入りの灯籠には石油ランプが点灯され、賑やかに絃歌の流れる情緒があった。お稲荷さんには狐がお使いとされて、呼びすてにして叱られたことがある。お狐さまと敬称をつける風習があった。ここには狐の棲息する穴が数ヵ所あった。油揚げを供えて祈願すると、万事がかなうという霊験あらたかなものだ。飛行練習生が初めてソロ（単独飛行）する前夜、ひそかに油揚げを献じたところ、上首尾だったのでお礼参りしたエピソードもあった。⑮

最後のエピソードなどはまことにおもしろいが、穴守稲荷神社が本格的な意味での飛行安全の神として位置づけられていくのはやはり戦後のことであったろう。飛行場が次々に拡張され、それが国際空港に昇格し、日本の空の表玄関となったことによって神社も空港と深く結びつき、「飛行機の神」となっていったものと思われる。穴守稲荷神社の宮司は、今では空港ターミナルビルと三愛石油社屋の屋上分社についての祭祀を管轄するほか、各航空会社から依頼される安全祈禱を一手に引き受けておられるし、新機の導入時には一番機の修祓《しゅばつ》を担当する。新機のお祓いは格納庫の中でおこなうそうで、機首下に祭壇を置いて祝詞を読み、機内にも神職が入って客席や操縦席などを大幣で祓って回るという。また、新機種の導入時にはパイロット訓練所の模擬操縦訓練装置（シミュレーター）も入れ換えるので、機械システムの修祓をもおこない、宮司は時には成田空港にまで出張するそうである。日本エアシステムおよび全日空などは特に信仰にあつく、自社保有の全航空機分の祈禱札を毎年穴守稲荷神社から受けてコックピット内にまつっているとのことである。

九、おわりに

以上、東京都内にある「飛行機の神」をひとつずつ紹介してみたが、これに類するものは東京以外にもいろいろあるようである。たとえば京都府八幡市にも飛行神社というのがあるそうで、祭神を饒速日命《にぎはやひのみこと》とし、飛行機嫌いや高所恐怖症を治す守札を出していると聞く。また、大阪府泉佐野市で一九八三年一二月に創建された泉州磐船《いわふね》神社は別名を泉州航空神社といい、関西新空港建設予定地である泉州沖の対岸に鎮座して新空港の守護神を名のっている。祭神はやはり饒速日命で、天磐船《あまのいわふね》に乗って河内に天降ったとする記紀の伝説にちなんでいる。境内には実物のヘリコプターが置かれ、鳥居には飛行機のプロペラが飾られて、おおいに評判をよんだが、神社の創始者である佐藤匡英氏によると[16]「ヘリコプターは当神社の狛犬がわり、プロペラは航空機のシンボル」であるとのことである。

これらはいずれも新名所的な例であるが、航空戦没者をまつるタイプのものも各地にあるようで、たとえば神奈川県大和市の深見神社の境内社のひとつである靖国社もそうしたものである。この靖国社はかつて厚木飛行場（現在の米軍厚木基地）内にまつられていたもので旧社名を厚木空神社といった。戦時中の一九四四年一一月八日、海軍第三〇二航空隊司令小園安名大佐が厚木航空隊の戦死者霊璽簿と靖国神社下賜の宝剣とをまつったのが神社のはじまりであったが、敗戦後に進駐軍より社殿の焼却を命ぜられた。同航空隊内の西沢良晴大尉はひそかに御神体を運び出し、社殿もまた地元民の懇請で焼却をまぬがれて移転が許され、深見神社境内に遷座することになったが、一九五一年の講和条約締結後は社名を靖国社と改称し、祭事も復活している(17)。

さて最後に、再び東京都内の「飛行機の神」について注目しなおしてみよう。飛行機の安全と旅行の安全、さらにはその方面にかかわる産業分野の発展とをつかさどるための神の生み出されかたには、実にさまざまな形がみられたということを、まずは確認しておくことができる。下谷の飛不動尊の場合は本尊にまつわるひとつの伝説からそのような御利益が生み出され、海外旅行業者らのバックアップもあっていくつかの分院までもが誕生した。虎ノ門の金刀比羅宮の場合は航海の神・交通の神としての守備範囲が空にまで拡張され、一種の拡大解釈がそこになされたわけである。六本木の鳥居坂稲荷については無から有を生み出す形で、当初から飛行安全・海外旅行安全のための神ということが意図され、新しい神社が誕生したものであり、京都の飛行神社や大阪の泉州磐船神社の場合とも共通し、新名所創出型とでもいうべきパターンである。新橋の航空神社については典型的な業界密着型で、産業分野別のいわゆる「斯業《しぎょう》の神」のパターンであるが、そこに業界殉難者・戦没者慰霊の要素も結びつき、その点では大和市の靖国社の場合とも関連を持っている。その分社は四谷や羽田にも設けられたが、特に羽田の場合、そこに空港があることによって地元の穴守稲荷神社がそのような神としての意味をも持つようになっていく。

要するに「飛行機の神」の誕生プロセスはまったくさまざまで、そこには神も仏も含まれ、それら神仏の持つもともとの必然性から新たな神威・神格・御利益が生み出されたわけではなく、社会の求める強いニーズにこたえて神仏の側が守備範囲の拡張をおこなったということである。その際になされるやはりさまざまな拡大解釈や一種のこじつけこそがひとつの創造力であって、たとえば『願懸重宝記』などをかつて生み出した伝統的センスは今なお健在であるともいえようか。人間が飛行機という交通手段を手中にし、空にまで活動領域を広げていくとともに、飛行機と空との安全を管轄する神が必要となり、しかもなおそこにともなう危険リスクが飛躍的に除去されていないということによって、そのニーズはより強いものとなる。社会の進歩にともなって、このような形での現代神の誕生は今後ともみられることであろうし、新たな社会的テリトリーが切りひらかれるたびにまたひとつそこに新たな神格が生み出され、その増殖と再生産がなされつつも、その一方で時代のニーズを失ったものは放棄されていく。新しい現代神はそれゆえ専門店型への志向性が強く、既存の総合神はさらにその総合化を進めていかねばならないことになる。この基本的な方向性、そして拡大解釈と連想の精神、さらにはその母体としての多神教的基層性、などなどにかぎってみた場合、少なくともそれらは近世以来のゆるぎない伝統の継承であり、いいようによっては保守的ですらあって、現代神の持ついかにも現代的なよそおいのかげには、ある意味での思考の旧態がつねにひそんでいる。

注

（1）長沢利明、一九八九「肥大化する都市の欲望とご利益祈願」『AZ』七号、新人物往来社、一〇八～一〇九頁。
（2）二村邦夫、一九八六「空飛ぶお不動さま」『お江戸ものがたり』一集、丘書房、三四～四六頁。
（3）読売新聞社（編）、一九八八「東京イーストサイド」『読売新聞』五月二四日朝刊都民版、同社。
（4）長沢利明、一九九〇「東京の宝船」『西郊民俗』一三一号、西郊民俗談話会。
（5）松崎憲三、一九八九「『地域おこし』としての『大銀座まつり』――祝祭の文化史的研究――」『成城大学文芸学部創立三十五周年記念論文集』、成城大学文芸学部、二三八～二四六頁。
（6）吉田正巳、一九四九『虎ノ門金刀比羅宮縁起の栞』、虎ノ門金刀比羅宮、四～五頁。
（7）長沢利明、一九八九「道切りの神事――東京都江戸川区香取神社――」『東京の民間信仰』、三弥井書店、一六七～一六八頁。
（8）やまひこ社（編）、一九八七『東京御利益案内』、リブロポート、九八頁。
（9）財団法人日本航空協会（編）、一九八八『協会七五年の歩み――帝国飛行協会から日本航空協会まで――』、同協会、一六六～一六七頁。
（10）久富達夫、一九六六「財団法人日本航空協会設立の経緯」『日本民間航空史話』、日本航空協会、四五六頁。
（11）財団法人日本航空協会（編）、一九八八、三五六～三六二頁。
（12）高村暢児、一九六九『ドキュメント日本航空』、学習研究社、二九～三〇頁。
（13）秋山　龍、一九六六「ターミナル・ビルができるまで」『日本民間航空史話』、日本航空協会、四四四～四四八頁。
（14）穴守稲荷神社（編）、年代不詳『穴守稲荷神社略記』、同神社。
（15）相羽　有、一九六六「羽田飛行場の生いたち」『日本民間航空史話』、日本航空協会、三一一頁。

(16)読売新聞社(編)、一九八五「列島ＶＩＥＷ」『読売新聞』六月二二日夕刊版、同社。
(17)山口正男、一九七二「深見神社の境内にある靖国社の由来について」『大和の文化と伝説』、大和市教育委員会。

自動車のお守りにみる民間信仰

一、自動車のお守りとお祓い

第二次交通戦争の到来が宣言された今日、年間の交通事故発生件数はすでに一〇〇万件を数え、その死者数は一万人を超えている。この深刻な事態を前にすれば、日頃の不信心はとりあえず不問にして、なんとか自分だけでもアクシデントから逃れたいという神頼み・仏頼みの気持ちが起こるのも当然であり、愛車のお祓いを受けて祈願済みのステッカーを窓に貼り、ミラーにお守りを吊しておけばなんとはなしに安心した気分になれるものである。今日では多くの人々が新車の購入時に、神社や寺院で交通安全祈願の祈禱をしてもらい、そこで授与された護符やお守りを車内に祀っておくようになり、そうすることがあたりまえになってきている。官公庁でさえ、消防車や救急車の新車が配備される時に、たいていは寺社で入魂式という儀式をおこなっており[1]、それをしないことには何となく気持ちが落ちつかないという心理が、そこにはたらいているのであろう。あらゆる道具や物品には魂が宿っているという、アニミズム的な考え方がその背景にあることも、またいうまでもないことではあろう。

写真25　自動車のお祓い（府中市の大国魂神社）

写真26　同（杉並区の妙法寺）

自動車に交通安全のお守りを付けて事故防止を祈願するというこの習慣自体は、自動車というもののなかった時代には当然存在せず、それの実用化と普及にともなって生み出された新しい信仰習俗であることはいうまでもない。ではそれがいったいいつ頃から始まったかというと、正確なことはよくわからないものの、矢部善三という人が戦前の一九三四年に著した『神札考』という本の中に「二、三年前、利にさとい東京の一寺院の門前に、自動車事故防止守授与といふ高札《かうさつ》が建ってゐた。試みに小坊主《こぼうず》をつかまへて訊《き》くと、本尊は毘沙門《びしやもん》様ですといふ。毘沙門天と自動車とは余りにも縁《えん》が遠さうに思ふが、そんな事は毘沙門の知った限りでない」との一文がみられる[2]。

すなわち、昭和のごく初期にあたる一九三〇年頃、東京都内のある寺院ですでにこの種のお守りを授与していたということがわかるのである。

二、交通安全祈願の発生

関東地方で最も由緒ある交通安全の神として知られ、年間数万人のドライバーが参拝に訪れる群馬県山田郡大間々町の貴船神社の場合は、京都の本社と同様、もともと水の神・雨乞いの神として信仰されてきたのであったが、転じて水運の神・海上交通安全の神となり、さらに拡大解釈がなされて陸上交通安全の神としても位置づけられていった。その結果、やはり昭和の初めの頃、東京のあるタクシー会社が営業用車両のお祓いを依頼することになり、これをきっかけにしてあちこちのタクシー会社や運送会社、自動車メーカーや外車の輸入会社などがぞくぞくと信仰をよせるようになっていったが、まだ自家用車というもののほとんどない時代だったので、個人でお祓いを受ける人は当時まったくみられなかった。

ところが、戦後の高度成長期を迎えた一九六〇年頃になると自家用車が一挙に普及・増加し、マイカー族による交通安全祈禱が爆発的に流行して、貴船神社ではこの頃から天狗のお守りステッカーを大量に売り出すようになり、群馬県内を走る乗用車のリヤウインドウには、まず一〇台中九台は貴船神社の赤いお守りステッカーが貼られているという状態がみられるようになった。いまでも貴船神社では毎日休みなく自動車のお祓い祈禱がなされているし、車に付けるお守りも大小各種の木札・奉書札からキーホルダー・破魔矢型など約四〇種類もが用意されているのである。

先の東京都内の某寺院および群馬県の貴船神社の例からみる限り、自動車のお祓い祈禱と交通安全お守りの習慣は、ほぼ一九三〇年頃に始まったとみてよいであろう。また、貴船神社の例のように海上・陸上交通における旅行安全の祈願が今日の交通安全・自動車事故防止の祈願へと発展したケースはほかにも多くみられ、たとえば東京都港区の金刀比羅宮なども香川県の本社が広く漁民・海運業者の信仰を集めていたことからわかるように、本来それは海上交通安全をつかさどる神なのであって、その守備範囲を陸上にまで拡大した結果、交通安全の神となった。兵庫県神戸市の小野八幡神社の場合は一六八五年（貞享二年）に讃岐高松城主松平頼常が江戸への参勤交代にあたり、道中安全を祈願したとの故事にちなんで交通安全の神となった。三重県鈴鹿郡関町の地蔵院（いわゆる関の地蔵尊）および同県伊勢市の猿田彦神社、島根県平田市の都武自《つむじ》神社、大分県宇佐市の宇佐神宮、沖縄県那覇市の園比屋《すぬひや》武御嶽《んうたき》なども、もともとは旅行安全の神であったといえる。

三、さまざまな交通安全の神

このように今日おこなわれている自動車の交通安全祈願は新しく始まった習俗であるとはいえ、その源流は近世以来盛んになされてきた旅行安全祈願の習俗にまず求めることができ、そういった祈願を引き受ける寺社は各地に存在したのである。天孫降臨のナビゲーター役を務めたことにもとづく道の神・旅の神としての道祖神や猿田彦に対する信仰、海上交通

表5　全国のおもな交通安全の神仏

（所在地と金額は一九九二年現在）

寺社名	所在地	特色	車の祈禱料金
貫船神社	群馬県山田郡大間々町塩原	四〇種類もの自動車のお守りがある	五千円から
成田山新勝寺	千葉県成田市成田	本尊不動明王の交通安全祈禱札で有名	五千円・七千円
日枝神社	東京都千代田区永田町	自動車のお祓い祈禱でにぎわう	一万円から
金刀比羅宮	東京都港区虎ノ門	もと航海の神が陸海上交通安全の神に	五千円から
成田山東京別院	東京都江東区富岡（深川不動堂）	警視庁のパトカー・白バイのお祓いで有名	六千円・八千円・一万円・二万円
富岡八幡宮	東京都江東区富岡（深川八幡）	八幡神の神前に交通安全を祈願	五千円
念仏山東運寺	東京都杉並区方南	身代り地蔵尊のご利益で事故をのがれる	―
高幡山金剛寺	東京都日野市高幡（高幡不動尊）	警視庁交通機動隊が毎年正月に安全祈願	三千円
高尾山薬王院	東京都八王子市高尾町	山伏によるお祓いとお守りステッカーで有名	三千円・五千円・一万円以上
箱根神社	神奈川県足柄下郡箱根町元箱根	ドライブを兼ねて交通安全祈願にくる人が多い	五千円から
龍田大社	奈良県生駒郡三郷町立野南	交通安全祈願でとくによく知られた神社	七千円
小野八幡神社	兵庫県神戸市中央区八幡通	讃岐高松城主松平公が道中安全を祈願した	八千円
伊和神社	兵庫県宍粟郡一宮町須行名	古くから旅行安全の祈願で知られる	五千円から
都武自神社	島根県平田市国富町	旅伏権現・旅伏大明神とよばれた旅行の神	―
橋池山立江寺	徳島県小松島市立江町若松	四国十九番札所で交通安全祈願でも有名	―
枚聞神社	鹿児島県揖宿郡開聞町十町	旅行安全の神として古くから信仰される	五千円から

安全神としての金比羅様や船玉様に対する信仰なども その母体となったことが明らかで、とくに後者の場合、金比羅や船玉のお守り札や御神体を船という乗物の中に祀りこむという点で今日の自動車のお守りに通じるものをもっている。

一方、これら旅行安全祈願とは別系統の信仰から生み出された交通安全の神というものもあって、厄除け・災難除けの信仰から発して交通事故防止の祈願へと発展したものがそれである。千葉県成田市の成田山新勝寺、東京都江東区の深川不動堂、同杉並区の日円山妙法寺および東運寺の身代り地蔵尊などがこれにあたり、具体的な事故犠牲者供養から発展した同中野区白鷺の交通厄除地蔵などもこれに類するものとみてよいであろう。

さらに特殊な例として、東京都江東区南砂の江東馬頭観世音のケースが挙げられ、ここでの馬頭観音は砂町地区のトラック運送業者らによってあつく信心されているのであるが、それはこれら運送業者らが戦前馬力運送を生業とし、その縁で馬の神である馬頭観音を祀ってきたことによる。馬がトラックに代わった今日に至ってもその信仰は維持されてきているわけで、自動車の交通安全に関する今日の民間信仰のルーツはこのようにさまざまなところに求められるわけである。

四、交通安全のお守り

さて自動車の車内のお守り札についても触れておこう。どのようなお守りも、それは寺社の本尊や祭神の霊力が宿り給うシンボルなのであるから、そのことを示すなんらかの呪詞や願文がたいてい記されている。神道系の場合、そこには「〇〇神社交通安全守護攸」などと印刷されていることが多く、そこでの「攸《ゆう》」とは「ところ」とも読んで「処」・「所」と同義であり、その神社の祭神に、交通安全を祈ったということ、あるいはその神の宿るところの依代《よりしろ》がこれであるとの意が表されている。また、「〇〇神社交通安全御祈禱宝牘」というのもあって、ここでの「宝牘《ほうとく》」とは正式な木札のことを指し、小さいながらもそのような木札のミニチュア版なのだということを表している。

東京都内のある密教系寺院の場合、「車両因縁成仏御供養、練馬〇〇〇〇〇〇—〇〇番（ナンバーがここに入る）、車両因縁諸精霊大悲生所善義起菩提心」などと記した祈禱証明を出すところもあるが、これはすなわち、その自動車にとりついて災いをなすところの因縁霊を成仏させるべく供養を施したということを表している。変わったところでは都内港区の麻布十番稲荷神社の出している蛙守りがあり、金色の小さな蛙がお守りの中に包まれていて「無事カエル」の語呂合わせが旅行安全・交通安全の祈願を物語っている。

なお、「無事カエル」の交通安全お守りは都内渋谷区の東郷神社でも出しているが、原宿竹下通り裏手という場所柄なので、若者や外国人向けのユニークなお守りを用意しているのがこの東郷神社の特色である。たとえばサンリオのキャラクターが縫いこまれた可愛らしいお守りは若い女性に人気があり、外国人向けのそれにはSafety Leisure, Tōgō ShrineとかAmulet for Safety Travelとかの英文の祈願文が記されていて、まことにおもしろい。

旅行安全祈願や厄除け信仰から発展した自動車の交通安全祈願そしてお守りの習俗のなかには、紛れもなく現代という時代の生み出した民間信仰のひとつのあり方を見出すことができる。世界最速のカーレースであるF1グランプリに一九八七年から一九九一年までの五年間連続参戦して、先頃引退した日本人初のF1レーサー中嶋悟選手のコックピットには伊勢神宮のお守りが常に貼ってあったそうで、ハイテクの最先端をいくフォーミュラカーのドライバーでさえ――いやそうであればなおさら――神仏の加護を心のよりどころとする面があったということは、逆にとても人間的なことのようにも思える。生死を賭けた厳しいレース生活を、無事に引退することができたのは、中嶋選手の精進とともにそのご利益のたまものでもあったろうか。

注

（1）今野圓輔、一九七四「民間信仰」『日本の民俗・ゼミナール』、朝日新聞社、一九〇頁。
（2）矢部善三、一九三四『神札考』、素人社書屋、六頁。

港区の民間信仰

一、はじめに

港区において顕著な庶民信仰の対象となった神仏に、一体どのようなものがあるのかを探ってみるのが、ここでのねらいである。江戸時代の神仏参りのガイドブックである『江戸神仏願懸重宝記』という書物を開いてみると、港区内の五ヵ所の願かけ神仏が取りあげられている。その第一は、東麻布の善長寺にかつて祀られていた「口中おさんの方」に虫歯や口内病の平癒を祈願するもので、その拝む対象はお珊《さん》という女性の墓石であった。第二は「日限《ひぎり》地蔵《じぞう》」で、白金の松秀寺の地蔵尊に諸願を祈り、第三の「大木戸の鉄《くろがね》」は、高輪大木戸の路上に落ちている雪駄の金具をひろい、石垣の隙間にはさみこんで脚気病の平癒を祈願するというまじないであった。第四は「榎坂の榎」で、赤坂の大榎に虫歯治しを祈るもの、第五は「子《ね》の聖神《ひじり》」で、芝増上寺山内の子《ね》の権現に足腰の病気治しを祈願するものであった。このように庶民信仰の世界では、その崇める対象が必ずしも正式な神仏であるとはかぎらず、実に雑多なものが崇拝され、きわめて土俗迷信的で雑信仰的な要素が、そこに多く含まれているのがつねである。

したがって、一口に港区の民間信仰をとらえてみるとはいっても、それはあまりにも茫漠としすぎていて、きわめてとりとめのない作業とならざるを得ず、あらかじめ何らかの道筋をつけておかないことには焦点がしぼりきれない。そこで、ここでは港区の一年という側面から民間信仰に関するさまざまな話題を並べ直し、理解のしやすい形で提示してみることにする。区内でおこなわれている代表的な祭事・行事に注目し、その時間的な流れに沿いながら、関連する寺社の庶民信仰を描き出していってみたい。参考までに、一九九〇年代に港区内でおこなわれているおもな寺社関係の祭事・行事を、区政要覧などからひろい出してみると次の通りである。

〔一月〕愛宕神社の火焚き祭（七日）、金刀比羅宮の初金刀比羅（一〇日）、御田八幡神社の釜鳴り神事（一五日）、増上寺の黒本尊祈願会（一五日）、豊川稲荷大祭（二二日）

〔二月〕増上寺・芝大神宮・豊川稲荷・乃木神社ほかの節分祭（三日）、豊川稲荷の初午（初午日）、増上寺の涅槃会（一五日）

〔四月〕泉岳寺の義士祭（一～七日）、増上寺の地蔵尊大法要（二日）、増上寺の花祭（八日）、増上寺の法然上人御忌会稚児行列（一〇～一五日）

〔五月〕覚林寺の清正公五月大祭（四～五日）、烏森神社の夏祭（四～六日）、御田八幡神社の釜鳴り神事（一五日）、増上寺の黒本尊祈願会（一五日）、豊川稲荷大祭（二二日）、増上寺の薪能（最終土曜日）

〔六月〕久国神社祭礼（八日に近い日曜日）、豊川稲荷の交通安全祈願祭（二二日）、愛宕神社の千日詣り・ホオズキ市（二三〜二四日）
〔七月〕御田八幡神社祭礼（最終金〜土曜日）、増上寺の盆踊り（三〇〜三一日）
〔八月〕増上寺の鋏供養（三日）、愛宕神社の灯籠祭（二二日）
〔九月〕春日神社祭礼（九日に近い土〜日曜日）、芝大神宮のだらだら祭（一一日〜二一日）、乃木神社例大祭（一三日）、白金・赤坂氷川神社祭礼（一三〜一五日）、増上寺の黒本尊祈願会（一五日）、元麻布氷川神社祭礼（一七日に近い土〜日曜日）、豊川稲荷大祭・大岡まつり（二二日）、愛宕神社の例大祭（二三〜二四日）
〔一〇月〕金刀比羅宮大祭（九〜一〇日）、乃木神社の観月祭（上旬）
〔一一月〕氷川神社・乃木神社・芝大神宮の七五三祭（一五日）
〔一二月〕泉岳寺の義士祭（一四日）、増上寺の除夜の鐘（三一日）

これらの祭事・行事のほかにも、寺社の縁日というものがたくさんあって、かつてはほぼ毎日のように、何らかの行事が区内でおこなわれていた。『港区史』上巻から、それを抜き出してみると以下の通りである。

〔一日〕芝琴平町の金刀毘羅神社・芝新橋の烏森神社・芝金杉の正伝寺・芝白金三光町の大久保寺・麻布十番の七面天・赤坂一ツ木の浄土寺地蔵〔二日〕芝伊皿子の大円寺汐見地

蔵尊・芝芝口の日比谷神社・芝新堀町の新堀不動尊・麻布飯倉の秋葉神社・赤坂台町の種徳寺薬師〔三日〕麻布谷町の久国稲荷・赤坂青山南町の梅窓院観音〔四日〕芝三田の鬼門除地蔵〔五日〕烏森神社・麻布広尾町の祥雲寺不動〔六日〕新堀不動尊・芝豊岡町の六地蔵・浄土寺地蔵〔七日〕芝神明町の大神宮・麻布六本木の六本木観音・麻布飯倉の弘法大師・麻布四之橋の地の森稲荷〔八日〕芝愛宕の愛宕薬師・芝伊皿子の福昌寺・麻布霞町の鬼子母神・赤坂青山北町の善光寺〔九日〕芝白金の雷神山・三田の春日神社・芝宇田川町の宇田川不動・久国稲荷・七面天・赤坂表町の豊川稲荷〔一〇日〕芝虎ノ門の金刀毘羅神社〔一一日〕烏森神社・浄土寺地蔵〔一二日〕芝伊皿子の大円寺・愛宕薬師〔一三日〕久国稲荷〔一四日〕鬼門除地蔵・善光寺〔一五日〕烏森神社・芝二本榎町の高野山別院・祥雲寺不動〔一六日〕新堀不動尊・芝豊岡町の豊岡地蔵・浄土寺地蔵〔一七日〕大神宮・六本木観音・梅窓院・芝西久保巴町の天徳寺荒川不動〔一八日〕鬼子母神〔一九日〕雷神山・宇田川不動・久国稲荷・七面天〔二〇日〕芝二本榎の円山稲荷・金刀毘羅神社〔二一日〕浄土寺地蔵・麻布四の橋の鷲の森神社〔二二日〕大円寺地蔵・麻布桜田町の桜田神社・種徳寺薬師〔二三日〕大久保寺・久国稲荷・梅窓院観音〔二四日〕鬼門除地蔵・芝の覚林寺・愛宕神社〔二五日〕烏森神社・麻布広尾町の広尾稲荷・祥雲寺不動〔二六日〕新堀地蔵・浄土寺地蔵〔二七日〕大神宮・六本木観音・善光寺〔二八日〕鬼子母神・荒川不動〔二九日〕久国稲荷・梅窓院観音・雷神山・七面天〔三〇日〕宇田川不動・芝三田四国町の清正公〔子の日〕麻布一本松の大法寺〔寅の日〕正伝寺・麻布広尾の天現寺〔申の

日〕芝高輪の常照寺〔庚申の日〕常照寺

もちろん、現在ではこれらの縁日も多くは廃れてしまっているが、芝大神宮・虎ノ門金刀比羅宮・新堀不動尊・浄土寺一ツ木地蔵尊・白金雷神社などのように、今でも続けられているものもいくつかみられる。さて、祭事・行事・縁日には必ずそこに祭祀されている神仏があって、そこにはそれを崇拝するさまざまな庶民の願いがこめられており、民間信仰の世界がひろがっていた。以下、いくつかのトピックに注目していってみよう。

二、宝船と七福神――麻布十番稲荷神社

まずは新春の祭事からみていくことにしよう。区内には江戸の伝統を残した興味深い正月行事がいくつかみられるが、宝船絵の習俗や七福神めぐりなどもそれである。宝船絵とは、いかにも新春にふさわしい七福神や宝貨を乗せた宝船を描いた一枚絵で、回文なども添えられ、これを枕の下に敷いて初夢を見ると吉夢にあずかるといわれる。関西では節分の夜、関東では正月二日の夜に見る夢が初夢であった。江戸時代から明治時代にかけて、東京には市中のお宝売りがたくさんおり、この絵を売り歩いた。宝船絵の多くは粗雑な刷り物であったが、素朴な味わいがあり、コレクターも多い。東京には現在でもこの宝船絵を授与する寺社がいくつかあり、台東区の五條天神社・文京区の妻恋神社・黒田区の向島百花園・新宿区の

諏訪神社および須賀神社などが知られている（長沢利明『東京の民間信仰』）。ここ港区では、麻布十番の麻布十番稲荷神社と永坂更科蕎麦店の二ヵ所から今でもそれが出されており、いずれも乗合七福神型の宝船絵となっている。麻布十番稲荷神社のそれは正月の七福神めぐりとも結びついており、七ヵ所の七福神を巡拝した後、最後にこの神社に立ち寄って、めでたい紙絵馬の宝船絵を受けることになっている。つまり麻布十番稲荷神社は港七福神の八番目の番外となっている。永坂更科蕎麦店の方は、正式には「永坂更科布屋太兵衛」という、大晦日に年越し蕎麦を食べにきた客に初夢用の宝船絵を配っている。いかにも老舗らしい粋なサービスであるが、かつてはこれをおこなう飲食店がたくさん見られた。

区内の七福神めぐりのコースには「港七福神めぐり」があるが、戦前に麻布地区の神社ばかりで構成していた「麻布稲荷七福神詣」の編成替えをおこない、寺院もくわえて戦後に復活させたものである。弁財天の宝珠院（芝公園）・恵比寿の熊野神社（麻布台）・布袋尊の久国神社（六本木）・福禄寿の天祖神社（六本木）・寿老神の櫻田神社（西麻布）・大黒天の大法寺（元麻布）・毘沙門天の氷川神社（元麻布）を巡拝して、最後に宝船の麻布十番稲荷神社に参拝するというもので、徒歩で約二時間半ほどで回れる手頃な巡拝コースとなっている。このほか、目黒区と港区にまたがる「山手七福神めぐり」という寺院ばかりのコースもあり、「新宿山ノ手七福神めぐり」と区別するために、現在では「元祖山の手七福神めぐり」とも称している。歴史は非常に古く、江戸時代の『東都歳事記』にも記載されている。

港区内では、毘沙門天の覚林寺・布袋尊の瑞聖寺・福禄寿および寿老人の妙円寺がこれに含まれ、いずれも白金台の寺院となっている。

宝船絵も、七福神めぐりも、江戸の民間信仰の姿を今に伝えるものである。麻布十番稲荷神社の場合は、その両者が結びついた形でおこなわれていることが特に重要で、大変珍しいケースである。七福神に宝船をくわえた形をとった「港七福神めぐり」の独特なスタイルは、戦前期にすでに確立されており、大変ユニークなものであるといえる。この七福神めぐりは今なおお実にさかんで、多くの人々が新春の巡拝をおこなっている。

三、水神祭と蔵開き——金杉水神社

港区には海があり、沿岸地域には最近まで漁村があった。東京湾に生きる漁民たちにとって、水神は自らの生業の神、漁業と漁師の神であり、正月一一日におこなわれる新春の水神祭は、その重要な仕事始めの行事であった。芝金杉地区はかつての漁村地区で、東京湾を漁場とし、沿岸埋め立て・開発にともなう一九六二年の漁業補償・漁業権放棄の時までさかんに操業がおこなわれていた。当時のおもな漁獲物はアナゴ・ウナギ・サワラ・サヨリ・タイ・イカ・スズキなどであったが、海苔の養殖などもさかんであった。漁民特有の民間信仰もみられ、漁船内に祀る船玉様には小さな人形や女性の髪の毛・化粧道具・サイコロなどが御神体として納められていた。同様な習俗は全国各地に見られる。また、ヤマアテといって、海上から金杉大明神のセンダンの神木を目印にし、船の位置を知る技術なども見られた。漁民たちは自らの生業の神として、金杉水神社を祀っていたが、ＪＲ東海道線が古川をまたぐ鉄橋の下に、その小さな社殿が今でもひっそりと鎮座している。

毎年一月一一日には漁協を中心に水神祭の儀式がおこなわれる。以前は組合ごとに祭をし、水神社で御祓いをしていたそうであるが、現在では大田・芝・金杉・佃島・中央墨田・東京東部の湾岸六組合でそれぞれ二〜三隻ずつ船を出し、神主を乗せた御座船には品川神社に伝わる水神様の掛軸を掲げ、沖に出て御神酒を海にまき、ワカメを供えつつ海上神事をおこない、カレイ・アナゴ・スズキ・ハゼ・ボラ・アサリなどを放流する（港区教育委員会『魚影を追って』）。時には湾内の第三台場に上陸して無礼講の直会を催すこともあったという。隣の品川区では、やはりこの日に漁民が寄木神社に集まって水神祭をおこない、ぞくにこれをシオ祭と呼んでいたそうであるが、正月の門松や竹を燃やし、その火で湯を沸かして湯立て神事をおこなったという。

この水神祭がなぜ一月一一日におこなわれていたかというと、正月の一一日が広く民間で、一連の正月行事の終息する日と考えられていたためであったろう。江戸・東京ではこの日を鏡開きといい、正月の鏡餅を下げる日とされ、その餅で汁粉を煮て食べることがなされてきた。柔道の講道館の初稽古と、その後に汁粉を食べる習わしもここからきている。農村部ではこの日を蔵開きといい、やはり正月を納める日として、野良始めなどをする例が多く見られる。湾岸の漁民たちにとっても、同じ日が年頭における海上安全と大漁の祈願、海開き・仕事始めの日とされてきたのであろう。品川の寄木神社で門松を燃やすという行事も、正月が終わって日常の生活リズムに戻り、それを機会に当年の豊漁を水神に祈るということが、祭の主題であったにちがいない。芝金杉の水神社は、港区にもかつて漁村があり、漁師たちが東京湾でいきいきと操業をおこない、漁民独特の民間信仰がおこなわれていた時代の、重要なシンボルであって生き証人である。その小さな社殿は、そうした歴史と時代が確かに存在したことを私たちに語りかけている。

四、初午と火防せ——茶乃木稲荷神社

東京に膨大な数の稲荷社が祀られていたことは、「伊勢屋稲荷に犬の糞」といった言葉に象徴的である。本来稲荷は宇迦之《うかの》御魂神《みたまのかみ》（倉稲魂神）を祭神とし、食物と稲の豊作を守護する神として信心されてきたといわれるが、江戸・東京にあっては実にさまざまな御利益を引き受ける神として、受け入れられていったようである。港区にもよくその名の知られた稲荷がたくさんあり、東新橋の日比谷稲荷、芝公園の幸稲荷、高輪の高山稲荷、麻布十番の麻布十番稲荷、南麻布の広尾稲荷、白金の富士見稲荷などがその代表的な社である。また、六本木の久国神社ももともとは稲荷を祀る祠であったし、元赤坂の豊川稲荷は仏式に稲荷を祀る非常に有名な寺院で、愛知県豊川市の豊川稲荷（円福山妙厳寺）の東京別院であった。

稲荷の祭といえば二月初午と決まっているが、その日に茶を飲まないとか、火防《ひぶ》せや眼病平癒の祈願をするとかいう例が各地に見られる。稲荷と茶、そして火防せ・眼病治しの信仰

といった要素が結びついた理由はよくわかっていないが、そのような民間信仰の聖地となったのは、新宿区市谷にある茶ノ木稲荷である。この稲荷は著名な流行神で、近世には江戸全域からのあつい信仰を集めていたのであったが、特に茶断ちをして眼病平癒を祈願する人々が多く見られ、その氏子たちは正月中決して茶を飲まなかったという。その理由として『江府神社略記』に記されているのは、「土俗伝曰、当社ニ白狐アリシガ、茶ノ木ニテ目ヲ突シ故ニ、此神ノ産土子ハ正月三ケ日茶ヲ呑ズト云。今ニ此旧俗残レリ」という記事である。同じことは『江戸砂子』にも記され、「俗説に当山に白狐あり、あやまって茶の木にて目を突たる故に茶をいむと也。此神の氏子正月三ケ日今以茶をのますに、又眼をわつらふもの一七日二七日茶をたちて願ひぬれは、すみやかに験ありといふ。旧俗今に残れり」とある。つまり、当社の神使である白狐が茶の木で目をついたので、以後茶断ちの習わしが始まり、これにちなんで眼病を治そうとする者は、一〜三週間茶を断って願かけをしたというのである。

この市谷の茶ノ木稲荷の分社と思われる神社が最近各地で確認されつつある。千葉県野田市の愛宕神社境内にある茶木稲荷もそのひとつで、野田名産の醬油を作る醸造家たちが、江戸時代に市谷から分霊を勧請したものと推定されているほか、東京都中央区日本橋人形町の茶の木神社も茶にゆかりの深い神社で、火防せの神としても信心されている（長沢利明「茶の木稲荷信仰の周辺」『西郊民俗』一三四号）。ここ港区内にもそのような神社があることは、あまり知られていないが、注目すべきことであろう。それは三田に近い芝五丁目にある茶乃木稲荷神社である。そもそもその社名からして市谷の茶ノ木稲荷との深い関係が推察されるものの、その分社であることの確かな証拠は残念ながら存在しない。とはいえ、この神社もまた、古くから防火祈願と眼病平癒に霊験あらたかな神として信仰され、両社の深い関係を否定することもまた難しい。とりわけこの神社の火防せの御利益には絶大なものがあり、これを鎮守と仰ぐ旧三田同朋町では昔から火事がなく、戦時下の空襲時にもB29がここだけ避けていったといわれるほどである。また、社殿には明治期の立派な向かい目の絵馬が残され、眼病をわずらう人々が祈願を寄せていたこともわかる。さらに、御神体の神像は茶の木を彫ったものと伝えられていることなども、茶とのかかわりを伝えているのである。

稲荷と茶の木との関係を解く鍵は、とりあえずは神使の狐が茶の木で目をついたとの伝承に求めてみることができ、それはいわゆる片目の神の伝承に通じるものである。片目の神とは、かつて柳田国男氏が取り上げた問題で、尊い神やその眷属が片目であると説明されることがよくあることに着目し、往古の供犠の名残りであろうとの解釈がなされてきた。考え方の当否は別として、真に尊いものは通常の人や動物の姿をしていないものだとのイメージは確かにそこに見いだすことができ、神使の目を傷つけた茶の木と、そこから派生する

写真27　茶乃木稲荷神社の初午祭

眼病平癒の祈願、古くからの初午の火防せ祈願などの要素が複雑にからみあって、このような民間信仰が生み出されてきたのであったろう。区内にある目立たぬ小さな社に、そのような江戸の著名な流行神信仰の痕跡がとどめられているということにも、ぜひ注目してほしいものである。

五、涅槃会と降誕会——増上寺

春の寺院祭事としてあげられるのは、二月一五日の涅槃会《ねはんえ》と四月八日の降誕会である。涅槃会とは釈尊の亡くなった日、降誕会とは生まれた日であり、悟りを開いた日である一二月八日の成道会《じょうどうえ》をこれにくわえて三仏忌という。三仏忌の日には区内の諸寺院で、それぞれに仏祖をしのぶ法会がおこなわれている。涅槃会には寺院の本堂に涅槃図（涅槃像）を掲げるが、これは釈尊入滅のシーンを描いた大きな掛軸の絵で、横たわった仏祖の周りを弟子たちや諸仏、あらゆる生き物たちが取り巻いて嘆き悲しむさまが描かれている。一方、降誕会の時には寺院の本堂正面に花御堂が置かれ、その中に立つ天上天下唯我独尊のポーズを取った釈迦の誕生仏に、甘茶を掛けて釈尊生誕を祝う。

涅槃会の方から見ていくと、古くからもっとも盛大にこの法会をおこなってきた区内の寺院は、いうまでもなく芝公園の増上寺である。元禄期の歳事記類の二月一五日の項を見ると「増上寺、涅槃像かかる、其外諸寺かかる、諸人群集す」などと記されており、増上寺は当時の江戸における涅槃会の寺の筆頭にあげられていた。その後の時代になると、大塚の護国寺の涅槃会も有名になり、江戸後期に入ると増上寺・護国寺のほか、上野の寛永寺・浅草の浅草寺・本所の回向院・下谷の養玉院・目黒の安養院・芝田町の智福寺などでもさかんに涅槃会が催されるようになった。明治維新後はやや衰退気味であるとはいえ、これらの主要寺院で相変わらずこの法会がおこなわれていた。しかし第二次大戦後には取り止める寺院もあって、回向院などでは現在この行事がまったくなされていない。芝の増上寺における涅槃会は江戸・東京を代表するものであって、その草分けであり、元禄期以来、休むことなく今日まで維持されてきた貴重な寺院歳事といってよいのである。増上寺では現在でも毎年二月一五日になると、本堂外陣右手に縦三間・横二間の大きな涅槃図を掲げており、一般にも公開されていて、参拝者は誰でもそれを拝観することができる。この涅槃図はまた、区の有形文化財にも指定されている貴重な江戸時代前期の美術作品でもあり、幕府御用の表絵師であった狩野元俊の代表作である。狩野元俊は、江戸城や二条城の障壁画、台徳院（二代将軍徳川秀忠）御仏殿および大猷院《だいゆういん》（三代将軍徳川家光）御霊屋、高野山大塔などの装飾も手がけており、増上寺の涅槃図も幕府の命

写真28　増上寺の涅槃図

を受けて描かれたものと思われる（『港区文化財目録』）。

増上寺では四月八日の降誕会も盛大におこなわれている。降誕会は仏生会・誕生会・灌仏会・竜花会・花祭などとも呼ばれているが、増上寺では灌仏会と称している。これは誕生仏に香水や甘茶をそそぎかける法会の意である。本堂入り口には釈尊の誕生仏を納めた花御堂が置かれるが、御堂の屋根上には色とりどりの春の花々が飾られて美しい。花祭の通称もここからきている。増上寺の信徒らも多数やってきて、誕生仏に甘茶を掛けていく。また、この日には、家々でイタダキ餅という餅を食べる習わしがあり、今でも律儀にそれを守る旧家もあって、区内の和菓子屋でもそれを売り出すのである。イタダキ餅とは丸く平べったい草餅に餡を載せた菓子で花草餅ともいい、卯月八日の花祭には欠かせないものであった。ちょうどヨモギの出始める時季で、餅に入っている初物のヨモギの、春の香りがまことにかぐわしい。

写真29　増上寺の降誕会

このイタダキ餅のことを俗に鼻糞餅とか釈迦の鼻糞と呼ぶことがある。それはおそらく花草餅の語呂合わせであろうと思われるが、いずれにしても降誕会ということにちなんだ俗称といえる。ところが、そのような呼び方は関西にもあり、やはり鼻糞餅とか釈迦の鼻糞と称される餅があるのであるが、どういうわけかそれは降誕会のイタダキ餅ではなくて、涅槃会の団子やアラレのことをそう呼ぶのである。その団子やアラレはごく小粒の菓子で、涅槃会の日に仏前に供えられるのであるが、やはりヨモギを入れて草団子にしたり、草餅を刻んでアラレに炒ったりすることが多い（長沢利明「東京の涅槃会」『コロス』五八号）。その場合、二月ではまだヨモギも生えていないので、旧年中に採って保存したヨモギを用いているが、乾燥品とはいえヨモギはやはり春のおとずれのシンボルである。このように関西では涅槃会の、関東では降誕会の、それぞれの釈尊の供物を鼻糞餅・釈迦の鼻糞と呼ぶ習慣があった。そこでの供物に用いられていたヨモギは、春を迎える晴れがましい気分がこめられていたものと考えられる。農村における涅槃会・降誕会の行事を見ても、そこには春の農事始めの性格が強くこめられていて、同じような行事習俗ととらえられていたことがわかるのである。

六、五月節供と清正公——覚林寺

港区に初夏を告げる祭事は、何といっても五月の端午の節供である。空には鯉のぼりがひるがえり、家々の座敷には武者人形が飾られる。男子の健やかな成長を願う昔ながらの伝統行事は、現代社会にあってもなお健在であるばかりか、ますます華美になっていく傾向すら認められる。また、家々の行事のみにとどまらず、区内には寺院行事として盛大におこなわれている端午の節供礼もあって、他区には例を見ない。それは「白金のセイショコ様」の愛称で親しまれている白金台の日蓮宗の寺院、覚林寺の清正公五月大祭である（長沢利明「端午の節供と清正公」『西郊民俗』一四八号）。五月四日〜五日の両日、覚林寺の境内には大きな節供のぼりが立てられ、門前には多くの露店が立ち並んでにぎやかである。本堂内には幼児を連れた親たちが集まって、小児生育成就祈禱を受ける。僧侶による祈禱は木剣加持と呼ばれる日蓮宗独特のやり方で、僧侶らは題目を唱えながら手に持った木剣をさかんに打ち鳴らし、儀式をおこなう。そこでの祈願は、この寺の本尊である加藤清正公の、武運長久にあやかろうとするものであったろう。それはいかにも男児の生育祈願にふさわしい。昔は加藤清正の虎退治を描いた五月人形や節供のぼりなども、多く見られたものである。

日蓮宗の寺院には清正公を祀る寺がよく見られるが、それは清正公が熱烈な法華経の信者であったことによる。清正公のゆかりの地、熊本県熊本市にある本妙寺はその総元締めということになり、東京では何といっても白金台の覚林寺が有名である。古今無双の武将を本尊と仰ぐ寺だけに、覚林寺はさまざまな勝負事の必勝祈願を引き受ける寺ともなった。たとえば五月大祭の時にのみ授与される勝守りは、中に祈禱済みの菖蒲の葉が納められた御守りで、スポーツ選手やギャンブルをする人々にもてはやされ、今では受験生が多くそれを受けていく。受験も人生一大事の勝負にはちがいない。戦時中は出征兵士たちがそれを受けていき、弾丸よけ祈願などもおこなわれていた。清正公の蛇の目紋は真ん中が抜けているので、弾丸が当たらないともいわれていた。現在の平和な世にあっては子供の参詣も、武運長久祈願というよりは健康成就祈願ということがもっぱらであって、それはそうあらねばならないことである。

覚林寺の清正公五月大祭は、おそらく明治時代初期に始まった祭事であろう。それまでの本来の大祭は六月二四日の清正公正当会であった。加藤清正という人は、六月二四日に生まれて同じ日に亡くなったとされているので、その生誕命日が正当会の日となったのである。祭の中心が六月二四日から五月五日に移ったのは、五月節供という民間行事を寺院祭事に取り込んでいったためであろう。その変更にまったく違和感がなく、その後すっかり寺の行事としてそれが定着していった理由は、いうまでもなく清正公の勇ましいイメージと、男児の節供祝とがぴったりとマッチしたためである。こうして寺院祭事としては珍しい五月節供の日の祭が成立していくと、民間の節供習俗と寺の行事とが深く結びついていくこととなり、門前の菖蒲市などが盛況なものになっていく。五月大祭の日、覚林寺の門前には菖蒲を売る露店が多く出てひとつの風物詩となり、参詣者はそれを求めて家に帰って、菖蒲湯をたてた。今でも一軒くらいは菖蒲を商う露店は出ている。また、紙製の鯉のぼりを売る露店も、かつてはたくさん見られた。寺社の祭事に、その時節の縁起物を商う市が門前に立つのはよく見られることで、覚林寺の場合は五月節供に深く結びついた菖蒲市・のぼり市という形が取られていたことがわかる。それは、尚武と勝負と菖蒲との、語呂合わせの連想の産物でもあったことになる。このような語呂合わせということは、東京の民間信仰を考えていくうえで非常に重要な意味を持っており、そうした手続きを経て生み出されたものはほかにも数多く見られるのである。

七、鯖明神と疫神祭——日比谷神社

初夏の祭事としてもうひとつ重要なのは、五月三日〜五日（現在ではその日に近い金〜日曜日）の日比谷神社の例大祭である。日比谷神社は日比谷稲荷ともいい、著名な古社なのであるが、霞が関か日比谷あたりに祀られていると思っている人が多い。なるほど神社は、今の日比谷公園の大塚山という所にかつては鎮座していて、社名の起こりともなったわけであるが、慶長年間に江戸城日比谷御門が造営されるにともない、現在地へ移転している。日比谷稲荷は港区の東新橋にある神社なのである。この神社はまた、鯖稲荷（旅泊稲荷と書いてそう読ませる場合もある）・鯖明神ともいい、魚の鯖はこの神社のシンボルとなっている。社前に架けられた絵馬にも二尾の鯖が描かれているが、鯖を断って虫歯治しや子供の虫封じの祈願をおこなうというのが、この神社の民間信仰の大きな特徴であった。願がかなうと礼として神前に、やはり鯖を供えたという。ではなぜ鯖なのであろうか。神社の縁起には次のように説明されている。「日比谷公園に在りし頃全国の難苦せる旅人に神社社務所を開放し無病息災の祈願を受け霊験殊に著しく旅人里人等は旅泊稲荷と唱えたり。新橋に移りし以来魚の鯖に変り鯖稲荷と称し来れり。特に昔、虫歯虫封じに苦しむ人御祈禱に依り霊験有りとし鯖を断ち祈誓を掛け癒る後に鯖を奉納する」。

ここには神社の旧称に旅泊稲荷の字をあてた理由と、新橋の海辺に移転した後にそれが鯖に変った旨のいきさつが解説されている。サバの社号を持つ神社は実は他地方にも多くあり、かつて柳田国男氏も伊豆那賀郡にある二社の佐波神社、常陸多珂郡の佐波波地祇神社、丹波多紀郡の佐々婆神社などの存在に注目していた（『石神問答』）。サバ系の神社は神奈川県内にも一三社確認されており、左馬・鯖・佐婆などの字をあてているが、これらは概して御霊系統の神を祀る神社と考えられている（長沢利明「サバ神社再考」『民俗』一四二号）。御霊系統の神はまた、疫神としてとらえられていることがよくあり、荒ぶる祟りやすい神とされてきたので、その霊力を借りて逆に災いを転じようと祈ることがなされていた。あるいはまた、疫病や災厄をもたらす神であるからこそ、特に念入りな奉祀が求められ、祟り神として強く意識されてきたのかも知れない。

　日比谷神社の鯖稲荷もまた、その旧社号からしてこれらサバ系の神を祀るものであった可能性が高く、もしそうであるならば御霊系・疫神系の神として、虫歯や虫封じなどの諸病平癒に霊験あらたかであったこともよく理解できる。鯖稲荷の主祭神として、豊受大神・天津神・国津神とともに祓戸四柱大神（瀬降津比売《せおりつひめ》大神・速開都比売《はやあきつひめ》大神・気吹戸主《いぶきどぬし》大神・速佐須良比売《はやさすらひめ》大神）が位置づけられ、すべての災いと穢れを祓い清める神だとされてきたこともまた同様である。

　区内にはこのような御霊系統の病気治しの社がほかにもいくつかあり、芝公園の疱瘡稲荷などはその典型的なもので、土団子を供えて疱瘡平癒を祈る専門の神社であった。予防医学の未発達な時代にあっては、疱瘡は非常に恐れられていた病気であり、疱瘡神はどこでも数多く祀られていた。江戸時代には疱瘡のことをイモと呼び、麻布の芋洗坂は食物の芋ではなく、疱瘡のイモであったとの説もある。つまり、そこは疱瘡を洗い流した場所で、かたわらの朝日稲荷は疱瘡祓いの祠であったというのである。区内日ケ窪から六本木へ抜ける坂も芋洗坂であるし、龍土坂口町にも芋洗坂はある。区外では台東区谷中の感応寺の後の坂を芋洗坂といったほか、文京区小石川指ケ谷町や千代田区富士見にも芋洗坂があって一口《いもあらい》坂と書く場合もあった。小石川東青柳町には芋洗橋という橋もあり、これらの「芋洗い」は「疱瘡洗い」の場所であったのかも知れない。

日比谷神社すなわち鯖稲荷の祭が、五月初旬におこなわれているということもまた非常に重要である。御霊系統の神社の祭は初夏のこの時季になされることが多く、浅草の三社祭も神田明神祭も同様で都内の著名な神社にはこの類の神が多い。春から夏にかけてのこの時季は食物も腐りやすく、疫病の流行しやすい時であったためと考えられている。日比谷神社にかかわる民間信仰と祭には、このようになかなか深い問題がこめられているのである。

八、ホオズキ市と千日参り――愛宕神社

芝の愛宕山は区内唯一の山らしい山だといわれるが、丘といった方が正しいかも知れない。曲垣《まがき》平九郎が馬で駆け上がったという男坂の急な石段を登ると、頂上には愛宕神社の社殿や小庭園があって社叢林もよく残され、ここは区内でも別天地となっている。この愛宕神

社は江戸初期に祀られた比較的新しい時代の神社であるが、京都の愛宕神社と同じく火防せの神として、江戸庶民に広く信心されてきた。それは、「お伊勢七度、熊野へ三度、芝の愛宕さんへは月参り」との江戸名所俗謡の文句にある通りである。六月二三日～二四日はこの愛宕神社の千日参りの日で、一般にはホオズキ市の名でよく知られている。この日に愛宕神社に参詣すれば、千日間お参りしたのと同等の功徳があるといわれており、境内には青ホオズキを売る市が立って大変にぎやかなものであるが、この行事は明治以来長らく途絶えていたのを、戦後になって復活させたものである。

しかし、ホオズキ市といえば、誰でも思い出すのは浅草のそれであって、千日参りにしてもやはり浅草観音の四万六千日の方がよく知られている。そのために愛宕神社の千日参りとホオズキ市は、浅草寺の四万六千日とホオズキ市を真似たものであったろうと思われやすい。ところが事実はそうでないようで、それらの元祖はどうも愛宕神社の方であったらしいのである。その前に、浅草寺の方についてまずは見てみよう。浅草寺では毎年七月一〇日を四万六千日といい、その日に参詣すれば千日分あるいは四万六千日分の御利益があるとされ、前日の七月九日から観音堂の境内でホオズキ市が立つのであるが、古くはこの時に雷避けの祈願もおこなわれ、現在でも落雷避けの札が寺から出されている。また、雷避けの縁起物として赤トウモロコシなども出されていた時代があり、それがいつのまにか赤い実のホオズキに変わっていった結果、今日のようなホオズキ市になったともいわれている。四万六千日参りというのは、もともと仏教の方でいう観音や地蔵の参詣習俗であったようであるが、浅草寺に比べれば愛宕神社の千日参りは四六分の一の御利益で、ずいぶん控えめな数字である。しかしそれは維新後のことで、愛宕神社でももとは四万六千日といっていた。明治の神仏分離によって、神社から仏教色を排除するために、千日参りといい換えたものと思われる。

また、愛宕神社のホオズキ市は、雷避けとはまったく関わりがなく、それは本来薬用に供するための青ホオズキを売る市であったようである。その由来については、次のような話も伝わっている。何でも昔、このあたりのある旧家に疳の虫に悩む子供がおり、その母親の夢枕に愛宕権現があらわれて、庭の青ホオズキの実を水に浸して飲めと告げた、その通りにすると大変な効果があり、それ以来ホオズキ市が立つようになった、というのである（俵元昭「江戸愛宕信仰序説」『港区の文化財』一四集）。青ホオズキは嚙まずに丸飲みにすると諸病に効くとされたので、「鬼灯の丸薬を売る愛宕山」などという狂句も見られた。伝説の真偽は別として、愛宕神社の四万六千日参りとホオズキ市のことは、近世の歳事記にも多く記載されており、それに対して浅草のそれはまったく書かれていないのであるから、どちらが元祖かということになれば、当然愛宕神社の方に軍配が上がるであろう。浅草のホオズキ市は、愛宕神社の門前市にならう形で、明治時代に成立したものと考えられる。しかしながら、その本家の方はその後に廃れてしまい、近年に至るまで復活されることがなかった。

九、鋏観音と業界の神――増上寺

八月三日は鋏の日なのだという。もちろんそれは八と三という数字の読みの語呂合わせから来ている。芝公園の増上寺の境内には聖鋏観音という仏が祀られており、その仏前で八月三日に鋏供養がおこなわれる。供養祭の主催者は、財団法人国際美容協会に属する美容師や関連業界の人々で、日頃髪を切るために用いている鋏に感謝しつつ供養をおこない、業界の繁栄を祈願するのだという。聖鋏観音もこれらの人々の手で祀られたものであるが、増上寺本堂に向かって左手の境内に、その像は立っている。実にモダンなオブジェを背景にして立つ観音像は、その片手に大きな鋏をたずさえており、美容業界の守護仏にふさわしい。わが国の彫刻界の長老、北村西望氏の作になるこの観音像がここに建立されたのは一九八一年のことで、願主は国際美容協会会長である山野愛子氏であった。美容業界はもとより、鋏に関わりのあるすべての人々の心の拠り所となることを願ってこの像は祀られ、毎年八月三日には務めを果たし終えた古鋏をここに納め、法要がおこなわれているとのことである。

この例のように、特定の業界にかかわる供養祭・感謝祭の行事はさまざまにおこなわれていて、一般にはあまり知られていないが、現代の民間信仰を考えていくうえに重要である。区内のほかの事例をあげてみれば、たとえば三田魚籃坂の魚籃寺などでも同様なことがなされている。魚籃寺は、魚籃観音という変わった本尊を祀る寺として知られているが、その御

写真30　増上寺の聖鋏観音

姿は右手に魚籠を持つ女人姿の観音像である。それは、観音が美しい乙女に姿を変え、竹籠の魚を売り歩きながら仏教の教えを広めたという、中国の唐の伝説にもとづくものだといわれている。この魚籃観音の本尊にちなみ、漁業関係者・食肉販売業関係者・料理関係者らが魚籃寺に集まり、やはり毎年の供養祭をおこなっている。人間は生きていくために多くの魚介類や動物の肉を食べているので、それら食料動物の日頃の恩に対し、消費者に代わって感謝をおこなうのだという。

また、高輪の願生寺には一八二八年（文政一一年）に建てられた牛供養碑があるが、このあたりに住んでいた運送業者らが祀ったものである。彼らは牛車を引いて、江戸城の石垣に積む重い石を運搬する仕事に従事したそうであるが、働く役牛たちに対する感謝と供養の気持ちを、決して忘れてはいなかったのである。さらに、三田の大信寺という寺院では毎年四月に三味線供養法会がおこなわれ、三味線にかかわる業界関係者らが出席する。琉球三線を改良して猫皮を用いた今日の三味線を発明し、その始祖となった石村近江とその一一代目に至るまでの歴代三味線師の墓もこの寺にある。始祖の墓のかたわらには猫塚まできちんと祀られている。区内には石村家の流れをくむ新橋の石村屋、三田の三田菊岡などの三味線師が今でもおり、伝統技術を伝えている（『港区の伝統技術』）。業界の神に関する民間信仰は、歴史的に見れば新しいものであり、近年になって始まったものも多い。かつて大工職人らが聖徳太子を自らの職神として崇め、太子講行事をおこなってきたこと、先に述べた金杉の漁民たちが漁師の神としての水神を信仰し、水神祭をいとなんできたことなどと、それは同じ性格を持つものである。産業形態が多様化すれば、それに応じてさまざまな斯業の神が必要とされ、現代の時代にふさわしい祭祀のあり方が生み出されるのも、当然の帰結といえる。これらは、いわば現代の世における民間信仰の、ありのままの姿なのである。

一〇、だらだら祭と生姜市――芝大神宮

区内を代表する秋の祭事は芝大神宮（芝神明）の秋祭である。これにまつわるさまざまな習俗や信仰を、川柳や俳句・狂歌などを用いて紹介してみよう。まずは「だらだらとだらだらまつり秋淋し」（万太郎）というのがあり、九月一一日から二一日にかけて前後一一日間も続けられるこの祭は、「日本一長い祭」といわれ、だらだらと続けられるので、だらだら祭の名が起こったとされている。なぜそのように長い祭をやったのか、理由はよくわからないが、氏子町会の範囲が広くて、各町ばらばらに祭をしたために長くなったとか、祭で生姜

を売る農家が収穫に手間取り、遅れてきたので長くなったとかの説がある。祭では縁起物の千木箱が売られ、名物であったが、これは三段重ねの経木の丸い箱で、中には炒った豆が二〜三粒入っており、さげて帰るとカラカラと鳴る。「千木箱や夜露にしめる豆の音」（鳴雪）とはそれをいい、「九月咲く藤十一日盛り」とは、丹青と緑青で奈良絵風に描かれた千木箱の藤の花の絵をいっている。この箱を簞笥に入れておくと衣裳に困らぬといい、中の豆を食べると雷避けになるともいわれている。祭では開運厄除けの甘酒がふるまわれることでも知られていたが、「甘酒へ土産をすぐにおろし込み」というのは次の生姜のことをいっている。

すなわち、だらだら祭のもうひとつの名物と呼び物とは、何といっても生姜市であった。「生姜買うてさざめきゆくや芝芸者」（庚子）とはこのことで、境内にはたくさんの生姜売りが、店を広げてそれを売ったのである。この芝神明の祭で売られる生姜のことを俗にメッカチ生姜といい、生姜市のことを目腐れ市などと称したことも、よく知られている。「めっかちの娘千木箱つけてやり」というのがこれをいったものであるが、「神の慈悲かためで売れる生姜市」「かたはでも是で見て呉れ生姜市」「生姜市二つまなこは片輪なり」「生姜市目も片そぎの鳥居前」などとも詠まれたように、生姜売りたちがみな片目であったので、そう呼ばれるようになったといわれている。また、長い秋雨で生姜が芽腐れになったのでとか、眼病に効く霊水が境内にあったためとか、芽を欠いて売ったメカキ生姜が訛ってメッカチ生姜となったとか、根勝生姜の転訛であるとかの諸説も聞かれる。さらに、由井正雪の謀叛の際に玉川上水に毒が流されたが、下流で片目の老婆が生姜を洗っていたおかげで毒が消され、以来災難避けのメッカチ生姜として売り出されたという説まで知られているのである（『港区史』上巻）。

果していずれの説が正しいかの結論はさておき、だらだら祭の生姜市には次の二点の重要な問題が含まれている。その第一は、寺社の祭の日に門前で決まったものが売られる市が立ち、そこでの商品はその神仏の民間信仰と深く結びついた縁起物でもあったということで、先に紹介した覚林寺の菖蒲市・のぼり市や、愛宕神社のホオズキ市などと同じように、芝神明の生姜市をとらえておくことができる。新宿区の穴八幡宮の冬至祭（一二月二二日）における柚子市、中央区の宝田恵比寿神社の秋祭（一〇月二〇日）におけるベッタラ市（大根漬け市）も、そうしたものであり、生姜市でいえば八王子市の永福稲荷の秋祭（九月二日）や、あきる野市の二宮神社の秋祭（九月九日）が特に有名である。またその第二は、その生姜市にメッカチ生姜・目腐れ市の伝承が付随しているということで、いうまでもなくそれは先に触れた、いわゆる片目の神の伝承に通じている。茶乃木稲荷神社のところで取り上げた古い民間信仰の考え方が、このようなところにも顔をのぞかせているのであった。

一一、義士祭と伝説——泉岳寺

港区にもまた冬がやってきた。元禄一五年（一七〇二年）一二月一四日の夜に、江戸には雪が降らなかったというのが事実であったといわれるが、さぞかし寒い夜であったにはちがいない。赤穂浪士の討ち入りを描いた忠臣蔵の物語は、歌舞伎や芝居・映画などに数かぎりなく描かれて、人々の感動を誘ったわけであるが、高輪の泉岳寺はその重要な舞台であり、毎年一二月一四日にはそこで盛大な義士祭が挙行され、高輪の専門学校生の扮した四十七士の義士パレードなどもおこなわれる。当日の泉岳寺の人出は相当なもので、境内は身動きできないほどの群衆でごった返し、四十七士の墓などは、長時間行列に並ばなければ参拝もできない状態である。それは赤穂浪士たちの義挙が、今なお人々の心を強くとらえて離さずにあり続けることの証明でもあろう。強く印象づけられた事件や物語があり、その舞台としての場所が残されていて、多くの人々がそこに引きつけられるような条件が揃うと、そこにはさまざまな伝説や霊跡が生み出される。泉岳寺を例にそれを見てみよう。

寺の境内には大石内蔵助の銅像が立っており、かたわらには義士館と呼ばれる記念館が設けられているが、それも一種の霊跡といえる。一九二一年に建てられた銅像の内蔵助は、連判状を握りしめて本所の吉良邸のある東の空を、じっと見つめるポーズを取り、義士館内には四十七士全員の木像や遺品が展示されている。義士墓へ登る道の中途には「首洗い井戸」があり、内蔵助は上野介の首級をここで洗って、主君浅野内匠守の墓前に捧げたという。また境内の「主税梅」は、大石主税が事件後に松平隠岐守の三田屋敷で切腹したおり、その書院前庭にあった梅を移植したものだという。さらに、浅野公が田村邸で自刃した時、磯田源太夫の介錯で飛び散った血がかかったという「血染めの梅」や「血染めの石」も、一九〇六年に移されて境内に残っている。義士墓入り口の門も、鉄砲洲の浅野家上屋敷の裏門を移したものといい、万事に控えめな人間であった内蔵助は、主君に面会する際にも表門ではなく、あえてこの裏門をくぐったといわれ、その謙譲の精神を讃える象徴となっている。なお、義士墓に葬られているのは、実は四七人中四六人だとのことで、たった一人生き残った寺坂吉右衛門は、遺族への報告行脚を果たした後、許されて八三歳まで生き、その墓は南麻布の曹渓寺にあって、泉岳寺の義士墓には墓標のみ立っているそうである。

一方、同じような状況は敵方である本所松坂町の吉良邸の方にも認められる。黒田区の旧吉良邸跡は、現在では史跡公園としてきれいに整備されているが、武家屋敷風の築地塀が復元され、公園内には吉良家と由緒があるという松坂町稲荷や、首洗いの井戸なども残されている。泉岳寺で義士祭のおこなわれる毎年一二月一四日には、ここでも吉良方の慰霊祭がなされ、討ち入りの際に殺された、吉良家の家臣二〇名の名を刻む碑の前で、僧侶が読経をおこなう。地元町会では元禄市と称するバザーなどを催し、「元禄蕎麦」・「討ち入り蕎麦」などが名物となっている。そこには上野介ばかりを悪者扱いしない、思いやりの精神が感じられるのである。現在では、泉岳寺で義士祭を終えた四十七士の一行が、本所の吉良邸にもやってきて、慰霊碑への拝礼をおこなっているし、双方の地元である兵庫県赤穂市と愛知県吉良町の人々らが、時代を超えて和解をし、互いに交流がなされるようになってきたことなども、まことに喜ばしいことといえるであろう。

英雄のゆかりの地や、大きな事件のあった土地には、このようにさまざまな霊跡や伝説が、集中的に生み出される。もともと伝説とは、具体的な土地や事物（石・樹木・川・池など）に結び付けられることなくしては成立せず、それは場所的に固定された地縛の物語である。区内三田の渡辺綱、赤坂の乃木将軍などについても、やはりそれにまつわるいろいろな伝説的な事物が周辺にみられ、まったく同じことであった。その場合、その伝説や霊跡が、果たして本当に史実にもとづくものであったか否かということは、あまり問題にならないし、詮索しても意味がない。寺社の縁起にしても同様で、むしろそこにこめられた人々の気持ちや考え方を知ろうとすべきであろう。伝説や霊跡は、民間信仰の豊かな創造力が生み出した歴史のモニュメントなのである。

一二、年越し蕎麦と宝船――三田稲荷神社

祭事暦はいよいよ年の最後にまでゆきついた。しめくくりの話題は大晦日の年越し蕎麦についてである。大晦日に蕎麦を食べる理由は、諸説あって定かではない。蕎麦のように細く長く生きられるように願ったのが、その始まりであるという説明などもよく聞かれるのであるが、明治時代の記録に次のようなものがある。「商家の俗、毎月尽日に多くは蕎麦麵を食ふを例とす、呼て三十日蕎麦麵といふ、其故は、尽日は商家の勘定日にて、諸入出を清算し、利益も明かなれば、其の長く続かむことを祝し、且つは奴婢の労を慰めむか為め」（鶯陵迂人「三十日蕎麦麵」『風俗画報』九三号）。つまり、商人の習慣として毎月月末に蕎麦を食べるということがおこなわれていて、それが大つごもりの一般習俗になったとも考えられ

る。しかし、本当のところはよくわかっていない。

さて、年越し蕎麦といえば、思い出されるのは、前述した麻布の永坂更科である。その本店は創業者の名を取って永坂更科布屋太兵衛といい、もとの店は今の本社のある麻布台にあった。創業は一七八九年（寛政元年）といい、江戸・東京を代表する老舗であった。創業者布屋太兵衛の先祖である清助は、信州保科村出身で、元禄年間に藩主保科家の江戸麻布屋敷に縁故をたずねて止宿し、郷土の織物を売り歩いたという。布屋の屋号はそこから来ているのであろう。「更科蕎麦」は八代清右衛門の時に開業され、保科家・増上寺の後援を受けて「御膳蕎麦」を発案、将軍家・諸大名家に好評を博したとされている（『港区の文化財』一一集）。その時から当主は代々太兵衛を名乗り、現在で一五代目を数えるという。初代布屋太兵衛すなわち八代清右衛門の墓は、三田の大松寺にある。なお、現在本社のある麻布台の総本家敷地内には、三田稲荷社（高稲荷・永坂稲荷・更科稲荷とも呼ばれる）が氏神として祀られており、これもかつては著名な神社で、もとの麻布永坂町の鎮守であったという。永坂更科は、もともとこの神社の門前蕎麦屋として始まったと総本家では伝えているが、いつしかそれは同家の氏神となり、神社と門前蕎麦屋との関係が逆転してしまったことになる。

大晦日の永坂更科は、年間最大の書き入れ時を迎える。店は朝から年越し蕎麦を食べにくる客で大繁盛であり、ここの蕎麦を食べなければ、一年を終えた気がしないと感じる常連客も多い。店からは、日頃の御愛顧に感謝をしつつ、年越し蕎麦を召し上がった後は、新年のめでたい初夢を見ていただこうと、宝船絵を客に配付しているということはすでに述べた通りである。永坂更科では、その宝船絵を、年末に三田稲荷の社前にささげてお祓いをし、しかるのちに客に手渡しているとのことであった。さて、このようにして話題は大晦日の年越し蕎麦から、再び新春の宝船へと移り、話の冒頭に戻っていくことになる。かくしてまた新しい一年が始まり、祭事暦の永遠の循環が繰り返されていくのである。

一三、おわりに

港区の一年の祭事の流れに従いながら、さまざまな民間信仰の実態を、いろいろな角度からここでは眺めてきた。問題が多岐にわたり、全体を通して収拾をつけるということの、非常な困難さがそこにはあるので、あえてここでは、それをまとめてみることはしない。対象はあくまで雑多で複雑な存在なのであるから、ありのままにそれらを受けとめてみることも大切である。区内には多くの由緒ある神社や寺院があり、それらに対するいわば公式的な神道・仏教の信仰形態というものがあるが、それを極力尊重しつつ、一般庶民はむしろ非公式な信心のあり方を積極的に作り出してきた。そこに広がる庶民信仰の世界は、やはり複雑多岐な信仰習俗の集合によって形作られている。それらを複雑多岐な実態のままにとらえることなしには、その根底にある長い歴史的経験のかもし出した論理やその深い意味、さらには名もなき庶民たちの神仏への思いや切実な願いを知ることはできない。民俗学とはそれを探るための学問なのである。

あとがき

本書『江戸東京の庶民信仰』は、かつての江戸、そして現在の東京にみられるさまざまな庶民信仰・民間信仰の具体的な実情を、民俗学の立場から多少の整理をくわえ、まとめてみたものです。ここでは、近世期における世界最大級の大都市江戸の、名もなき庶民たちが生み出してきた興味深い信仰習俗の数々を、まずはいくつかとりあげてみましたが、その伝統が維新後の東京の街にいかに継承されていったかという事例についても、不十分ながら注目してみました。さらに、二〇世紀末の現代という時代が生み出した、きわめて現代的な民間信仰のあり方についても、二、三の事例を紹介してみました。全体を通じて江戸と東京、すなわち過去から現在に至るまでの、この地域の民間信仰史の流れを、非常に断片的な形ではありますが、諸事例を並べながら提示してみたつもりです。

本の中でとりあげられたことがらは、江戸時代から今日に至るまでの、さまざまな記述資料や随筆・地誌類のほか、寺社に伝わる古文書や縁起・記録類をくわしく調べながらまとめておりますが、もっとも重要なソースはいうまでもなく、寺社の住職や宮司、氏子信徒や檀家の古老、地元の旧家などへの聞き取り取材を通じて得られた、こまごまとした伝承や口碑の類です。民俗学の立場からなされる民間信仰の調査には、まずこの聞き取りという仕事を欠かすことはできませんし、それなくして肝心なことは何ひとつ知ることができないとすら、私は考えています。

いわゆる江戸風俗の専門研究家の方々がたくさんおられ、昨今の江戸ブームのおりにはいろいろな江戸関係の本も出されましたが、非常に不遜ないい方をお許しいただくと、それらの本は民俗学の研究には少々役立てにくい性格を帯びていて、その点をいつも私は不満に思ってきたのです。それらはたいていの場合、よく知られた近世・近代期のいくつかの文献を用いて書かれており、この部分は何の史料、あの件《くだり》は何の歳時記がソースになっている、ということがおおよそわかるのですが、私たちの知りたいことはむしろ文献に記されない部分にあります。民俗学の立場からすれば、文献に述べられたことを実際に確かめ、そこからさらに新しい知見を引き出し、庶民のいきいきとした生活文化の実態をとらえていくためには、どうしても自ら直接の取材・聞き取りを十分にやってみなければなりません。

そのようなわけで、この私は江戸・東京の庶民信仰の実態をより深く、しかも具体的に知るために、都内の地元関係者らからの取材を極力くわしくおこない、ここ二〇年ばかり調査を続けてみたのです。作業は、本業の会社勤めの合間を縫って少しずつぼちぼちとやってきたにすぎませんので、あまりにそれは遅々としたペースにとどまり、たいして目立った成果が、いまだにあがっていないのが現状です。とりあえずの中間報告のつもりで、本書がまとめられたことになりますが、何しろわからないことだらけであり、この程度のわずかな成果を得るためにさえ、都内のあちこちをずいぶん歩いては古老を探し回り、実に多くの人々から長時間の聞き取りをおこなっていろいろな情報を提供してもらい、方々の寺社を何度もたずねては資料を探すという作業を、かなり丹念にやってみなければなりませんでした。都市部ということもあり、調査にはいろいろ困難な問題がつきまといますので、非常にしんどい割には得るものが乏しく、まだまだそれは十分にはできていないとはいうものの、ひとまずここまではわかったという意味でのささやかな成果を、ここでは出してみたものです。

さて本書はまた、私の旧著『東京の民間信仰』(三弥井書店刊)の続編あるいは姉妹編としてまとめられたものでもあります。旧著を刊行したのは一九八九年のことでしたが、一般書店の書棚に並ぶような本でもありませんのに、たくさんの人たちがそれを読んで下さり、著者の私のもとに全国から多くのお便りが寄せられたことは、本当にうれしく、かつまたありがたいことでした。お便りの中には、本でとりあげられた神社や寺院に、そのような歴史があったことを初めて知って勉強になったというご感想や、そういう事例はここにもあるからもっと調べてみてほしい、というご助言などさまざまなものがありました。また、この本を大学のゼミの教科書に使いたいという先生方や、信徒に配りたいといって本の中で紹介された神社の神主さんたちが、何冊もまとめ買いしていかれたこともありました。さらに、著者の私のところへは、あちこちから講演依頼が来て、何度となく下手な話をさせられたことさえあります。

こんなつたない本を、熱心に読んで下さった読者がそれほどおられたということと、予想外の反響があったということに、私自身本当に驚くばかりだったのですが、この場をお借りして、読者のみなさんに心からあつく御礼申し上げておきたいと思います。

その旧著の続編である本書『江戸東京の庶民信仰』が、このたびまとめられることになりました。旧著の至らなかった点を少しでも改善し、極力広く、そして深く問題を掘り下げてみることに留意したつもりですが、どれほどの成果があがったものかは、読者のみなさんのご判断におまかせするほかありません。私には、体系的で理論的な内容で本を書く能力がありませんので、このように個々の問題のくわしい調査報告を、ただ羅列的に寄せ集めていくほか術がないのですが、東京の民間信仰の実態を正確にとらえて記録していくための、それ以外の当面有効な方法もまた思いつかないのです。時にくどすぎるまでのディテールへのこだわり、冗長な記述も、ただ記録性の重視ということのためですので、どうかご容赦をいただきたく思います。

実際、記録に残すということは、私にとって最優先の重要な課題となっていますし、自分に与えられた使命だとさえ思っています。明治生まれのすぐれた伝承者が次々と失われつつある今、大急ぎでこれを調べて記録にとどめておかなければ、すべてが永遠にわからなくなってしまいます。それは何も私だけの問題ではなく、およそ民俗学をこころざす人々は、誰しもそういう危機感をいだきながら、各地で日夜地道な仕事を続けておられるにちがいありませんが、ここ東京についてみた場合、特にそれを急ぐ必要があるのです。なぜなら、さまざまな民間信仰や伝統習俗の母体となる、古くからのコミュニティの崩壊が、他地域の何倍ものスピードで劇的に進行しており、それを後追いする私たちの調査と記録の作業が、まるで追いついていかないという事情があるからなのです。

ここ二〇年間の東京の街の変貌は、本当に驚くばかりです。バブル経済時代の地上げ攻勢は容赦なく下町を襲い、江戸っ子たちの生活の場であった横町や長屋、老舗店舗などがどんどんとりこわされ、今ではそこに高層ビルやマンションが立ち並んでいます。千代田区の神田地区、中央区の佃島・月島地区、港区の赤坂地区、渋谷区の恵比寿地区などはとりわけ顕著な変貌のみられた地区で、江戸以来続いた町丁・町会がそのまま一掃される形でまるごといくつも消え去ってしまい、多くの住人たちは郊外に転居・分散してしまいました。私などはそれらの旧住民たちを追って、遠い郊外の転居先や時には老人福祉施設などをたずねて回ることさえあり、茨城県の片隅や老人ホームの面会室で、東京の下町のことについての話を聞いているようなありさまなのです。生活環境の変化についていけないのか、郊外へ越した直後にすぐ亡くなってしまうお年寄りの例も非常に多く、何とも痛ましいことだと思います。その古老たちは、東京にいた頃はみな実に溌剌としており、威勢のいい下町弁で「消費《しょうし》税《ぜい》なんざ七面倒《ひちめんど》臭《くせ》えんでいけませんや」などと、ついこの間まで元気にしゃべっておられた方々ばかりなのです。

旧住民の過疎化によって、神輿の担ぎ手がいなくなり、祭もなされなくなってしまった神社や、地元にたった一軒の檀家すらいなくなってしまった寺院さえあります。この国はこんなことをやっていていいのだろうかと、ふと考えてしまうこともありますが、私にはどうすることもできません。私はただ人々から話を聞いて、せめてそれを記録に残すのみなのです。この本は、一九七〇年代から一九八〇年代にかけて私が話を聞き、今はほとんど故人となられた何百人もの人々の墓標といえるかも知れません。この私があと十年早く生まれていれば、もっともっと多くのことをこれら人々から聞き、記録にとどめることができたのに、とも時々思います。本当に残念なことで、今さらながらこの仕事を始めるのが遅きに失したことを、ただ悔やむばかりなのです。

最後になりますが、本書を刊行するにあたり、多大なご協力をたまわったこれらの方々に、いちいちお名前をあげませんが、心から御礼を述べておきたいと思います。本書の出版にあたり、特にお世話をいただいた東洋大学の大島建彦先生をはじめ、三弥井書店の吉田榮治社長、吉田智恵さん、港区教育委員会社会教育課のみなさん、西郊民俗談話会の諸兄姉にはつつしんで深謝申し上げます。また、身重であるにもかかわらず原稿の整理や校正作業を一手に引き受け、積年の生活苦にもめげずに筆者を支え続けてくれているわが妻、長沢敬子に対しても、たまにはありがとうといっておきます。本書に関するご感想やご批判は旧著の時と同様、ぜひ筆者までお便りでお寄せいただければさいわいです。必ずお返事を書くことを約束致しますので、何とぞよろしくお願い申し上げます。

一九九六年一一月

長沢利明

初出一覧

庶民信仰と願かけ（原題「肥大化する都市の欲望とご利益祈願」）『AZ』七号、新人物往来社、一九八九年。
江戸の貧乏神　『西郊民俗』一三六号、西郊民俗談話会、一九九一年。
狸の守護神　『西郊民俗』一三八号、西郊民俗談話会、一九九二年。
東京の宝船　『西郊民俗』一三一号、西郊民俗談話会、一九九〇年。
巡礼とお砂踏み　『西郊民俗』一四三号、西郊民俗談話会、一九九三年。
化粧地蔵・白粉地蔵　『西郊民俗』一五四号、西郊民俗談話会、一九九六年。
カンカン石・カンカン地蔵　『武尊通信』四二～四三号、群馬歴史民俗研究会、一九九〇年。
迷子の石標　『民俗』一三三号、相模民俗学会、一九八九年。
鬼の信仰（原題「関東地方の鬼」）『フォークロア』一号、本阿弥書店、一九九四年。
縁切榎――板橋区本町（原題『縁切り榎――東京都板橋区本町――』）『西郊民俗』一三三号、西郊民俗談話会、一九九〇年。
豪徳寺の招き猫（原題「世田谷区の民俗①――豪徳寺の招き猫――」）『アゼリア通信』九号、長沢事務所、一九九三年。
妻恋稲荷の信仰――文京区湯島（原題「妻恋稲荷とその分社――東京都文京区湯島――」）『西郊民俗』一二八～一二九号、西郊民俗談話会、一九八九年。
いもあらいの神――千代田区太田姫稲荷神社（原題「いもあらいの神――東京都千代田区太田姫稲荷神社――」）『西郊民俗』一四五号、西郊民俗談話会、一九九三年。
針供養と奪衣婆――新宿区正受院（原題「針供養と奪衣婆――東京都新宿区新宿・正受院――」）

『西郊民俗』一二四号、西郊民俗談話会、一九八八年。

身代り地蔵の巡行――杉並区東運寺（原題「身代り地蔵の巡行――東京都杉並区方南・釜寺――」）『民俗学論叢』八号、相模民俗学会、一九九二年。

飛行機の神『日本民俗学』一八六号、日本民俗学会、一九九一年。

自動車のお守りにみる民間信仰『ＪＡＦ ＭＡＴＥ』三〇巻九号、ＪＡＦ ＭＡＴＥ社、一九九二年。

港区の民間信仰『平成七年度寿大学学習の記録』、港区教育委員会、一九九六年。

本書の原本は、一九九六年に三弥井書店から刊行されました。

長沢利明（ながさわ　としあき）

1954年群馬県生まれ。法政大学社会学部卒業，同大学院修了。現在，法政大学，国士舘大学講師。著書に『東京の民間信仰』『江戸東京の年中行事』『江戸東京歳時記』，共著に『戸田市史・民俗編』『沖縄久米島の総合的研究』『男鹿脇本の民俗』など。

講談社学術文庫

定価はカバーに表示してあります。

江戸《えど》東京《とうきよう》の庶民信仰《しよみんしんこう》

長沢《ながさわ》利明《としあき》

2019年４月10日　第１刷発行

発行者　渡瀬昌彦

発行所　株式会社講談社

東京都文京区音羽 2-12-21 〒112-8001

電話　編集（03）5395-3512

販売（03）5395-4415

業務（03）5395-3615

装　幀　蟹江征治

印　刷　豊国印刷株式会社

製　本　株式会社国宝社

本文データ制作　講談社デジタル製作

ISBN978-4-06-515375-8

「講談社学術文庫」の刊行に当たって

これは、学術をポケットに入れることをモットーとして生まれた文庫である。学術は少年の心を養い、成年の心を満たす。その学術がポケットにはいる形で、万人のものになることは、生涯教育をうたう現代の理想である。

こうした考え方は、学術を巨大な城のように見る世間の常識に反するかもしれない。また、一部の人たちからは、学術の権威をおとすものと非難されるかもしれない。しかし、それはいずれも学術の新しい在り方を解しないものといわざるをえない。

学術は、まず魔術への挑戦から始まった。やがて、いわゆる常識をつぎつぎに改めていった。学術の権威は、幾百年、幾千年にわたる、苦しい戦いの成果である。こうしてきずきあげられた城が、一見して近づきがたいものにうつるのは、そのためである。しかし、学術の権威を、その形の上だけで判断してはならない。その生成のあとをかえりみれば、その根は常に人々の生活の中にあった。学術が大きな力たりうるのはそのためであって、生活をはなれた学術は、どこにもない。

開かれた社会といわれる現代にとって、これはまったく自明である。生活と学術との間に、もし距離があるとすれば、何をおいてもこれを埋めねばならない。もしこの距離が形の上の迷信からきているとすれば、その迷信をうち破らねばならぬ。

学術文庫は、内外の迷信を打破し、学術のために新しい天地をひらく意図をもって生まれた。文庫という小さい形と、学術という壮大な城とが、完全に両立するためには、なおいくらかの時を必要とするであろう。しかし、学術をポケットにした社会が、人間の生活にとってより豊かな社会であることは、たしかである。そうした社会の実現のために、文庫の世界に新しいジャンルを加えることができれば幸いである。

一九七六年六月　　野間省一

文化人類学・民俗学

年中行事覚書
柳田國男著（解説・田中宣一）
人々の生活と労働にリズムを与え、共同体内に連帯感を生み出す季節の行事。それらなつかしき習俗・行事の数々に民俗学の光をあて、隠れた意味や成り立ちを探る。日本農民の生活と信仰の核心に迫る名著。
124

妖怪談義
柳田國男著（解説・中島河太郎）
河童や山姥や天狗等、誰でも知っているのに、実はよく知らないこれらの妖怪たちを追究してゆくと、正史に現われない、国土にひそむ歴史の真実をかいまみることができる。日本民俗学の巨人による先駆的業績。
135

中国古代の民俗
白川　静著
未開拓の中国民俗学研究に正面から取り組んだ労作。著者独自の方法論により、従来知られなかった中国民族の生活と思惟、習俗の固有の姿を復元、日本古代の民俗的事実との比較研究にまで及ぶ画期的な書。
484

南方熊楠《みなかたくまぐす》
鶴見和子著（解説・谷川健一）
南方熊楠——この民俗学の世界的巨人は、永らく未到のままに聳え立ってきたが、本書の著者による満身の力をこめた独創的な研究により、ようやくその全体像を現わした。〈昭和54年度毎日出版文化賞受賞〉
528

魔の系譜
谷川健一著（解説・宮田　登）
正史の裏側から捉えた日本人の情念の歴史。死者の魔が生者を支配するという奇怪な歴史の底流に目を向け、呪術師や巫女の発生、呪詛や魔除けなどを通して、日本人特有の怨念を克明に描いた魔の伝承史。
661

塩の道
宮本常一著（解説・田村善次郎）
本書は生活学の先駆者として生涯を貫いた著者最晩年の貴重な話——「塩の道」「日本人と食べ物」「暮らしの形と美」の三点を収録。独自の史観が随所に読みとれ、宮本民俗学の体系を知る格好の手引書。
677

《講談社学術文庫　既刊より》